리스크 커뮤니케이션 이론과 실천
リスクコミュニケーションの探究

문종훈 · 박상권 · 한성욱 · 홍성현 옮김
奈良由美子 編著

리스크 커뮤니케이션 이론과 실천

지은이   히라카와히데유키 호리구치이츠코 키시모토아츠오 야기에코우 나라유미코
옮긴이   문종훈 박상권 한성욱 홍성현

발행인   리스크 커뮤니케이션 연구회
발행처   레질리언트시스템스플러스 연구소
TEL   031 445 7556
Email   resilientsystemsplus@gmail.com
출판등록 2020년 5월13일
등록번호 제384-2020-000025호

정가   20,000원
ISBN   979-11-970928-5-5

* 본서의 한국어판 저작권은 저작권자와의 독점계약으로 보호를 받는 저작물이므로
   무단전제와 복제를 금합니다.

서문

우리의 삶과 사회는 자연환경이나 과학기술과 산업경제가 가져오는 편익을 누리며 이루어집니다. 거기에는 빠짐없이 리스크가 따르고 있기 때문에 그것을 줄이는 것이 과제가 됩니다. 한편, 사람이 100명 있으면 리스크에 대한 확인방법이나 정보의 보유도 100가지입니다. 어떤 리스크를 둘러싸고 입장이나 가치관이 다른 사람이 관련된 경우, 관계된 사람들에게 리스크나 대응책에 대해 전달하고, 리스크에 대해 어떻게 인식하며 어떻게 생각하는지를 파악하기 위한 커뮤니케이션이 필요합니다. 그것이 리스크 커뮤니케이션입니다.

리스크 커뮤니케이션이라고 불리는 활동이 시작된 지 약 50년이 지났습니다. 그 필요성을 지적하는 목소리가 최근 더욱 커지고 있는 것 같습니다. 다만, 그러한 목소리는 아무 일 없을 때는 그다지 높아지지 않습니다. 리스크 커뮤니케이션이 주목을 받는 것은 동일본 대지진과 코로나19 팬데믹 같이 뭔가 일어났을 때인 경우가 많습니다. 그러나, 평소에 할 수 없는 것은 만일의 경우에도 할 수 없습니다. 리스크 관리도 그렇지만, 리스크 커뮤니케이션에 있어서 기본적인 생각이나 방법, 실천 사례에 대해 평상시부터 이해하고 준비해 두는 것이 중요합니다.

그 단초가 되기를 바라며 본서를 저술했습니다. 본서는 전체적으로 리스크 커뮤니케이션에 대한 이론과 실천을 서술합니다.

1장부터 5장은 이론 편입니다. 제1장에서는 리스크 커뮤니케이션의 본질, 생성과 연혁, 현대적 의의와 전체의 구조를 해설합니다. 제2장에서는 리스크 커뮤니케이션의 중요한 결정요인 중 하나인, 리스크에 대한 심리적

인식이나 판단에 대해 생각합니다. 제3장에서는 리스크 커뮤니케이션의 기본적인 수단과 방법을 해설하며, 신뢰의 중요성을 서술합니다. 제4장에서는, 과학지식이 내포하는 부정성으로부터 리스크 커뮤니케이션을 생각하고, 제5장에서는 프레이밍(Framing)의 다의성에 대해 검토합니다.

6장부터 13장은 실천 편입니다. 제6장에서는 식품, 제7장과 제8장은 화학물질과 나노테크놀러지, 제9장에서는 원자력을 둘러싼 리스크 커뮤니케이션 사례를 살펴봄으로써 리스크 문제가 과학적 평가만으로는 해결할 수 없는 요소를 얼마나 많이 포함하고 있는지를 생각합니다. 제10장과 제11장에서는 자연재해와 감염증을 다루고 행동변화의 환기를 주된 목적으로 한 커뮤니케이션을 생각합니다. 제12장에서는 기후변화 문제로부터 이해관계자의 참여 가능성과 과제를 고찰합니다. 또 제13장에서는 이머징(Emerging) 리스크 관련하여, 디지털화를 둘러싼 리스크와 커뮤니케이션에 대해 생각합니다.

제14장, 제15장은 실천편을 살펴본 후 다시 이론편으로서 전체를 총괄적으로 서술합니다. 제14장에서는 과학적 조언에 대해서, 제15장에서는 사회의 다양한 주체가 관여하는 리스크 거버넌스의 틀 안에서 리스크 커뮤니케이션이 수행하는 역할에 대해 이해를 깊게 하고, 앞으로 우리가 리스크를 마주하기 위한 본연의 자세나 대책을 전망합니다.

리스크로부터 자신의 생명이나 건강, 자산과 환경을 지키기 위한 운영은 항상 불확실성, 다양한 가치관과 상호이해하에 이루어집니다. 본서를 통하여 리스크를 줄이기 위해 함께 대화하고, 협동하며, 공론화할 때의 실마리를 찾아주시면 감사하겠습니다.

2022년10월 집필자를 대표하여
나라유미코

한국어판 발행을 축하하며

우리의 생활과 사회는 다양한 리스크가 잠재해 있습니다. 리스크를 줄이는 것은 중요한 과제이지만 그 실현은 쉬운 일이 아닙니다. 입장이나 가치관이 다르면, 리스크 정보를 얼마나 갖고 있는지, 심지어 리스크에 대해 어떤 시각이나 사고방식을 갖고 있는지에 따라 달라지기 때문입니다.

리스크 문제를 해결하는 과정에서 해당 리스크와 관련된 사람들 사이에 리스크에 관한 정보나 의견을 공유하고 교환하는 커뮤니케이션이 필요합니다. 그것이 리스크 커뮤니케이션입니다.

자연재해, 원자력발전, 감염증, 기후변화, 식품문제, 화학물질, AI 등 리스크 커뮤니케이션의 필요성이 지적되는 현상은 일일이 열거할 수 없습니다. 본서에서는 리스크 커뮤니케이션의 개념, 기본적 수단과 방법, 다양한 주체의 관여방법 등에 대해서 구체적인 실천 사례를 들어 설명하고 있습니다.

리스크의 관계자는 매우 다양합니다. 시민, 주민, 소비자, 정책 담당자, 지자체 공무원, 기업직원, 의료 종사자 등의 모든 분들에게 본서를 전달하고 싶다고 생각해서, 가능한 한 평이한 해설을 시도하는 것과 동시에, 실천적 내용이 되는 것을 목표로 하였습니다.

이 책은 레질리언트시스템스+ 연구소의 홍성현 박사를 비롯한 한성욱 박사, 박상권 박사, 문종훈 박사의 많은 노력으로 한국어판을 소개할 수 있게 되어 깊은 감사를 드립니다.

본서가 안전하고 안심할 수 있는 생활과 사회의 실현에 이바지할 수 있기를 바랍니다.

2024년 1월 2일, 집필자 일동
나라유미코 히라카와히데유키 키시모토아츠오 야기에코우 호리구치이츠코

책을 내면서

　산업화가 진행함에 따라 리스크도 증가하고 이로 인해서 사람들이 안전하게 생활하기 위해서는 리스크에 대처하기 위한 대응 체계를 갖추는 것이 필요하며, 자연재해와 사회재난에 대한 리스크도 지속적인 관리체계를 구축하여 사람들이 편리한 삶을 영위할 수 있는 환경 조성이 필요합니다.

문종훈

　각종 재난, 재해, 사건, 사고 등의 리스크 관련 정보를 폭넓게 공유하여 리스크에 대한 과학적 평가와 정책적 관리 대응을 시의적절하게 강구하는 한편, 다양한 주체와의 대화·공론·협동을 통한 적극적인 참여와 상호작용으로 리스크 커뮤니케이션의 시너지 효과를 창출하여 보다 나은 사회로 나아가길 희망합니다.

박상권

　리스크 커뮤니케이션의 성공을 위해서는 정보를 공유하고 이해관계자들의 신뢰 구축이 무엇보다 중요합니다. 정보는 이미 알려진 것들(known knowns), 아직 알려지지 않은 것들(known unknowns), 우리가 모르고 있다는 사실조차 알지 못하는 것들(unknown unknowns)입니다. 이러한 정보의 복잡성과 불확실성을 이해하고 정확한 분석과 관리로 철저히 대응해야 합니다.

한성욱

　날이 갈수록 우리의 이해관계도 복잡하게 상호작용하고 상호의존합니다. 그러므로 과학적 설명과 객관적 데이터만으로 인간의 주관적 판단을 평가하고 관리하는 것은 리스크 요인만 더욱 증가합니다. 나와 상대방의 입장을 올바르게 인식하고 공론화 할 수 있는 각자의 커뮤니케이션 능력향상은, 시스템 사회의 절대적 조건입니다.

홍성현

목차

서문   3
한국어판 발행을 축하하며   5
책을 내면서   6

1 리스크 커뮤니케이션이란

　　| 나라유미코(奈良由美子)·히라카와히데유키(平川秀幸)   13
　1. 리스크 커뮤니케이션이란   13
　2. 리스크 커뮤니케이션의 의의   19
　3. 리스크란   22
　4. 리스크 커뮤니케이션의 전체 구조   24

2 리스크 인지와 리스크 커뮤니케이션

　　| 나라유미코(奈良由美子)   32
　1. 리스크 커뮤니케이션에 관한 요인으로서의
　　 리스크 인지   32
　2. 리스크 인지란   37
　3. 휴리스틱과 리스크 인지   41
　4. 감정과 리스크 인지   43

3 리스크 커뮤니케이션의 기본과 요점

| 나라유미코(奈良由美子)　53
1. 리스크 커뮤니케이션 프로세스　53
2. 리스크 메시지 검토와 커뮤니케이션 실시　57
3. 리스크 커뮤니케이션을 일상 활동에 구축　67
4. 신뢰와 리스크 커뮤니케이션　71
5. 리스크 커뮤니케이션 평가　75

4 포스트-노멀 사이언스와 리스크 커뮤니케이션
- 과학지식의 부정성에서 커뮤니케이션을 이해한다.

| 히라카와히데유키(平川秀幸)　83
1. 포스트-노멀 사이언스로서의 리스크 커뮤니케이션 과학　83
2. 과학지식의 부정성과 그 분류　88
3. 지식의 부정성과 리스크 커뮤니케이션 디자인　96
4. 마치며　103

5 리스크 커뮤니케이션에서 프레이밍의 역할

| 히라카와히데유키(平川秀幸)　105
1. 리스크 커뮤니케이션과 프레이밍　105
2. 유전자변형작물을 둘러싼 프레이밍의 다의성　107
3. 원전사고 피해지역에서 "구역외 피난"의 합리성을 생각하다　117
4. 마치며 - 리스크 커뮤니케이션에 대한 교훈　127

목차

6 식품안전과 리스크 커뮤니케이션

| 호리구치이츠코(堀口逸子) 132

1. 식품안전에 관한 논의　132
2. 광우병(BSE) 문제　133
3. 일본의 식품안전과 리스크 커뮤니케이션　134
4. 리스크 커뮤니케이션을 위해 필요한 정보　137
5. 식품안전에 관한 리스크 커뮤니케이션 사례　141
6. 전략과 평가　151

7 화학물질의 리스크 커뮤니케이션

| 키시모토아츠오(岸本充生) 154

1. 화학물질의 기초지식　154
2. 화학물질의 리스크 평가와 관리　159
3. 화학물질 리스크 커뮤니케이션의 실제　166
4. 리스크의 커뮤니케이션을 위하여　174

8 신규기술과 리스크 커뮤니케이션: 나노테크놀러지의 예

| 키시모토아츠오(岸本充生) 178

1. 시작하며　178
2. 리스크 평가와 규제 동향　187
3. 리스크 커뮤니케이션 실천　192

9

9 | 원자력과 리스크 커뮤니케이션

| 야기에코우(八木絵香) 200
1. 리스크 심리학으로 본 원자력 201
2. 후쿠시마 제1원자력발전소 사고 이전의 리스크
   커뮤니케이션 203
3. 후쿠시마 제1원자력발전소 사고를 둘러싼 리스크
   커뮤니케이션 210
4. 탈원전 의존을 바라는 여론에 어떻게 대처할 것인가 215

10 | 자연재해와 리스크 커뮤니케이션

| 나라유미코(奈良由美子) 224
1. 자연재해를 둘러싼 리스크 커뮤니케이션의 특징 224
2. 일본의 자연재해 리스크와 사람들의 인식과 대응 227
3. 자연재해와 평상시의 리스크 커뮤니케이션 231
4. 자연재해와 비상시의 리스크 커뮤니케이션 237
5. 회복기의 커뮤니케이션 242

11 | 감염증과 리스크 커뮤니케이션

| 호리구치이츠코(堀口逸子) 246
1. 리스크 커뮤니케이션에서 본 「감염증」의 특징 247
2. 일상(평시)의 리스크 커뮤니케이션 258
3. 긴급시의 리스크 커뮤니케이션 262

목차

12 | 기후변화와 리스크 커뮤니케이션

| 야기에코우(八木絵香) 275

1. 시작하며　275
2. 기후변화 문제의 리스크는 사람들에게 어떻게 인식되고 있는가　277
3. 「충분히」 이해하기 위한 방법은 무엇인가　282
4. 기후변화 문제는 어떻게 이해되고 있는가　286
5. 마치며　293

13 | 디지털화에 따른 ELSI와 리스크 커뮤니케이션

| 키시모토아츠오(岸本充生) 296

1. 시작하며　296
2. ELSI라는 개념　298
3. 정보기술의 ELSI 리스크　301
4. 리스크 관리방법　308
5. 리스크 커뮤니케이션의 가능성　314

14 | 리스크 커뮤니케이션과 과학적 조언

| 히라카와히데유키(平川秀幸)　320
1. 과학적 조언과 그 필요성　320
2. 과학적 조언의 종류와 설치유형　323
3. 과학적 조언에 있어 과학과 정치의 관계 - 과정과 원칙　327
4. 앞으로의 과학적 조언의 과제 - 미디어와 시민의 관점에서　332

15 | 리스크 거버넌스와 리스크 커뮤니케이션
― 더 나은 대화, 공론, 협동을 위하여

| 히라카와히데유키(平川秀幸)·나라유미코(奈良由美子)　338
1. 리스크 커뮤니케이션과 다른 활동과의 일체성　338
2. 참가형 거버넌스로서의 리스크 거버넌스　340
3. 대화, 공론, 협동 - 더 나은 리스크 커뮤니케이션을 위하여　348

1 리스크 커뮤니케이션이란

나라유미코(奈良由美子)·히라카와히데유키(平川秀幸)

《학습포인트》 사회는 다양한 입장과 가치관을 가진 여러 주체로 구성되어 있다. 하나의 리스크에 대해서도 그에 대한 생각이나 정보의 양과 질은 사람에 따라, 입장에 따라 일률적이지 않다. 리스크 문제를 해결하는 과정에서 사람들 간에 해당 리스크와 관련된 정보와 의견을 서로 공유하고 교환하는 커뮤니케이션이 필요하다. 이 장에서는 리스크 커뮤니케이션이 무엇인지, 그 본질, 생성 배경과 현대적 의의와 전체 프레임을 제시한다.

《키워드》 상호작용, 신뢰, 대화, 공론화(共論化), 협동, 결핍모델, 리스크, 해저드, 리스크 커뮤니케이션의 전체 프레임

1. 리스크 커뮤니케이션이란

(1) 리스크 커뮤니케이션 개념의 본질과 정의

리스크 커뮤니케이션의 개념규정은 문제영역이나 다루는 리스크에 따라 다양성은 있지만, 오늘날 리스크 커뮤니케이션 개념은 미국학술회의(National Research Council)의 정의로부터 시작되었다. NRC는 1989년 보고서 Improving Risk Communication에서

「리스크 커뮤니케이션의 식견과 이념을 최초로 체계화하여, 리스크에 대한 개인, 기관, 집단 간의 정보와 의견을 교환하는 상호작용 과정」으로 정의하였다(NRC, 1989; 林·関沢, 1997). 리스크 커뮤니케이션은 민주적인 대화의 과정이며, 다루어지는 내용은 리스크에 관한 과학적·기술적 정보나 전문적 견해뿐만 아니라, 리스크 관리를 위한 조치·시책·제도와 그 근거에 대한 설명과, 이에 대한 이해관계자의 견해, 리스크에 대한 개인적 의견이나 감정표현 등도 포함된다. 그리고 리스크 커뮤니케이션의 성공여부는 이해관계자 간의 이해와 신뢰수준이 향상되었는지 여부로 평가된다.

일본에 리스크 커뮤니케이션의 개념을 처음 소개하고, 학문적이며 실무적 발전에 큰 역할을 한 기노시타(木下, 2016)는, 리스크 커뮤니케이션을 「목표대상이 가진 리스크와 관련된 정보를, 리스크와 관계된 사람(이해관계자)에게 가능한 한 공개하고, 서로 공론화하여 실마리를 찾는 사상과 기술」로 정의한다. 또한, 리스크 커뮤니케이션을 「리스크 상황에서, 관계자 사이의 신뢰를 바탕으로, 또는 신뢰를 형성하기 위한 커뮤니케이션」이라고도 말한다(木下, 2008).

위의 정의에서 리스크 커뮤니케이션 개념을 구성하는 본질적인 중요 요소는 다음과 같다. 첫째, 리스크 커뮤니케이션은 다양한 가치관과 입장을 가진 관계자(이해관계자) 사이에서 이루어진다. 둘째, 리스크 커뮤니케이션은 리스크 관리와 연계하여 진행되어야 한다. 셋째, 주고받는 정보는 과학적으로 평가되는 리스크 정보뿐만 아니라, 리스크와 리스크 관리방식, 리스크와 대가로 얻을 수 있는 편익, 리스크를 수반하는 행위나 기술을 이용하는 목적이나 의도에 대한 의견이나 감정적 표현도 포함된다. 이와 관련하여 넷째, 특히 리스크 관리조치에 관한 커뮤니케이션은 조치를 결정한 과학적 근거 외에도, 결정할 때 고려된 다른 요소들(조치비용 대비 효과와 사회적 영향, 리스크와 관리조치에 대한 사람들의 의견과 태도, 법제도, 윤리적 문제 등)도 설명할 책임이 있다. 다섯째, 리스크 커뮤니케이션에서 정보와 의견은 일방향이 아닌 양방향으로 주고받으며 공유되는 것이다. 또한 이와 관련하여 리스크 커뮤니케이션은 단순히 상대를 설득하기 위한 것이 아니라, 서로의 입장이나 가치관의 차이를 인정하면서, 리스크에 대해 함께 생각하는 행위라는 것이다. 그리고 여섯째, 리스크 커뮤니케이션은 신뢰가 필요한 것이다. 일곱 번째 요소로, 현대사회에 있어서 리스크 커뮤니케이션에서 다루어지는 것은 「시스템적 리스크(systemic risk)」(OECD, 2003 ; IRGC, 2005 ; IRGC, 2012)라는 점을 지적해 두고자 한다. 시스템적 리스크는 사회적, 재정적, 경제적 결과로 일어나는 맥락에 내재되어 있으며, 리스크와 다양한 배경 요인들 사이의 상호의존성이 점점 더 높아지는 리스크를 말한다. 시스템적 리스크를 다루기 위해서는 단독 리스크와 그 인과관계만을 고려하는 것이 아니라, 사회적 요인과 영향까지 포함한 포괄적인 관점의 분석과 정부, 산업계, 학계, 시민사회를 아우르는 포괄적 거버넌스가 요구되며, 리스크 커뮤니케이션도 이러한 관점에서 진행되어야 한다.

  이상의 정리를 바탕으로, 본서에서는 다음과 같은 정의에 따라 리스크 커뮤니케이션을 파악하는 것으로 한다. 즉, 리스크 커뮤니케이션이란 「사회의 각 계층이 대화, 협동, 공론화를 통해 리스크와 편익, 그 거버넌스 방식에 관한 다양한 정보와 견해를 공유하고 신뢰 형성을 도모하는 활동」을 말한다. 이 정의에서는 리스크 평가, 리스크 관리를 포함한 포괄적 의미의 「거버넌스」라는 용어를 사용하고 있다(governance 개념에 대해서는 제15장에서 자세히 설명한다).

(2) 리스크 커뮤니케이션의 연혁

리스크 커뮤니케이션이라는 개념이 명시적으로 연구되고 실무에 도입된 것은 그리 오래된 일이 아니다. 라이스(Leiss, 1996)는 리스크 커뮤니케이션을 「전문가, 정책담당자, 이해관계자 그리고 일반시민들 간의 리스크에 관한 정보와 평가, 판단에 대한 교환」이라고 정의하고, 리스크 커뮤니케이션이라는 용어 자체가 1970년대 중반 미국에서 탄생한 후 세 단계에 걸쳐 발전해왔다고 주장한다. 초기에는 기업이나 행정당국이 리스크를 분석하고 그 과학적 데이터나 리스크와 편익의 비교결과 등을 시민들에게 공개하고 설명하는 것이 주된 내용이었다(제1 단계: 1975년~1984년: 리스크 데이터 공개시대). 또한, 전문가들의 판단으로는 소규모 리스크라도 시민들이 그 설명조차 받아들이지 않는 경우가 많았는데, 그 이유를 밝히는 리스크 인지 연구가 이 무렵부터 활발히 이루어졌다.

리스크 인지 연구의 견해도 활용하면서, 정보를 받는 쪽, 즉 일반인의 생각과 니즈를 이해하려는 관점에서 리스크 커뮤니케이션이 전개되었다. 수용자가 원하는 정보를 제공하는 것과 신뢰를 얻는 것이 중시되어, 여러 메시지의 연구에 의해 알기 쉬운 리스크 정보의

1. 리스크 커뮤니케이션이란

설명이 시도되었다(제2 단계: 1984년~1994년: 수용자 니즈와 신뢰의 시대).

또한, 설명만 하는 것이 아니라 상대방의 의견과 생각을 들으면서 합의를 목표로 하는 커뮤니케이션이 중시되었다(제3 단계: 1995년 이후: 상호작용 프로세스의 시대). 리스크를 둘러싼 관계자들 사이의 의견교환을 내용으로 리스크 커뮤니케이션은 현재에 이르고 있다.

일본에서 리스크 커뮤니케이션이라는 개념과 용어를 사용하여 연구가 시작된 것은 1980년대 후반부터이며, 사회심리학, 나아가 리스크학 분야에서 연구발표가 이루어지게 되었다. 1990년대 들어서 리스크 커뮤니케이션의 학술서(吉川, 1999)와 앞서 언급한 NRC의 번역서(林·関沢, 1997)가 출판되었다. 이 무렵에는 원자력 산업과 식품안전 관련분야가 리스크 커뮤니케이션 실무의 주요 분야였다.

이후 2000년대에 들어와 일본은 리스크 커뮤니케이션이 더욱 확대되는 양상을 보인다. 그 배경과 요인에 대해 기노시타(木下, 2016)는, 물질적인 것에 대한 만족 대신 안전과 안심을 포함한 정신적 가치에 대한 욕구가 강해진 것이 관련되어있으며, 또한 제2기 과학기술기본계획(2001년~2005년)이 그 이념 중 하나로 「질 높은 생활이 가능한 국가실현」을 내세운 것도 안전과 안심으로 이어지는 리스크 개념에 대해 높아진 관심의 영향이 컸다고 본다. 또한 리스크에 대한 불안감이나 리스크 관리를 하는 행정당국이나 기업에 대한 신뢰를 크게 흔들 수 있는 사건이나 사고가 발생한 것도 영향을 미친 것으로 보인다. 예를 들어 1995년 한신·아와지(阪神·淡路島) 대지진, 같은 해 고속증식로 몬주(文殊)의 나트륨 누출사고와 1999

년 JCO 임계사고 등 원자력 관련 사고, 식품안전 분야에서도 2001년 국내 소의 BSE(광우병) 발생, 수입채소 무허가농약 잔류사건, 대형 식품회사의 허위표시 등이 있었다. 이러한 배경에서 리스크 개념에 대한 관심은 학계뿐만 아니라 정책과 실무까지도 확대되었다. 국내 BSE 발생을 계기로 식품안전기본법이 시행(2003년)됨에 따라, 내각부에 식품안전위원회가 신설되고, 리스크 커뮤니케이션 전문조사위원회가 설치된 것이 대표적이다. 또한 지자체나 기업들도 리스크 관리와 함께 리스크 커뮤니케이션을 도입하기 시작했고, 그 영역도 원자력, 식품, 환경, 방재, 방범, 소비생활용 제품 등 다양한 분야의 문제로 확대되었다.

또한, 일본에서 리스크 커뮤니케이션이 더욱 주목받게 된 계기는 2011년 동일본 대지진이다. 동일본 대지진에서 대규모 자연재해와 원자력발전소의 리스크에 대해 과학기술 전문가들이 과학기술의 한계와 불확실성을 포함한 과학적 식견을 사회에 적절히 제공했는지, 행정당국은 사회에 정확한 정보를 전달했는지, 나아가 행정당국과 전문가는 리스크에 대한 사회와의 대화를 진행했는지에 대한 질문을 던지게 되었다. 이처럼 안전을 저해하는 사고가 끊이지 않는 가운데, 사회에 존재하는 리스크를 어떻게 마주할 것인지를 고민하는 데 있어 리스크 커뮤니케이션의 필요성이 대두되고 있다.

2. 리스크 커뮤니케이션의 의의

(1) 결핍모델

　리스크 커뮤니케이션은 이른바 전문가와 비전문가 사이에서 이루어진다. 비전문가의 입장은 일반 시민, 주민, 소비자, 환자 등인 경우가 대부분이다.
　종래의 양자관계에서 전문가들은 흔히 다음과 같이 생각한다. 일반인들은 리스크, 나아가 리스크 관리에 대한 전문적인 내용을 이해하지 못하고, 이에 대해 감정적이며 주관적인 시각을 갖고 있다. 그것이 적절한 수준의 리스크 수용과 리스크 대처 행동을 방해하거나 불안을 유발하기도 한다. 따라서 올바른 지식을 알기 쉽게 전달하고 이해시키면 저항과 불안은 해소될 수 있다는 생각이다. 이와 같이, 일반인에게는 지식이 부족하므로 전문가가 보충해 주어야 한다는 사고방식을 결핍모델(deficit model)이라고 한다.
　이러한 견해가 적용되는 경우는 물론 많다. 잘 모르거나 잘못 이해하고 있기 때문에 불안해하거나 취해야 할 행동을 취하지 않는 경우가 많은데, 이런 경우 결핍 모델에 따라 올바른 지식을 알기 쉽게 전달하는 것이 중요해진다. 한편, 리스크 커뮤니케이션의 현장에서 흔히 볼 수 있는 행정당국이나 전문가와 일반인의 대립은 지식의 부족 때문만은 아니다. 설령 지식이 있더라도 불안감이 해소되지 않거나, 전문가가 기대하는 행동변화를 취하지 않는 경우도 있다. 그 이유를 생각해 보는 것이 중요하다. 그것은 행정시책이나 그 결정방식에 대한 불만 때문일 수도 있고, 행정당국이나 전문가에 대한 불신이 있기 때문일 수도 있다. 리스크에 대해 이해하더라도 행동으로 옮기기 위해 필요한 자원을 갖고 있지 않을 수도 있다. 그 리스크를 해결하기 위한 수단을 취함으로써 또 다른 리스크가 발생하게 되고, 그 방법이 그 사람에게는 더 심각한 것일 수도 있다. 애초에 사람들이 알고 싶은 것은 리스크에 대한 과학적 설명이 아니라 다른 것일 수도 있다. 혹은 사람들은 자신에게 영향을 미치는 정책에 자신의 목소리도 반영되기를 원하고 있는지도 모른다. 이런 경우, 결핍모델에 기반한 커뮤니케이션은 도움이 되지 않을 뿐만 아니라 오히려 사람들의 불만과 불신을 증폭시킬 가능성도 있다.

(2) 당사자의 참여와 리스크 커뮤니케이션의 목적

리스크 문제는, 무엇을 희생하고 무엇을 얻을 것인지, 개인이나 집단, 사회의 선택과 관련되어 있다. 그 근본에는 사람들이 무엇을 원하고 무엇을 원하지 않는지, 어떤 사회에서 어떤 방식으로 살고 싶은지에 대한 가치판단이 있다. 전문가나 행정당국은 사람들의 가치관을 포함한 의견에 진지하게 귀를 기울여야 하며, 그러한 대화의 장과 기회를 만들어야 한다.

리스크 커뮤니케이션 방식에 대한 국제적인 동향은, 결핍모델에 의존한 대중의 과학이해(Public Understanding of Science: PUS)라는 형태뿐이었으므로, 대화와 협력, 정책결정에 대한 시민참여 등 양방향적·상호작용적인 「과학기술에 대한 시민참여(Public

Engagement with Science and Technology)」를 중시하게 되었다.

영국에서는 1990년대 중반 BSE(광우병) 문제로 정부와 과학에 대한 시민의 신뢰가 무너졌고, 이후 유전자변형(Genetically Modified: 이하 GM)작물 논쟁을 거치면서 시민참여로 크게 방향을 전환했다. 영국 이외에도, 예를 들어 미국과학진흥협회(AAAS)가 시민참여센터(Center for Public Engagement with Science & Technology)를 설립하여, 과학자·기술자가 시민과 대화할 수 있도록 지원하고 있다. 일본에서도 과학기술 기본계획이 3기, 4기, 5기로 전개되면서 이해증진뿐만 아니라, 양방향적인 과학기술 커뮤니케이션의 보급이 이루어지고 있다.

이러한 흐름에는 시민참여(Public Involvement)와 이해관계자 참여(Stakeholder Involvement)라는 공통된 개념이 있다. 시민참여 또는 이해관계자 참여는 시민을 포함한 다양한 이해관계자들이 정보를 공유하고 의견을 나누며, 이를 공공정책이나 계획 수립에 반영하여 공동 결정해 나가는 과정을 말한다. 합의 형성방법으로, 예를 들어 도로건설 등에 관한 마을 만들기나 원자력발전소의 재가동이나 폐원자로 등의 문제해결에 사용된다. 그 과정에서 커뮤니케이션을 통해 도로건설이나 폐원자로 진행방식을 공동으로 결정하게 된다.

여기서 리스크 커뮤니케이션의 목적을 제시해 보자. 국제리스크거버넌스 협의회(International Risk Governance Council : IRGC)에 따르면, ① 리스크와 그 대처방법에 대한 교육과 계발, ② 리스크에 관한 훈련과 행동변화의 환기, ③ 리스크 평가·리스크 관리기관 등에 대한 신뢰형성, ④ 리스크에 관한 의사결정에 이해관계자와 대중의 참여, 분쟁해결 등의 네 가지를 목적으로 하고 있다. 여기서도 알 수 있듯이, 정보 제공자가 리스크에 대해 잘 전달하는 것, 또는 일방이 기대하는 방향으로 상대방의 이해를 얻는 것은, 리스크 커뮤니케이션의 극히 일부에 불과하다는 것을 알 수 있다.

3. 리스크란

(1) 리스크 개념

여기서 리스크 개념에 대해 정리하여 보자. 리스크 개념에 관해서는 개인이나 전문분야에 따라 이해의 방향성이나 주안점이 다르기 때문에 이를 한 가지 의미로 규정하는 것은 쉽지 않다. 다만, 리스크 연구를 행하는 다양한 분야의 정의를 개괄적으로 살펴보면, 리스크의 정의는 크게 세 가지로 나누어 볼 수 있다(木下, 2006). 그것은 ① 리스크의 발생확률로서 가능성에 중점을 둔 정의, ② 발생확률뿐만 아니라, 리스크에 의해 야기되는 결과의 크기로서 가능성에도 중점을 둔 정의, ③ 가치중립적인 정의 등이다.

본서에서는 상기 중 ②의 입장을 취하여 리스크를 인간의 생명이나 건강·재산과 그 환경에 바람직하지 않은 결과를 초래할 가능성으로 정의하고자 한다. 이때 리스크의 크기는 바람직하지 않은 상황의 발생가능성과 그 결과로 발생한 손해의 크기와의 조합으로 파악하게 된다.

(2) 리스크와 해저드

「리스크(risk)」는 일본어로 위험(위험성, 위험도)으로 번역된다. 한편 「위험」이라는 단어에는, 리스크뿐만 아니라 해저드(hazard), 페릴(peril)이라는 영어단어로도 대응하고 있어서, 이들의 의미는 조금씩 다르다.

리스크는 이미 언급한 바와 같이 바람직하지 않은 결과를 초래할 수 있는 가능성(개연성)이다. 그리고 리스크는 바람직하지 않은 결과를 일으키거나 그 영향을 확대하는 물질, 활동이나 기술 등의 위험요인이 되는 것으로, 위험요인 또는 위험상황을 말한다. 페릴은 바람직하지 않은 결과를 일으키는 원인, 즉 직접적 원인이 되는 것으로, 위험사고로 볼 수 있다. 예를 들어 식중독의 리스크에 대해서는 부패한 식품이 해저드, 그 과다섭취가 페릴, 그로 인해 건강피해라는 데미지가 발생할 가능성이 리스크이다.

이처럼 리스크, 해저드, 페릴, 데미지는 각각 별개의 개념이지만, 이러한 의미의 차이, 특히 리스크와 해저드를 구분하지 않고 취급하는 경우가 종종 발생한다. 혼동의 예로는 다음과 같은 것들이 있다. 식품첨가물이나 의약품 등의 화학물질에 의한 건강피해를 생각할 때, 보통 저용량에서는 화학물질의 반응이 나타나지 않는다. 그러나 용량을 늘려 가면 반응이 나타난다. 화학물질의 리스크(사람의 건강이 저해될 가능성)는 그 물질로서의 독성 강도뿐만 아니라 섭취량에 따라 결정되는 것이다. 그럼에도 불구하고, 해저드 그 자체를 「리스크가 크다」고 인식되는 경우가 발생한다.

리스크를 이해하고 관리하는데 있어 리스크와 해저드라는 두 가지 개념을 구별하는 것이 요구된다. 리스크 커뮤니케이션에서도, 해저드 정보「(○○는 위험하다)」와 리스크 정보 「(○○는 어느 정도의 위해를 일으킬 가능성이 있다)」를 혼동하여 발신하고 있는 것은 아닌지, 또는 상대방이 혼동하여 수신하고 있는 것은 아닌지 주의가 필요하다.

4. 리스크 커뮤니케이션의 전체 구조

리스크 커뮤니케이션을 실시함에 있어서, 자신이 지금부터 실시하는 리스크 커뮤니케이션의 전체 구조를 항상 염두에 둘 필요가 있다. 전체 구조를 정리하기 위한 주요 항목으로는 해저드 유형, 관련자, 시간·공간·사회규모, 단계(시기·단계), 목적·기능 등이 있다(참고: 과학커뮤니케이션센터, 2014). 아래의 각각에 대해 설명한다.

(1) 해저드 유형

해저드의 종류는 크게 「자연재해·질병」과 「과학기술」이라는 두 가지 범주로 나뉜다. 또한 과학기술은 「기존 과학기술」, 「첨단 과학기술」, 「초기 과학기술」의 세 가지 하위 범주로 나뉜다. 「자연재해·질병」과 「과학기술」의 범주를 구분하는 것은 「자연적인가 또는 인위적인가」의 구분이다. 자연재해나 질병은 기본적으로 자연적 원인(감염병이라면 바이러스 등)에 의한 것이다. 반면 과학기술의 이용에 따른 사고재해는 근본적으로 사람이 만들어낸 기술적 과정이나, 제품의 사양이나 성능, 이용방법 등에 기인한다는 점에서 인위적이다.

다만 이 인위적·자연적이라는 구별이 뚜렷한 것은 아니다. 과학기술과 경제 산업 활동의 발전을 통해 인간이 자연계에 미치는 영향력이 비약적으로 증대된 결과로 발생하는 「인위적인 기원의 지구온난화로 인한 기후변화」처럼 「인위적 자연재해」도 있다. 지진과 같이 인위적 요인을 초월한 자연현상에 의한 재난도, 건축물 붕괴로 인한 피해와 같이 인위적 요인도 재난규모를 증가시키고 있다.

2011년의 동일본대지진에 따라 발생한 도쿄전력주식회사 후쿠시마 제1원자력발전소 사고와 같이, 자연재해가 계기가 되어 발생하는 기술적 사고도 있다. 이런 의미에서 자연적·인위적이라는 구분은 자연재해 질병과 과학기술 각각의 범주 내부에도 정도의 차이(gradation)로 존재하고 있다.

이러한 요인의 복합성을 전제로 하면서도 자연과 인위라는 구분을 리스크 문제의 분류기준으로 삼는 것은, 특히 인위라는 개념이 「행위주체성」, 나아가 행위와 그 결과에 대한 「책임」이라는 개념과 깊이 연관되어있기 때문이다. 책임의 개념은 사고나 재해에서 항상 문제시되는 것으로, 사람들의 리스크 인지도 좌우한다. 어떤 문제에서 어떤 인위적 요인이 어느 정도 관여하고 있는지를 정확히 파악하는 것은 리스크 커뮤니케이션을 실시하는데 필수적이라고 할 수 있다.

다음으로 「기존 과학기술」, 「첨단 과학기술」, 「초기 과학기술」이라는 하위 카테고리에 대해, 기존 과학기술은 이미 실용화된지 오래되어 리스크에 대해 잘 알려져 있고, 규제와 관리방법도 정해져 있는 경우가 많다. 그러나 예상치 못한 원인이나 인적 오류 등에 의한 사고는 발생할 수 있다. 이에 반해 첨단 과학기술은 실용화가 임박했거나 실용화 된지 얼마 지나지 않은 것으로, 향후 어떤 제품, 서비스, 기술시스템에 적용될 가능성이 있는지, 그것이 사회에 어떤 긍정적, 부정적 영향을 미칠지 아직 충분히 파악되지 않은 단계에 있는 것이다. 초기 과학기술은 아직 실용화 이전의 연구개발 단계에 있는 것으로, 응용 가능성과 영향에 대해서는 더욱 미지의 영역이 많다.

(2) 관계자 (이해관계자, 행위자)

커뮤니케이션에 관계·관여하는 관계자는 크게 「시민」, 「행정당국」, 「전문가」, 「사업자」, 「미디어」의 다섯 가지 범주로 나뉜다. 각 분류의 예는 다음과 같다. 시민: 일반 시민, 당사자, NPO/NGO 등. 행정당국: 국가, 지자체 등. 전문가: 개인, 조직(학회, 연구·교육기관, 의료기관 등), 팀(연구단체, 협의회 등). 사업자: 농업 등 생산자, 제조업체, 유통업체, 전력 가스회사, 금융 보험회사, 광고업체, 통신업체, 교통기관, 소매점, 음식점, 업계 단체 등, 미디어: 조직(언론기관 등), 프리랜서 기자, 인터넷 방송사, 박물관·과학관 등이다.

(3) 시간·공간·사회적 규모

시간적·공간적·사회적 규모에 관해서는, 문제(유해상황)가 발생하는 「원인」이 분포하는 시간적 범위·공간적 범위·사회적 단위, 유해상황의 「영향」이 미치는 시간적 범위·공간적 범위·사회적 단위, 문제에 「대응」하기 위해 행동이 요구되는 시간적 범위·공간적 범위·사회적 단위가, 제각각 어떤 범위인지 파악한다. 시간적 범위에서는 그것이 일시적/상시적, 단기적, 중기적, 장기적인지를 구분한다. 또한 공간적 범위는 지역, 광역/국가, 국제/지구적 규모 등까지 확장되는 것이 다르다. 사회단위에 대해서는 개인의 단일조직, 소수의 개인조직과 다수의 집합적 조직인지 등을 구별하게 된다.

(4) 단계

다음으로 문제의 발생이나 대응의 「단계(시기·단계)」는 크게 나누어 「위기발생」에 관한 것과 「혁신과정」에 관한 것으로 나뉜다. 그리고 각 단계별로 취해야 할 커뮤니케이션 방식(모드)이 다르다.

우선 커뮤니케이션 방식의 분류에 대해 간단히 설명하면 다음과 같다. 룬드그렌과 맥마킨(Lundgren & McMakin, 2018)은 커뮤니케이션 방식을 「케어(배려) 커뮤니케이션」, 「컨센서스(합의) 커뮤니케이션」, 「크라이시스(위기) 커뮤니케이션」으로 분류하고 있다.

케어 커뮤니케이션은 리스크와 그 관리방법에 대해, 대부분의 청중에게 받아들여진 과학적 연구에 의해 이미 잘 정립된 리스크에 관한 것으로, 하향적, 일방향적인 정보 흐름이 된다. 컨센서스 커뮤니케이션은 리스크 관리방법에 대한 의사결정을 위해 함께 노력하도록 집단에 지식을 제공하고 격려하기 위한 것으로, 이를 통해 참여자들의 태도, 선호도, 의견이 서로 바뀔 수도 있다는 「의미에서 상호작용적」이다. 크라이시스 커뮤니케이션은 극단적이고 돌발적인 위험에 직면했을 때 이루어지며, 긴급사태가 발생하는 동안이나 그 이후에 이루어진다. 관리방법은 하향식이며 일방향적이다.

또한, 「위기발생」의 경우, 각 단계는, 위기가 발생하지 않은 「평상시」, 위기발생 직후의 「비상시(긴급시)」, 위기발생 후 어느 정도 시간이 지나 상황회복이 이루어지는 「회복기」로 나뉜다. 커뮤니케이션 방식으로는 어느 단계에서나 지식·정보의 제공을 중심으로 한 케어 커뮤니케이션을 기본으로 하되, 평상시나 회복기에는 대화·협동·공론화를 위한 컨센서스 커뮤니케이션, 비상시에는 임박한 위기에 대처하기 위한 크라이시스 커뮤니케이션이 중시된다.

한편, 「혁신과정」의 단계는 「연구개발 초기」, 「연구개발 말기~실용화」, 「실용화 이후」로 분류할 수 있다. 커뮤니케이션 방식으로는 과학기술의 지식·정보제공을 주로 하는 케어 커뮤니케이션을 기본으로 하되, 대화·협동·공론화를 위한 컨센서스 커뮤니케이션이 중요하다. 특히 「연구개발 초기」부터 「연구개발 말기~실용화」 단계에서는, 연구개발 성과가 향후 어떻게 활용되고 리스크와 편익을 모두 포함하여 사회에 어떤 영향을 미칠지, 부정적인 영향에 대해서는 어떻게 대처해야 하는지 검토가 필요하다.

(5) 목적·기능

리스크 커뮤니케이션의 목적이나 기능에는 여러 가지가 있는데, IRGC가 제시한 목적에 대해서는 이미 언급한 바 있다. 이와 함께 문부과학성의 「리스크 커뮤니케이션의 추진방안에 관한 검토 작업 부회」 보고서(文部科學省, 2014)도 참고하여, 여기서는 다음의 여섯 가지를 목적과 기능의 유형으로 제시한다.

① 리스크와 그 대처법에 관한 교육과 계발
② 리스크에 관한 훈련과 행동변화의 환기
③ 신뢰와 상호 이해의 형성 : 관계자(정부·지자체·사업가·전문가·시민·NPO/ NGO 등 해당 리스크 문제와 관련된 개인·조직·단체)간의 상호 신뢰와 이해를 형성한다.
④ 문제 발견과 의제설정, 논점 가시화 : 의견교환이나 각자의 숙고를 통해, 주제와 관련된 사항에 대하여 무엇이 문제인지, 무엇을 사회적으로 폭넓게 논의하고 생각해야 하는지, 중요한 쟁점은 무엇인지, 그 문제에 대한 사람들의 우려와 기대는 어떤 것인지 명확히 한다.
⑤ 의사결정·합의형성·문제해결 촉진 : 최종 의사결정·합의형성과 문제해결을 위해 대화·협동·공론화한다. 과학적·기술적 사실문제나 법제도 등에 대한 논의뿐만 아니라, 이해당사자 사이의 다양한 가치관이나 이해관계에 대한 논의도 포함한다.
⑥ 피해 회복과 미래를 향한 화해 : 물리적 피해뿐만 아니라 사회적·정신적 피해로부터의 회복을 도모하고, 문제의 발생부터 현

재에 이르기까지의 과정을 돌아보며, 관계자들 간의 대립과 갈등을 풀고 화해를 추진한다.

리스크 커뮤니케이션은 앞서 언급한 항목들을 바탕으로, 자신이 실천하는 리스크 커뮤니케이션의 전체 구조를 파악하는 것으로부터 시작한다. 즉,「무엇에 대해」,「누구에게(누구와)」,「언제」,「어디서」,「무엇을 위해」실시할 것인지에 대한 이해이다. 그 위에「어떻게」할 것인지를 구체화하는 것이다.

참고문헌

科学コミュニケーションセンター(2014) 『リスクコミュニケーション事例調査報告書』, (独)科学技術振興機構・科学コミュニケーションセンター.
吉川肇子(1999) 『リスク・コミュニケーション―相互理解とよりよい意思決定をめざして』福村出版
木下冨雄(2006) 「不確実性・不安そしてリスク」日本リスク研究学会編『リスク学事典(増補改訂版)』阪急コミュニケーションズ
木下冨雄(2008) 「リスク・コミュニケーション再考―統合的リスク・コミュニケーションの構築に向けて(1)」, 日本リスク研究学会誌, Vol.18, No.2, pp.3-22.
木下冨雄(2016) 『リスク・コミュニケーションの思想と技術―共考と信頼の技法』ナカニシヤ出版
奈良由美子(2017) 『改訂版・生活リスクマネジメント―安全・安心を実現する主体として―』放送大学教育振興会

平川秀幸・土田昭司・土屋智子著(2011)『リスクコミュニケーション論』大阪大学出版会

文部科学省(2014)『リスクコミュニケーションの推進方策』, 文部科学省・科学技術・学術審議会・研究計画・評価分科会・安全・安心科学技術及び社会連携委員会.

IRGC (2005) *Risk Governance : Towards an integrative approach*, IRGC White Paper No 1, International Risk Governance Council(IRGC).

IRGC (2012) "An introduction to the IRGC Risk Governance Framework," International Risk Governance Council(IRGC).

Leiss, William (1996) "Three Phases in Risk Communication Practice," Annals of the American Academy of Political and Social Science, 545, Special Issue, H. Kunreuther and P. Slovic (eds.) : *Challenges in Risk Assessment and Risk Management* : pp.85-94.

Lundgren, Regina E. and McMakin, Andrea H. (2018) *Risk Communication : A Handbook for Communicating Environmental, Safety, and Health Risks*, 6th edition, Wiley.

National Research Council (1989) *Improving Risk Communication*, Washington, DC : The National Academies Press. 邦訳：林裕造・関沢純(訳)(1997)『リスクコミュニケーション：前進への提言』化学工業日報社

OECD (2003) *Emerging Systemic Risks. Final Report to the OECD Futures Project*, OECD.

2 │ 리스크 커뮤니케이션이란

│ 나라유미코(奈良由美子)

《학습포인트》 리스크 커뮤니케이션을 실제로 수행하는데 있어서 이와 관련된 다양한 요소를 고려해야 한다. 이 장에서는 리스크 커뮤니케이션의 중요한 결정요인 중 하나인, 리스크에 대한 심리적 인식과 판단에 대해 생각해 본다. 리스크 인지와 편향, 휴리스틱에 대해 설명하고, 리스크 인지에 있어서 감정의 관여를 보여주며 리스크 커뮤니케이션의 의의를 다시 한번 확인한다.

《키워드》 이해관계자, 주관적 리스크, 객관적 리스크, 리스크 인지 편향, 휴리스틱, 감정, 리스크 특성

1. 리스크 커뮤니케이션에 관한 요인으로서의 리스크 인지

(1) 리스크 커뮤니케이션의 결정요인

 기노시타(木下, 2009)는 리스크 커뮤니케이션의 프로세스 전체를 파악하는 중요성을 감안하여 리스크 커뮤니케이션을 하나의 시스템으로 보고, 이것이 효과적이기 위해서는 어떤 요소가 결정요인으로 존재하는지를 고찰해야 한다고 주장한다. 이때 리스크 커뮤니케이션과 관련된 요인으로는, ① 리스크 종류와 성격에 관한 요인(문제의

포인트를 명확히 하는 것), ② 발신자 측의 요인(자신을 아는 것), ③ 수신자 측의 요인(상대를 아는 것), ④ 양자 간에 주고받는 내용 요인 (무엇을 어떻게 전달할 것인가), ⑤ 양자 간을 연결하는 미디어 요인 (어떤 매체를 사용할 것인가), ⑥ 리스크 커뮤니케이션이 실시되는 장과 운영법의 요인(대화의 장을 어떻게 만들 것인가), ⑦ 이러한 배경의 사회적·역사적 요인(배경에 대한 배려) 등이 거론된다(표 2-1).

(2) 리스크 커뮤니케이션에 관련된 요인으로서 리스크 인지

이러한 요인들은 모두 중요하며, 다음 장에서 설명할 리스크 커뮤니케이션 과정에서 고려될 것이다. 또한, 제4장 이후에 다루는 구체적인 리스크 문제와 관련된 커뮤니케이션 실천 중에도 각각에 대한 검토가 이루어진다. 그중에서도 사람의 심리적 특성과 그에 따른 리스크를 인지하는 방식은 리스크 커뮤니케이션의 결정요인으로 신중하게 검토되어야 한다. 이것을 표 2-1로 보면, 리스크의 성질에 관한 요인, 그리고 수용자 측의 요인에 해당한다.

리스크 커뮤니케이션은 리스크에 관한 커뮤니케이션이기 때문에, 리스크의 특성이나 정량적 크기 등이 어떠한지 그 성질을 파악할 필요가 있다. 또한, 객관적인 리스크 뿐만 아니라 이를 받아들이는 이해관계자의 리스크 인지에 대해서도 충분한 지식이 필요하다. 상대방이 무엇을 원하는지, 무엇을 불안해하는지 등의 욕구 감정구조를 밝히는 것은 효과적인 리스크 커뮤니케이션의 대전제가 된다(木下, 2009).

본 장에서는 리스크 커뮤니케이션의 요인 중 하나인 리스크 인지에 대해 자세히 설명하고, 사람들의 심리적 특성을 고려하는 것의 중요성을 확인한다.

표 2-1 리스크 커뮤니케이션에 관한 요인

요인 카테고리		개별적 요인
① 리스크의 종류와 성격 (문제의 핵심을 명확하게)	리스크의 종류	• 자연과학적 리스크 (물리적·화학적·생물학적) • 사회과학적 리스크 (사회적·경제적·정치적) • 인문학적 리스크(문화적·심리적) • 개별 리스크와 복합 리스크
	리스크의 성질	• 엔드포인트(영향판정점)는 무엇인가? • 리스크 특성(시간·공간적 확산, 심각성, 미지성, 인위성, 불투명성, 통제 가능성 등) • 객관적 리스크와 주관적 리스크 • 리스크 측정과 평가(객관적·주관적) • 리스크 허용수준(객관적·주관적) • 리스크 대응법과 저감법
	리스크의 관계 구조	• 리스크와 편익의 트레이드오프(절충점) • 리스크와 비용의 트레이드오프 • 리스크 상호간의 트레이드오프 • 리스크의 디폴트값
② 발신자 (자신을 알다)	발신자 유형	• 리스크 발생에 관련된 조직, 그 외의 이해관계자, 제3자 조직 • 행정, 기업, 시민단체, 전문가, 언론사, 기타
	발신자의 실행 가능성	• 리스크에 어느 정도 대응할 수 있는지 (권한과 책임)
	발신자 신뢰성	• 발신자의 전문능력, 공정성
	발신자 편성	• 개인, 팀
	발신자 퍼스넬리티	• 인품, 일의 성실성, 따뜻함, 사회적 친절함
	발신자 커뮤니케이션 능력	• 말솜씨, 듣기, 논리력, 공감능력, 토론능력

2. 리스크 커뮤니케이션이란

요인 카테고리		개별적 요인
③ 수신자 (상대를 알다)	수신자 유형	• 불특정 다수, 이해관계자, 특정 이데올로기 집단 • 지역주민, 광역거주자 • 조직집단, 준조직집단, 개인집합체
	수신자 데모그라픽(속성)	• 성별, 연령, 학력, 직업, 지역, 소속집단, 거주년수
	수신자의 사회적 결속력	• 지인관계, 네트워크 구조, 관계자본 • 정치적 대립구조 • 사회규범, 지역풍토
	수신자의 심리적 특성	• 리스크에 대한 지식, 리터러시(문해력과 활용능력) • 사고방식, 리스크에 대한 태도(SRA) • 가치관, 필요성
④ 콘텐츠 (무엇을 어떻게 전달할 것인가)	내용의 여러 측면	• 대상이 가지는 기술적 측면 • 대상이 가지는 사회·경제적 측면 • 대응에 있어서 민주적·절차적 측면 • 대응에 있어서 시민의 감정을 배려하는 측면
	내용의 장단점	• 리스크와 편익 • 리스크에 대한 대응법, 저감법, 비용
	콘텐츠 표현 기술	• 평이한 표현, 알기 쉬움 • 정확성, 논리적 일관성 요점정리 • 수용자의 사고방식에 따른 논리전개 • 언어적 표현과 비언어적 표현 • 신뢰와 공감의 전달
	전개 기술	• 시간적 전개, 순서 효과 • 공간적 전개, 레이아웃 효과

요인 카테고리		개별적 요인
⑤ 미디어 (어떤 매체를 이용할 것인가)	음성적 매체	• 구두설명, 대화, 라디오, 유선,
	문서적 매체	• 서적, 잡지, 팜플렛, 설명서, 신문
	시각적 매체	• 텔레비전, 비디오, DVD, 파워포인트, 영화 • 얼굴표정, 신체적 몸짓, 복장
	전자적 매체	• 인터넷, SNS, 블로그, 검색시스템
	미디어 믹스	• 효과적인 배분, 시너지 효과
⑥ 행사장 세팅과 운영 방식 (토론장을 어떻게 만들 것인가)	주최자와 사회자	• 리스크 발생에 관련된 조직, 이해관계자, 제3자 조직 • 행정, 기업, 시민단체, 전문가, 미디어, 기타
	운영방식	• 사적인 장소, 공적인 장소 • 접근의 편리성 • 장소의 크기 • 단차를 둘 것인가, 평평하게 할 것인가 • 테이블, 의자배치 • 음료서비스 • 설치운영 시간대와 보유시간
	운영방식	• 강연회, 심포지엄, 워크샵, 시민집회, 지역간담회, 개별방문, 설명회, 좌담회, 보도자료 • 자유참가, 자격제한 • 공개, 비공개 • 언론취재 여부 • 설명회 스타일, 토론 스타일, 단체교섭 스타일, 공론화 스타일 • 단발, 연속

요인 카테고리		개별적 요인
⑦ 사회적·역사적 배경 (배경에 대한 배려)	사회적(지역적) 배경	• 지리적 위치, 지정(地政)적 구조 • 사회형태(대도시, 중소도시, 농촌) • 인구, 밀도, 유동성 • 산업구조, 경제적 풍요로움
	역사적 배경	• 시대의 흐름 • 역사적 전통 • 과거 재해경험

출처: 木下富雄(2009), 「リスク·コミュニケーション再考―統合的リスク·コミュニケーションの構築に向けて(3)」, 日本リスク硏究学会誌, Vol.19, No.3, pp.9-10.

2. 리스크 인지란

(1) 리스크와 리스크 인지

　리스크란 인간의 생명, 건강, 재산과 그 환경에 바람직하지 않은 결과를 초래할 가능성으로, 유해상황이 발생할 객관적 확률과, 발생한 손실이나 부상의 객관적 크기와의 조합으로 표현된다. 반면, 리스크 인지는 바람직하지 않은 결과를 초래할 가능성에 대한 사람의 주관적인 판단을 말한다. 전자의 유해상황의 객관적인 발생확률과 그 영향의 객관적인 크기로 파악되는 리스크를 객관적 리스크, 그리고 후자의 심리적으로 인지된 리스크를 주관적 리스크라고 말한다.
　객관적 리스크는 관련 데이터를 이용하여 과학적 근거를 바탕으로 그 크기를 평가한다(단, 데이터에 변동이 생기거나 오류가 있을 가능성이 있다). 한편, 주관적 리스크는 사람들이 두려워하거나 위험하다고 느끼는 것으로, 개인의 속성이나 심리적 특성, 처한 상황에 따라 다양하게 나타나기 쉽다.

이처럼 객관적 리스크와 주관적 리스크는 서로 다르며, 양자 사이에는 종종 인식의 차이(perception gap)가 발생한다. 이 차이가 큰 것의 예를 들면, 먼저 주관적 리스크가 현저히 큰 것은 유전자조작식품, 식품첨가물, 항생제 복용 등을 들 수 있다. 반대로 객관적 리스크가 더 큰 것으로는 자동차 운전, 음주 등을 들 수 있다.

주관적 리스크와 객관적 리스크 사이에 간극이 발생하는 원인으로는, 확률적이고 불확실성을 내포하고 있는 리스크의 개념을 인식하는 것이 사람들에게 애초에 어렵다는 것이다. 또한, 인간의 인지 능력의 제약이 이와 관련되어있다. 이러한 제약 속에서 리스크의 판단에는 휴리스틱이라는 대안이 많이 이용되며, 이것이 리스크 인지의 편향성을 초래하게 된다.

휴리스틱에 대해서는 다음 절에서 설명하고, 여기서는 먼저 인지 편향은 어떤 종류가 있는지 살펴본다.

(2) 다양한 인지 편향(bias)

심리학 분야에서는 수많은 인지 편향이 지적되고 있다. 여기서는 특히 리스크에 대한 판단에 영향을 미치는 몇 가지 편향을 제시한다. 리스크 인지과정에 수반되는 편향으로는, 예를 들어 정상성 편향, 낙관주의 편향, 베테랑(숙련자) 편향, 버진(초심자) 편향, 동조성

2. 리스크 커뮤니케이션이란

편향 등이 지적되고 있다(広瀬, 1993).

① 정상성 편향

정상성 편향은 인지된 비정상성을 어떤 가능한 범위 내에서 정상적인 상태로 보려는 심리적 메카니즘이다. 비정상적인 사태라도「이럴 리가 없다」,「이것은 정상이다」라고 자신을 억누르고 그 비정상성을 축소하여 정상범위 내의 일로 간주하는 것이다. 이는 리스크의 과소평가로 이어진다. 정상성 편향이 작용하는 구체적인 장면으로는, 예를 들어 자연재해에 대한 인지가 있다. 쓰나미나 지진 등의 발생에 대해 경보나 주민대피 정보가 발령되어도, 정상성 편향이 작용하여 경보를 무시하거나, 대피하지 않거나 늦게 대피하는 경우가 발생할 수 있다.

그러나 정상성 편향은 그 자체가 나쁜 것은 아니다. 정상성 편향의 실질적인 역할은, 리스크 정보를 무시함으로써 심리적 안정을 유지하려는 자아방위(自我防衛)에 있다. 인간이 일상생활을 영위하는 과정에서 발생하는 다양한 변화와 새로운 사태에 대해 일상성을 원활하게 보호하기 위해서는 마음이 과도하게 반응하거나 피폐해지지 않도록 억제하는 것이 오히려 필요할 것이다. 그러나 때로는, 정도가 지나치면 이 편견이 좋지 않은 결과를 가져온다는 것이다.

② 낙관주의 편향

낙관주의 편향은 자신의 주변에서 일어나는 상황을 자신에게 유리하게 왜곡하여 인지하는 심리적 프로세스이다. 인간이 리스크를 의식하는 것은 그 자체로 심리적인 스트레스가 된다. 그래서 비정상적인 상황이라도 밝은 측면에서 낙관적으로 바라봄으로써 심리적 스트레스를 줄이려고 무의식적으로 작용한다. 이는 리스크의 과소평가를 가져온다. 이 편향의 영향에 의한 구체적인 예로는 「담배 한 대 정도는 암에 걸리지 않을 거야」라고 생각하며 매일 담배를 피우는 흡연자의 행동을 들 수 있다.

③ 베테랑 편향과 버진 편향(Veteran bias and Virgin bias)

베테랑 편향은 경험으로 인해 리스크를 왜곡해서 보는 것을 말한다. 개인의 과거 풍부한 리스크 경험이 오히려 새로운 리스크 상황에 대한 판단에 영향을 미쳐 리스크를 과대 또는 과소평가하는 경우가 있다. 반면, 버진 편향은 경험이 없기 때문에 리스크를 왜곡해서 보는 경우를 말한다. 개인이 리스크 상황에 경험이 없으면 정보를 해석할 수 있는 단서가 부족해져 올바른 판단을 내리기 어려워진다.

④ 동조성 편향

동조성 편향이란 주변 사람들과 동조하여 리스크를 인지하는 것을 의미한다. 어떤 리스크에 대해 주변 사람들이 강하게 인식하고 있으면 자신도 그렇게 되고, 반대로 심각하게 받아들이지 않으면 자신도 그렇게 된다는 것이다. 이외에도, 대재해 편향(catastrophe bias : 극히 드물게 발생하지만 매우 큰 파멸적 피해를 가져올 수 있는 리스크에 대해 왜곡된 시각으로 이를 과대평가하는 경향), 확증 편향(confirmation bias : 자신의 신념이나 가설에 부합하는 정보는 받아들이기 쉬우나, 부합하지 않는 정보는 받아들이기 어렵고, 전자에 따라 당초에 자신의 신념이나 가설을 더욱 강화하는 경향), 사후확신 편향(hindsight bias : 일이 일어난 후 「역시 그렇게 될 줄 알았다」며 과거의 상황을 마치 예측 가능했던 것처럼 보는 경향) 등에 따라서, 리스크에 대한 주관적 판단은 영향을 받는다.

위와 같은 편향이 발생하는 것은 일반 시민들의 정보처리 방법에서 유래한다. 우리가 일상생활을 영위하는데 자주 사용하는 것이 바로 휴리스틱이라는 방법이다. 휴리스틱의 사용으로 인해 생기는 인식 상의 치우침이 인지 편향이 된다. 다음절에서는 특히 리스크 인지에 영향을 미치는 휴리스틱에 대해 그 특성과 종류에 대해 살펴본다.

3. 휴리스틱과 리스크 인지

(1) 인지능력 제약과 휴리스틱

휴리스틱이란, 불확실한 상황에서 판단이나 결정을 내릴 때 사용하는 간편하고 직관적인 방법을 말한다. 리스크에 대한 판단과 결정은 불확실한 상황에서 이루어지지만, 상황의 다양성에 대해 필요한 정보를 모두 수집하고 분석하여 검토하려면, 큰 인지 비용이 발생한다. 따라서 인지 비용을 줄이기 위해 사람은 휴리스틱을 이용하여 빠르게 대략적인 판단을 하는 것이다. 휴리스틱은 인지 비용을 줄이고 단시간에 판단할 수 있다는 점에서 효율적이다. 따라서 리스크에 대한 판단을 포함하여, 일상생활의 판단 과정에서 자주 활용되고 있다. 그러나 휴리스틱을 이용한 판단이나 결정이 반드시 정확한 것은 아니다. 아래에 제시된 몇 가지 휴리스틱과 같이 인지 편향의 원인이 되는 것도 있다(Kahneman et al. , 1982; 楠見, 2001).

(2) 휴리스틱의 종류

① 이용가능성 휴리스틱

이용가능성 휴리스틱이란, 어떤 상황의 발생확률을 해당 사례의 이용 용이성을 기준으로 판단하는 직관적인 방법을 말한다. 즉, 사람은 이용하기 쉬운 정보를 중시하여 리스크를 판단한다는 것이다. 그러나 이용의 용이성은 현실의 발생확률과 반드시 일치하지는 않는다. 눈에 잘 띄고 선택적으로 기억되기 쉬운 상황은 그 발생확률이 크게 평가되는 경향이 있다.

예를 들어, 최근 발생한 사고나, 이웃이나 친구 등 가까운 사람에게 일어난 리스크 사례는 기억하기 쉽고 과대평가되기 쉽다. 또한, 출현빈도는 적더라도 그 이미지가 선명하게 떠오르는 상황이나 언론 등에서 많이 보도되는 사항에 대해서도 마찬가지다. 예를 들어, 항공기 사고는 거의 발생하지 않지만, 발생하면 많은 인명피해가 발생하고 언론의 보도량이 많아 기억에 남기 쉬워 과대평가로 이어진다. 이처럼 이용가능성 휴리스틱은 기억과 상상의 용이성에 의한 편향을 가져온다.

2. 리스크 커뮤니케이션이란

② 대표성 휴리스틱

　대표성 휴리스틱은 어떤 상황이 특정범주에 속할 확률을, 겉으로 보기에 그 상황이 그 범주를 잘 대표하는지 여부에 따라 판단하는 직관적 방법을 말한다. 인간은 모든 리스크 상황을 알 수도, 기억할 수도 없기 때문에 제한된 사례를 통해 전체를 판단하려고 한다. 그 때, 그 사례(표본)가 리스크 상황 전체(모집단)를 대표한다고 생각할 정도로, 발생하기 쉽다고 느낀다.

③ 계류와 조정 휴리스틱

　계류와 조정 휴리스틱은, 사물을 판단할 때 앞서 주어진 정보나 처음 떠오른 정보를 기준(계류점)으로 하고, 여기에 새로운 정보를 추가하며 판단을 조정하여 최종 결론을 내리는 직관적 방법을 말한다. 이 방법을 사용할 때 조정은 일반적으로 불충분하고, 초기 정보나 생각에 얽매이는 경향이 있다. 그리고 결국은 처음의 계류점에 가까운 결론을 내리게 된다.

4. 감정과 리스크 인지

(1) 감정 휴리스틱

　여기서는 리스크 인지에 대한 감정의 영향에 대해 언급하고 싶다. 오늘날의 리스크 연구는 감정과 리스크 인지에 초점을 맞추어 접근하고 있다. 리스크는 인간의 생명, 건강, 재산과 그 환경에 바람직하지 않은 결과를 초래할 수 있는 가능성을 의미하며, 리스크 인지는 이에 대한 인식이기 때문에 리스크 인지가 불쾌감이나 분노와 같은 부정적인 감정과 연결되는 것을 상정할 수 있다. 그 관계성에 더욱 주목하게 된 것은, 감정 휴리스틱이라는 프레임워크가 제안된 2000년 경부터이다.

감정 휴리스틱이란 감정을 단서로 대상에 대한 판단이나 의사결정을 하는 것으로, 리스크 인지에 있어서 휴리스틱의 하나로, 이 감정 휴리스틱이 있음을 지적하는 학자도 있다(Slovic et al., 2004). 우리는 호불호에 따라 대상 전체를 판단하는 경우가 있는데, 이것도 감정 휴리스틱이다. 좋아함, 싫음, 쾌적, 불쾌 등의 긍정 또는 부정적 감정은 대상을 보고 들으면 빠르게 환기된다. 순간적으로 떠오른 그 감정을 단서로 대상 전체를 판단하거나 평가한다.

리스크 인지에 있어서도 어떤 대상에 대한 부정적 감정이 떠오르면 그 위험성은 크고, 반대로 편익성은 작다고 판단되기 쉽다(Finucane et.al., 2000; 土田, 2012). 예를 들어, 발전소나 쓰레기 소각장과 같은 시설, 혹은 농약이나 식품첨가물과 같은 화학물질은 편익과 리스크를 함께 갖고 있다. 이때, 편익과 리스크 평가는 본래는 별도로 이루어져야 한다. 그러나 해당 시설이나 화학물질에 호감을 갖게 되면 그 편리성은 높고 위험성은 낮다고 인지하기 쉽다. 반대로 그것에 대해 공포심이나 분노, 불쾌감, 혐오감, 불신감 등의 부정적 감정을 갖고 있으면 편익은 작고 리스크는 크다고 인지하기 쉽게 된다.

2. 리스크 커뮤니케이션이란

(2) 리스크 인지에 있어서 감정의 중요성

이처럼 대상에 대한 감정에 따라 리스크에 대한 인지가 달라질 수 있다. 그리고 오늘날에는 감정이 리스크 인지에 영향을 미친다기보다, 감정이 리스크 인지의 주요 구성요소라는 견해가 강해지고 있다(中谷內, 2012). 예를 들어, 이후에 설명할 리스크 특성이 리스크 인지에 미치는 영향에는 감정 휴리스틱이 아마 관여하고 있을 것으로 생각된다. 또한, 이미 언급한 이용 가능성 휴리스틱과의 연관성을 통해, 리스크 감정은 리스크 인지에 영향을 미치게 된다. 큰 두려움이나 분노와 같은 강한 감정을 동반한 기억일수록 쉽게 꺼낼 수 있고 활용하기 쉬운 정보가 되기 때문이다.

문부과학성 안전·안심 과학기술과 사회연계위원회에서 정리한 「리스크 커뮤니케이션 추진방안」(2014년 3월 27일)에서는 리스크 커뮤니케이션의 전제로서 감정의 중요성을 언급하고 있다. 즉, 사람들은 리스크를 해저드(리스크가 미치는 영향의 심각성, 확대 가능성 등)와 아웃레지(분노 등 감정적 반응을 불러일으키는 요인)의 합으로 본다는 생각을 제시한다. 그 위에 불안과 불신감 등 심리적 요소, 공정성이나 자기결정권 등 사회규범이나 개인의 권리, 가치판단을 포함한 아웃레지 관련부분은 무시할 수 없으며, 설령 해저드가 작더라도(해저드가 제로이더라도) 아웃레지가 큰 경우 그 리스크는 크게 받아들이기 어렵다고 인지되어, 아웃레지의 존재를 전제로 하는, 일방적인 설득이 아닌 커뮤니케이션이 중요하다는 것이다.

또한, 미국 원자력규제위원회(NRC)도 원자력 안전과 관련된 리스크 커뮤니케이션 가이드라인에서는 일반 시민의 리스크 인지가 해저드와 아웃레지의 합에 의해 유도된다는 점을 감안하여, 객관적 리스크만으로 원자력 문제를 다루는 것의 한계와 리스크 커뮤니케이션의 과제를 지적하고 있다.

(3) 리스크 특성과 리스크 인지

리스크 커뮤니케이션을 실시할 때 염두에 두어야 할 리스크 인지와 관련된 요소로서, 리스크 특성에 따른 영향을 들 수 있다. 이는 어떤 리스크 현상에 대해 어떤 특정 성질이 수반된다고 느껴질 때, 빈도나 강도의 객관적 크기와 관계없이, 리스크 크기의 정도에 대한 인식이 높아지거나, 반대로 낮아질 수도 있다는 것이다.

리스크 특성에 따라 개인의 리스크 인지가 달라진다는 것은 이미 여러 차례 지적되고 있다(Slovic, 1987; 広瀬, 1993 ; 木下, 1997). 리스크 인지에 영향을 미치는 리스크 특성으로는 다음과 같은 것들이 있다.
- 자발성 (비자발적으로 부담하게 되는 리스크는 강하고, 자발적인 참여로 발생하는 리스크는 약하게 인지된다)
- 공평성 (모든 사람에게 평등하게 적용되는 것이 아니라, 한쪽에 이익을 가져오고 다른 쪽에 손해가 초래될 경우 리스크가 강하게 인지된다)
- 편익의 명확성 (그 현상이 가져오는 편익이 명확하지 않은 경

2. 리스크 커뮤니케이션이란

우, 명확한 경우에 비해 리스크가 더 크다고 판단된다)
- 제어 가능성 (개인이 제어할 수 없는 경우, 리스크 인지는 높아진다)
- 미래의 영향 (차세대를 포함한 장래에 영향을 미칠 가능성이 있는 경우, 리스크 인지가 높아진다)
- 복원 가능성 (결과적으로 손해를 원상태로 되돌릴 수 없다면, 그 리스크에 대한 인지가 높아진다)
- 즉효성 (리스크의 결과가 즉시 나타나지 않고 악영향이 뒤늦게 나타나는 경우, 리스크는 크게 인지된다)
- 대참사 가능성 (한 번의 사고, 사건, 재해로 많은 피해자가 발생할 경우, 리스크 인지는 강해진다)
- 결말의 중대성 (사망으로 이어지는 상황의 리스크는, 그렇지 않은 경우보다 더 큰 것으로 간주된다)
- 고통의 추가 (평범하지 않게 죽거나 고통스럽게 죽는 경우, 리스크가 강하게 인지된다)
- 구조에 대한 이해 (발생 배경이나 진행과정, 또는 손해에 이르는 과정이 보이지 않는 상황의 리스크는 크게 간주된다)
- 익숙함 (잘 알려지지 않은 상황의 리스크는 잘 알려진 것보다 더 크게 간주된다)
- 발생원 (인위적으로 발생하는 인공 리스크는 자연발생적으로 천연에 존재하는 리스크보다 더 강하게 인지된다)
- 새로움 (새로운 리스크는 오래된 리스크보다 더 크게 간주된다)
- 거리감 (낯선 사람의 리스크보다 주변 사람의 리스크가 강하게

인지된다)
- 정보 일관성 (복수의 정보원으로부터 모순된 정보가 전달되는 경우, 정보를 받는 사람은 리스크를 크게 인지한다. 또한, 동일한 정보원으로부터 모순된 정보가 전달되는 경우에도 리스크를 크게 인지한다)
- 신뢰성 (해당 리스크와 관련된 기관에 대한 신뢰도가 낮다고 판단될 경우 리스크 인지는 높아진다)

이중 자발성에 대해서는, 그 리스크가 자신의 자발적인 참여에 의해 발생하는지, 그렇지 않은지에 따라 리스크 인지가 달라진다. 자발적으로 노출되는 리스크로는 위험한 스포츠나 흡연으로 인한 리스크 등이 있고, 한편, 원하든 원하지 않은 사람들이 비자발적으로 노출되는 리스크로는 대기오염 리스크 등이 있는데, 이 두 종류 리스크를 비교했을 때, 비자발적 리스크를 강하게 인지하는 경향이 나타난다.

또한, 공평성에 대해서는 그 리스크의 분배가 공평한지 불공평한지에 따라 리스크 인지가 다르다. 일반적으로 불공평하게 분배된 리스크에 대한 인지가 높아진다. 불공평하게 분배된 리스크는, 그 상황을 둘러싸고 리스크를 받는 사람과 혜택을 받는 사람이 존재할 때 발생하는 것으로, 원자력 발전소나 유해폐기물 처리장, 범죄자 사회복귀시설 등이 그 대표적인 예이다.

또한, 제어 가능성과 관련하여, 개인적 예방행동으로 피할 수 없는 특성을 가진 리스크는 강하게 인지된다. 예를 들어 흡연으로 인한 폐암의 리스크는 금연을 통해 스스로 제어할 수 있다. 이에 반해

2. 리스크 커뮤니케이션이란

대기오염으로 인한 폐암 리스크는 복합적으로 발생하는 대기오염의 여러 원인활동(자동차주행, 공장운전 등)을 멈추게 할 수 없고, 심지어 호흡은 멈출 수도 없어 제어범위를 벗어나게 된다. 이런 경우 리스크를 크게 느끼게 된다.

그 외에도 감자나 소금과 같은 자연 유래의 친숙한 식품에는 큰 관심을 두지 않지만(실제로 감자의 싹이나 표피가 녹색으로 변한 부분에 많이 함유된 솔라닌은 대량 섭취 시 구토, 설사 등의 중독증상을 일으키고, 경우에 따라서는 사망에 이를 수 있다. 또한 소금이라도 대량 섭취하면 사망에 이를 수 있으며 소금의 주성분인 염화나트륨의 치사율은 300그램), 식품첨가물이나 유전자조작 식품과 같이 인위적인 조작이 가해진 경우에는 리스크가 강하게 인지된다. 또한, 유전적 영향을 후대에 미치는 등 미래세대에 악영향을 미치는 리스크, 방사선 피폭에 의한 만발성(晩發性) 효과의 발암과 같이 악영향이 늦게 나타나는 리스크도 강하게 인지되는 등, 리스크 현상의 특성을 어떻게 느끼는지에 따라 인지가 영향을 받는 경우가 많다.

또한, 신뢰와 리스크 인지와 불안 사이에는 관련이 있다는 것이 다양한 선행연구를 통해 밝혀지고 있다. 예를 들어, 유전공학 전문가에 대한 신뢰가 높게 인식될 경우, 유전자변형작물이나 유전자 진단 등의 리스크는 적고, 반대로 편익은 크게 인지되는 경향이 있다(Siegrist, 2000).

또한, 나카타니우치(中谷内, 2011)는 일본의 20세 이상 남녀를 대상으로 조사를 실시하여 유전자 조작식품, 의료사고, 화학적 식품첨가물, 의약품 부작용, 원자력발전소 사고, 비행기 사고, 석면, 내

진위장((耐震僞裝) 등 51개 항목을 제시하고, 각각에 대한 불안 정도와 그 리스크를 관리하는 전문기관에 대한 신뢰도를 조사하여, 양자 간의 관련성을 분석하였다. 그 결과, 리스크 관리기관에 대한 신뢰가 낮을수록 해당 항목에 대한 불안이 높고, 반대로 신뢰가 높을수록 불안이 적어지는 것으로 나타났다. 또한, 저자가 20세 이상의 남녀를 대상으로 2012년에 실시한 조사결과에서도 비슷한 경향을 보였다. 원자력발전소 사고, 방사성 물질의 건강영향 등의 현상에 대해, 주관적 발생빈도와 강도 그리고 불안 정도를 묻는 한편, 각각의 리스크 별로 관리기관에 대한 신뢰 정도를 파악한 후, 그들 사이에는 관련성(신뢰가 낮을 때 리스크가 크게 인지되고 불안도 큰 경향)이 있는 것으로 확인되었다(Nara, 2013). 또한 신뢰는 상대방의 리스크 관리 능력, 성실성 같은 태도의 호감도, 주요가치의 유사성(자신과 상대방이 중요하게 여기는 것이 같은지 여부)에 대한 인상이나 판단에 의해 좌우된다(中谷内 ほか, 2008).

지금까지 설명한 바와 같이, 사람들이 리스크를 어떻게 받아들이는가는, 리스크의 객관적인 크기 외에도 다양한 요소가 관여한다. 리스크 커뮤니케이션에 있어서는 그 부분에 눈을 돌리는 것이 중요하다. 그러나 이때, 그러한 요소의 영향을 받은 리스크 인지를, 객관적이고 과학적·확률론적인 리스크 판단에 의해 교정되어야 할 것으로 일방적으로 단정하거나 취급해서는 안 된다. 왜냐하면, 리스크 인지와 관련된 요소에는 개인 심리의 문제에 국한되지 않는 사회적 의미가 있기 때문이다. 예를 들어, 앞서 언급한 리스크 특성으로서 자발성은 자기결정권이라는 권리문제를, 그리고 공평성은 사회적 불평등과 관련된 것이다. 발생원에 있어서 인위성은 리스크나 발생된 피해에 대한 리스크 관리기관의 책임문제를 함축하고 있다. 그리고 신뢰는, 특히 분업화나 전문화가 과도하게 진행된 현대에 있어서 사회시스템을 구성하는 주요 요소이다.

리스크에 대한 과학적 이해는 중요하다. 그러나 그것만으로는 리스크 문제를 해결할 수 없다는 현실을 지금까지의 다양한 사례들이 보여주고 있다. 이러한 현실과 본 장에서 살펴본 리스크 인지의 모습을 통해 오늘날의 리스크 커뮤니케이션의 의의를 다시 한 번 확인할 수 있을 것이다. 즉, 객관적 리스크와 주관적 리스크에 대해 다양한 이해관계자들이 이해하고 공감하는 것이 리스크 문제의 해결을 위해 요구되고 있는 것이다.

참고문헌

木下冨雄(1997)「科学技術と人間の共生―リスク・コミュニケーションの思想と技術」有福考岳編著『環境としての自然・社会・文化』京都大学学術出版会

木下冨雄(2009) 「リスク・コミュニケーション再考―統合的リスク・コミュニケーションの構築に向けて(3)」, 日本リスク研究学会誌, Vol.19, No.3, pp.3-24.

楠見孝(2001)「ヒューリスティック」「利用可能性ヒューリスティック」「代表性ヒューリスティック」「係留と調整」山本真理子・池上知子・北村英哉・小森公明・外山みどり・遠藤由美・宮本聡介編『社会的認知ハンドブック』北大路書房

土田昭司(2012)「リスク認知・判断の感情ヒューリスティックと言語表象」『日本機械学会論文集(B編)』, 78(787), pp.374-383

中谷内一也・Cvetovich, G. T.(2008)「リスク管理機関への信頼—SVS モデルと伝統的信頼モデルの統合」『社会心理学研究』23(3), pp.259-268

中谷内一也(2011)「リスク管理への信頼と不安との関係—リスク間分散に着目して」『心理学研究』82(5), pp.467-472

中谷内一也編(2012)『リスクの社会心理学—人間の理解と信頼の構築に向けて』有斐閣

広瀬弘忠(1993)「リスク・パーセプション」『日本リスク研究学会誌』5(1), pp.78-81.

Finucane, M. L., Alhakami, A., Slovic, P. & Johnson. S. M. (2000) The Affect Heuristic in Judgement of Risks and Benefits, *Journal of Behavioral Decision Making*, 13, pp.1-17

Kahneman, D., Slovic, P., & Tversky, A. (1982) *Judgment under Uncertainty : Heuristics and Biases*, Cambridge University Press

Nara, Y.(2013) Observations on Residents' Trust in Risk Management Agencies and Their Perception of Earthquake and Atomic Power Plant Incident Risks : From Questionnaire Surveys before and after the Great East Japan Earthquake, *Social and Economic Systems*, 34, pp.165-178

Siegrist M.(2000) The influence of trust and perceptions of risks and benefits on the acceptance of gene technology, *Risk Analysis*, 20(2), pp.195-203.

Slovic, P.(1987) Perception of Risk, *Science*, vol.236, pp.280-285

Slovic, P., Finucane, M. L., Peters, E., & MacGregor, D. G.(2004) Risk as Analysis and Risk as Feelings : Some Thoughts about Affect, Reason, Risk, and Rationality, *Risk Analysis*, Vol. 24, pp. 311-322

United States Nuclear Regulatory Commission (NRC) (2004) *Effective Risk Communication: The Nuclear Regulatory Commission's Guideline for External Risk Communication*

3 | 리스크 커뮤니케이션의 기본과 요점
나라유미코(奈良由美子)

《학습포인트》 이 장에서는 리스크 커뮤니케이션의 기본 방법을 설명한다. 리스크 커뮤니케이션에서 PDCA 사이클을 포함한 진행 방법의 기본을 설명한 후, 리스크 커뮤니케이션을 통상적인 활동에 포함시키는 것과 커뮤니케이션 기술 등의 포인트를 정리한다. 또한, 리스크 비교에 전형적으로 발생하는 주의점, 리스크 커뮤니케이션의 평가관점, 신뢰의 의의에 대해서도 언급하면서, 리스크 커뮤니케이션의 본질에 대한 중요성을 확인한다.

《키워드》 리스크 커뮤니케이션의 전체 구조, PDCA 사이클, 정보 수용자, 커뮤니케이션 기술, 리스크 정보의 효과적 발신, 리스크 비교, 일상활동으로의 편입, 리스크 커뮤니케이션의 평가, 신뢰

1. 리스크 커뮤니케이션 프로세스

(1) 리스크 커뮤니케이션의 전체 구조 파악

리스크 커뮤니케이션을 실천함에 있어 가장 먼저 해야 할 일은 자신이 하는 커뮤니케이션의 전체를 조망하고 이해하는 것이다. 리스크 커뮤니케이션 전체 구조의 항목에 대해서는 이미 제1장에서 언급했다. 그것을 개념도로 나타내면 그림 3-1로 정리할 수 있다. 지

엽적인 부분에 얽매이지 않고 흔들림 없이 리스크 커뮤니케이션을 실천하기 위해서는 자신이 앞으로 하려는, 혹은 지금 하고 있는 리스크 커뮤니케이션은 「무엇에 대해」, 「누구에게(누구와)」, 「언제」, 「어디서」, 「무엇을 위해」 실시할 것인지, 실시하고 있는지 등에 대해 전체를 그려보고 재검토할 필요가 있다.

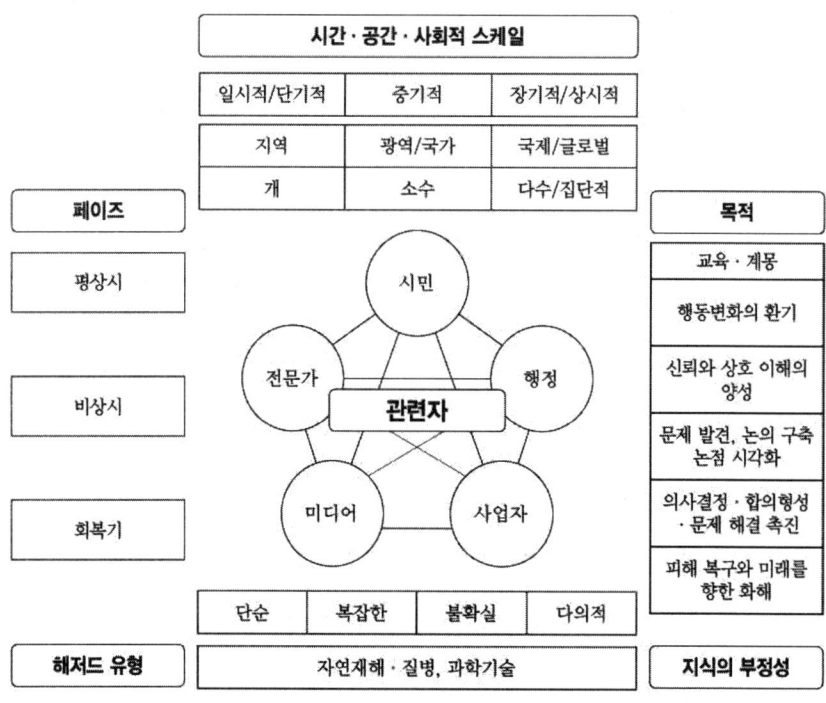

그림 3-1. 리스크 커뮤니케이션의 전체 구조

출처: 独立行政法人科学技術振興機構科学コミュニケーションセンター
『リスクコミュニケーション事例調査報告書』(2014)p.39에서 작성, 일부 수정

3. 리스크 커뮤니케이션의 기본과 요점

(2) 리스크 커뮤니케이션의 원칙

 이미 제1장에서 언급했듯이, 리스크 커뮤니케이션은 다양한 문제 영역과 단계에서 이루어진다. 관련되는 이해관계자들도, 목표하는 목적도, 케이스마다 다르다. 따라서 리스크 커뮤니케이션을 어떻게 진행해야 하는지에 대한 방법은 일률적이지 않고, 정해진 방식이나 정형화된 매뉴얼이 있는 것은 아니지만, 실제로 이를 수행함에 있어 지켜야 할 기본이 있다.

 먼저, 리스크 커뮤니케이션을 행할 때의 원칙이 있다. 여기서는 미국환경보호청(United States Environmental Protection Agency: EPA)의 리스크 커뮤니케이션의 주요 7가지 규칙을 제시하고자 한다(EPA, 1988).

 ① 사람들을 진정한 파트너로 받아들이고, 필수적인 파트너로 참여시킨다. ② 사람들의 목소리에 귀를 기울인다. ③ 정직하고, 솔직하고, 개방적이다. ④ 신뢰할 수 있는 다른 조직과 협력한다. ⑤ 미디어의 요구에 대응한다. ⑥ 알기 쉬운 언어로 명확하게, 배려하는 마음으로 대화한다. ⑦ 주도면밀하게 계획하고 결과를 평가한다.

(3) PDCA 사이클과 리스크 커뮤니케이션

 또한, 리스크 커뮤니케이션을 진행하는 방법에도 기본이 있다. PDCA는 경영관리 업무, 연구와 개발 등을 원활하게 진행하기 위한 기법중 하나로 Plan, Do, Check, Action을 반복하여 지속적으로 개선하는 활동이다.

커뮤니케이션에 있어서도 문제분석(해당 리스크에 대한 정보정리와 가시화), 과제설정(커뮤니케이션을 진행함에 있어 과제정리), 계획(커뮤니케이션의 디자인), 실행, 재평가를 포함한 사이클 전체를 조망하고 다음 단계로 연결해 나가는 것이 필요하다. 이러한 원칙을 바탕으로 리스크 커뮤니케이션은 기본적으로 다음 단계에 따라 실시된다. ① 활동 전체의 목적을 바탕으로 리스크 커뮤니케이션의 목표를 설정하고, ② 해당 리스크에 대한 사실과 현황을 파악한다. ③ 수신자(상대방)의 특징이나 가치관, 의견을 알 수 있는 범위 내에서 파악한다. ④ 어떤 리스크 정보를 주고받을 것인지, 메시지를 작성하고 사전 테스트를 바탕으로 재검토한다. 이때, 리스크 정보를 주고받는 구체적인 수단을 검토한다(일시, 형태, 표현, 미디어는 어떻게 할 것인지 등). ⑤ 리스크 커뮤니케이션을 실시한다. ⑥ 리스크 커뮤니케이션을 재평가한다.

(4) 리스크 파악과 커뮤니케이션의 상대 파악

전항에 나타낸 6 단계 중에서도 ②의 리스크에 대한 객관적인 데이터를 수집하고 분석, 정리해 두어야 하며, 특히 중요한 것은 ③ 수신자(상대방)의 특징과 가치관, 의견을 파악하는 것이다.

구체적으로는 연령대나 직업은 무엇인지, 예를 들어 그 지역에 생업이 있는지, 어린 자녀를 둔 부모인지 여부 등도 알아두어야 할 중요한 포인트이다. 또한 해당 리스크에 대해 어떤 입장에 있는 사람인지, 예를 들어 지역주민인지 시민단체인지 사업자인지, 찬성파인

3. 리스크 커뮤니케이션의 기본과 요점

지 반대파인지 등을 파악한다. 또한 상대방의 불안 정도와 그 대상(건강에 대한 불안, 경제에 대한 불안, 환경에 대한 불안, 공정성이 저해되는 것에 대한 불안 등), 관심의 정도와 그 이유, 지식의 정도와 그 내용, 관여의 정도와 그 내용에 대해서도, 가능한 범위 내에서 빠른 단계에 파악한다.

물론, 상대방이 어떤 불안감이나 의견, 가치관을 갖고 있는지는, 실제 커뮤니케이션을 하는 과정에서 알게 되는 경우가 많다. 그럼에도 불구하고 상대방에 대해 전혀 알지도 못한 채 갑자기 본론에 임하는 것은 적절하지 않다. 상대방에게 전혀 관심이 없는 논점이나 정보를 내놓으면 리스크에 대한 이해가 진전되지 않을 뿐만 아니라, 커뮤니케이션에 대한 발신자의 자세를 의심하게 될 것이기 때문이다. 리스크 커뮤니케이션 상대방의 관심과 우려를 예상하고, 이를 고려한 후 리스크 커뮤니케이션을 실시한다면 더 나은 정보제공과 공감이 이루어질 것으로 생각된다.

2. 리스크 메시지 검토와 커뮤니케이션 실시

(1) 커뮤니케이션 기술

또한, 앞 절의 ④ 메시지 작성과 전달 방법의 검토도 중요하다. 메시지에 포함되어야 할 리스크 정보는 다음과 같이 정리된다(土屋, 2011a; Lundgren et al., 2018). 우선, 리스크 자체에 대한 객관적인 정보(어떤 리스크인가: 리스크의 결과, 치사율, 환경영향, 지속기간, 허용 가능한 리스크 수준 등. 누구에게 리스크인가: 주민, 이해관계자, 영향범위 등)가 필수적이다. 또한, 리스크 평가의 불확실성, 책임주체의 리스크 관리방법, 리스크 관리대안과 그 리스크 평가, 개인이 할 수 있는 주의해야 할 사항도 추가해야 할 내용이다. 특히, 리스크 관리에 대한 정보는 중요하다. 왜냐하면, 사람들은 그동안 의식하지 못했던 리스크에 대해 단지 알려주기만 하면 불안감이 높아질 수 있기 때문이다. 따라서 책임 주체의 리스크 관리방법, 나아가 자신이 취할 수 있는 대책에 대한 정보를 함께 전달하는 것이 요구된다.

리스크 커뮤니케이션에서 어떻게 메시지를 전달하면 좋은지에 대해서는 뭔가 새롭거나 특별한 커뮤니케이션 방법이 있는 것은 아니다. 이것만 하면 잘 될 것 같은 유일한 정답이나 특효약도 없다. 다만, 커뮤니케이션 기술로는 기존 심리학의 커뮤니케이션 연구성과가 참고가 될 수 있다. 리스크 커뮤니케이션에 활용할 수 있는 주요 기술로는 다음과 같은 것이 있다.

- 프레이밍 효과: 같은 상황이라도 표현방법(프레이밍)이 달라지면 받아들이는 방법이 달라진다. 긍정적인 프레임으로 표현되는 것을 선호한다.
- 공포환기 커뮤니케이션: 상대방에게 공포의 감정을 유발하는 커뮤니케이션. 해당 리스크에 대한 인식을 높이고 대처 행동을 취하도록 하는 것을 목적으로 하는 것이 일반적이다.
- 일면적(일방적) 커뮤니케이션과 양면적(쌍방적) 커뮤니케이션:

3. 리스크 커뮤니케이션의 기본과 요점

해당 상황의 안전성이나 혜택만을 전달하는 커뮤니케이션(일면적 커뮤니케이션)과 리스크 등 반대의견도 함께 전달하는 커뮤니케이션(양면적 커뮤니케이션). 교육수준이 높고 지식량이 많거나, 혹은 그 상황에 대해 반대 의견을 가진 상대에게는 양면적 커뮤니케이션이 효과적이다.

- 이유와 상황설명: 상대방이 어떤 대처 행동을 취하기를 원할 때, 단지 「○○해 주세요」라고만 말하지 말고, 「○○이니까 ○○해 주세요」라고 이유와 상황설명을 함께 하는 것이 효과적이다.
- 결론 명시와 결론 유보: 송신자가 결론을 내리는 결론 명시와 수신자에게 결론을 도출하도록 맡기는 결론 유보방안이 있다. 상대방의 교육수준이 높고, 해당 문제에 관심이 있거나, 고집이 있는 경우 결론 유보가 유효하다.
- 클라이막스 순서와 반클라이막스 순서: 결론을 최후에 언급하는 커뮤니케이션(클라이막스 순서)과, 최초에 언급하는 커뮤니케이션(반클라이막스 순서)에 있어서, 관심이 있는 사람에게는 클라이막스 순서가, 관심이 없는 사람에게는 반클라이막스 순서가 효과적으로 알려져 있다.

리스크 커뮤니케이션에 있어서 메시지 주고받기에는 이러한 기술이 있지만, 이를 안이하게 사용하는 것은 적절하지 않다. 예를 들어, 공포를 불러일으키는 커뮤니케이션은 상대방에게 방재나 방범 등을 장려할 때 자주 사용되지만, 단순히 겁을 주는 것만으로는 대처 행동으로 이어지지 않는다. 리스크를 줄이기 위한 재해대책이나 범죄대책으로 구체적으로 무엇을 하면 좋을지에 대한 정보, 나아가 「나도 할 수 있다」는 자기효력감을 높이는 정보도 함께 전달할 필요가 있다.

또한, 프레이밍 효과나 일면적 커뮤니케이션과 양면적 커뮤니케이션을 구분하여 사용하는 효과는 있지만, 자신이 상대를 어떤 방향으로 유도하기 위해서 이를 사용하는 것은 적절하지 않다. 리스크 커뮤니케이션의 기본은, 리스크의 객관적 상태를 아는 것과 함께, 상대방의 리스크에 대한 생각과 가치관을 서로 이해하고, 리스크에 대해 공감하는 것이다. 이러한 생각에 비추어 볼 때, 일면적인 커뮤니케이션이 아닌 양면적인 커뮤니케이션을 행하는 것이 바람직하다.

(2) 리스크 정보의 효과적 발신

리스크 커뮤니케이션에 있어서, 알기 쉬운 리스크 메시지를 전달하는 것이 요구된다. 언어에 의한 정보뿐만 아니라 영상이나 삽화를 활용하는 것도 효과적이다. 전문용어나 외래어를 많이 사용하지 않고, 쉬운 표현이 될 수 있도록 노력하는 것도 기본이다. 일반적인 커뮤니케이션의 공통된 유의점뿐만 아니라, 리스크에 관한 커뮤니케이션만의 포인트도 있다.

그것은 불확실성이나 견해의 차이가 있는 리스크 정보를 공개할 때, 그 근거를 수신자 측이 검증할 수 있도록 하는 것이다(文部科学省安全·安心科学技術及び社会連携委員会, 2014). 이 검증 가능성을 확보하기 위해서는, 리스크 정보의 근거와 검토과정, 정보의 수정·갱신 이력을 포함한 신속한 정보공개가 요구된다. 어떤 리스크 정보

3. 리스크 커뮤니케이션의 기본과 요점

와 그 근거가 되는 데이터를 서로 다른 입장과 견해를 가진 이해관계자들이 독립적으로 검증하고 그 결과를 서로 참조할 때, 그 정보와 데이터의 신뢰성, 나아가 발신자에 대한 신뢰가 높아질 것으로 생각된다.

그리고 확률정보의 제시에 대해서도 검토와 연구가 필요하다. 확률론적인 수치표현으로 해당 리스크를 이해하는 것은, 일반인에게는 쉽지 않기 때문이다. 예를 들어, 제10장에서도 이용한 「향후 30년 동안 진도 6.0 이상의 지진이 발생할 확률은 ○○%」라는 표현에 대해 70%나 80%와 같은 수치라면 리스크를 강하게 인지할 수 있을 것이다. 그러나 수 %로 제시될 경우, 수용자 입장에서는 「거의 일어나지 않을 것」으로 인식하고, 그 결과 재해에 대비하는 행동변화로 이어지지 않을 수 있다(그러나 실제로는 수 %라도 대지진은 발생한다).

그래서 「향후 30년간 수 %」라는 값이 일상생활에서 무시할 수 있을 정도로 작은 값이 아니라는 것을 이해시키기 위해, 예를 들어 다른 재해나 사고·범죄에 맞닥뜨릴 가능성과 비교하면서 제시하는 방법이 있다(地震調査研究推進本部, 2010). 향후 30년간 다음과 같은 일이 발생할 가능성은 각각, 폭우로 인한 재해가 0.50%, 태풍으로 인한 재해가 0.48%, 교통사고로 인한 부상이 24%, 교통사고로 인한 사망이 0.20%, 빈집털이가 3.4%, 등의 방식이다. 이는 일상생활 속에서 교통안전이나 문단속을 잘 지키고 있지만, 사실 그보다 지진에 더 대비해야 할 필요성이 높다는 것을 인식하게 하는 참고자료가 될 것이다. 이러한 확률론적 수치를 이용한 리스크 정보를 어떻게 전달하고, 어떻게 이해시켜야 하는지, 그리고 어떻게 실제 행동변화로 연결시킬 것인지, 발신자와 수용자 측의 공감이 필요하다. 또한, 리스크의 수치를 비교하는 것에도 신중함이 필요하며, 이에 대해서 다음 항목에서 설명한다.

(3) 리스크 비교

리스크 커뮤니케이션에 있어서 해당 리스크가 어느 정도의 크기인지를 구체적인 데이터를 사용하여 설명하는 것이 일반적이다. 이때 리스크를 객관적으로 파악하기 위해 다른 수치와 비교하면서 데이터를 제시하는 경우가 많다. 연구자를 포함한 전문가들에게는 매우 당연한 방식이지만, 다양한 이해관계자 속에서 리스크를 비교하여 제시하는 것은 주의가 필요하다. 예를 들어, 농림수산성이 공개한 「건강관련 리스크 커뮤니케이션의 원리와 실천 입문서」에서는 Covello 등(1989)의 논의를 바탕으로 다음과 같은 리스크 비교지침을 제시하고 있다.

- 제 1순위(최우선 허용된다): 서로 다른 두 시점에 발생한 동일한 리스크 비교, 표준과의 비교, 동일한 리스크의 서로 다른 추정치 비교.
- 제 2순위(제 1순위 다음으로 선호): 어떤 일을 할 경우와 하지 않을 경우의 리스크 비교, 같은 문제에 대한 대안적 해결방안 비교, 다른 곳에서 경험한 동일한 리스크와의 비교.
- 제 3순위(제 2순위 다음으로 선호): 평균적인 리스크와 특정

3. 리스크 커뮤니케이션의 기본과 요점

시간, 장소에서의 최대 리스크의 비교, 특정 유해작용의 하나의 경로에 의한 리스크와 동일한 효과를 가진 모든 경로에 의한 리스크의 비교.
- 제 4순위(간신히 허용 가능): 비용과 비교, 비용과 리스크의 비교, 이익과 리스크의 비교, 업무상 발생하는 리스크와 환경으로부터의 리스크 비교, 동일한 출처에서 비롯된 다른 리스크와 비교, 병·질환·상해 등과 같은 다른 특정 원인과의 비교.
- 제 5순위(일반적으로 허용되지 않는다-각별한 주의 필요): 관계없는 리스크 비교. 이중 제5순위 리스크 비교는, 예를 들어 대기 중 유해물질의 리스크와 흡연이나 자동차 운전의 리스크와 같이 성격이 다른 리스크에 대해 이쪽이 크고 저쪽이 작다고 하는 것인데, 이 방식은 거의 받아들여지지 않는다.

특히, 이미 리스크가 위기상황이 된 단계에서는, 사람들은 지금까지의 리스크 정보와 리스크 관리에 대한 의문과 불신을 느끼게 되고, 리스크 관리기관의 책임과 자세를 포함한 사회적 윤리적 문제에 민감하게 반응한다. 사람들의 리스크 인지에 감정적 요소가 관여하고 있다는 것은 제2장에서 언급한 바와 같지만, 이러한 상황에서, 과학적으로나 정확할 수 있는 확률론적 데이터만을 근거로 한 리스크의 비교를 제시하는 것은, 그 정보를 받아들이지 않고 오히려 사람들의 불만과 불신을 키울 수 있다.

후쿠시마 제1원자력발전소 사고 이후, 종종 다음과 같은 리스크 정보발신이 이루어졌다. 「이 사고로 인한 방사선 피폭의 리스크는 엑스레이 촬영이나 CT 스캔 등의 의료피폭의 리스크보다 적다」, 「이 사고로 인해 방사선 피폭으로 인한 암발생 리스크는 흡연으로 인한 암발생 리스크보다 적다」. 이 정보가 과학적으로 옳다고 해도, 이미 위험에 직면한 당사자들에게는 그 수치대로 리스크를 파악하는 것이 어려웠을 것이다.

왜냐하면, 진단·치료에 도움이 되고 스스로 부담 여부를 결정할 수 있는 의료 피폭의 리스크와, 불가항력적으로 수동적으로 부담할 수밖에 없는 사고로 인한 피폭의 리스크를 비교하는 것은, 리스크에 대한 대가로 얻는 편익이나 자기 결정권의 유무의 차이를 무시한 것으로 문제시되기 쉽기 때문이다. 또한 「문제가 되고 있는 리스크는 ○○ 리스크보다 작다」는 설명은, 직접적으로는 해당 리스크를 정량적으로 파악하게 하는 것이 목적이라도, 간접적으로는 「○○보다 작은 리스크이니 받아들이라」는 강요로 받아들여지기 쉽다(文部科学省 安全·安心科学技術及び社会連携委員会, 2014).

또한, 국제원자력기구(IAEA)는 후쿠시마 제1원자력발전소 사고 이후 작성한 보고서에서 「Risk comparisons are risky」라고 하며, 성질이 다른 리스크를 비교하는 것은 효과적이지 않을 뿐만 아니라, 사람들의 신뢰를 잃을 수 있는 것으로 이어질 수 있기 때문에, 하지 말아야 한다고 밝혔다(IAEA, 2012).

자연유래적 리스크, 인위적 리스크, 편익이 분명한 리스크와 그렇지 않은 리스크, 능동적으로 부담하는 리스크, 수동적으로 부담하는 리스크, 모두에게 공평하게 발생하는 리스크와 그렇지 않은 리스크, 등과 같은 성질의 차이가 사람들의 리스크 인지에 영향을 미치며,

3. 리스크 커뮤니케이션의 기본과 요점

그것은 객관적인 수치와 반드시 일치하지는 않는다는 것을 제2장에서 언급하였다. 리스크를 비교할 때는 사람들의 이러한 리스크 인지 방식을 충분히 이해한 후 신중하게 진행할 필요가 있다.

만약 제5순위와 같은 비교를 간신히 할 수도 있는 경우라면, 그것은 평상시부터 정보 수용자에 대한 신뢰가 충분히 형성되어 있고, 아직 리스크가 구체화되지 않은 단계의 경우일 것이다. 그런 의미에서 평상시부터 신뢰형성이 중요하며, 예를 들면 학교 교육에서 리스크의 리터러시(문해력과 활용능력)을 다루는 것도 바람직하다.

(4) 커뮤니케이션 형태와 미디어

리스크 커뮤니케이션 프로세스의, 1절 3항 ④ 메시지 작성과 리스크 정보를 주고받는 구체적인 수단에 대한 검토를 좀 더 보완하고자 한다. 리스크 커뮤니케이션은 다양한 주체가 다양한 리스크에 대해 행하는 것이며, 커뮤니케이션을 하는 매체나 형태도 다양하다. 일대일 개인 사이 또는 몇 명이 그룹으로 하는 경우도 있을 것이고, TV나 신문과 같은 전통적인 매스미디어를 사용하는 경우도 있고, 인터넷을 이용하는 경우도 있다.

미디어의 선택은 해저드의 종류, 단계, 리스크 커뮤니케이션의 목적 등에 따라 달라질 수 있다. 목적별로 보면, Lundgren 등(2018)의 정리를 참고하면 다음과 같은 형태와 미디어가 일반적으로 권장된다. 리스크에 대한 지식 제공이 목적인 경우: 리스크의 시각적 표현, 설명자료, 대면 커뮤니케이션, 소셜미디어. 행동변화의 환기를

목적으로 하는 경우: 리스크의 시각적 표현, 설명자료, 대면 커뮤니케이션, 소셜미디어, 합의형성을 촉진하기 위한 경우 : 소셜미디어, 이해관계자 참여.

또한, 한 가지 예로, 후쿠시마 제1원자력발전소 사고 후의 리스크 커뮤니케이션과 관련하여, 이를 담당하는 주요 미디어의 종류와 그 특징(역할)에 대해 칸다(神田, 2011)는 다음과 같이 정리하고 있다.

- 매스미디어 등, 실시간 정보제공: 크라이시스 커뮤니케이션에 있어서 중요. 다양한 입장의 견해를 전달할 수 있다.
- 정부부처 홈페이지 등, 국가의 공식견해 발표: 방사능 관련 수치공표 (문부과학성, 후생노동성, 농림수산성 등). 공식적인 영향평가 발표(원자력안전위원회, 식품안전위원회 등). 의사결정 프로세스 공표(컨센서스 커뮤니케이션).
- 지자체 홈페이지, 강연회 등, 지역 밀착형 정보제공: 지역성에 따라 서브그룹화된 집단에 대한 정보 제공.
- 연구기관, 학회 홈페이지, 강연회 등 과학적 전문성이 높은 정보발신: 우려나 관심 내용에 따라 서브그룹화된 집단에 대한 정보발신. 케어 커뮤니케이션에 있어서 중요.
- 전화상담 창구 등 개인 상황에 맞는 정보제공: 비인터넷 사용자, 혹은 피해자나 자녀를 둔 부모 등, 불안감이 큰 집단에게 필수. 기관 간에 연계 가능.

일반적으로, 특정 이해관계자와 깊이 있는 양방향 소통을 원한다면 대면 또는 전화로 직접 소통하는 것이 효과적일 수 있다. 그러나

3. 리스크 커뮤니케이션의 기본과 요점

이 방법은 한 번에 대응할 수 있는 인원이 제한되는 등의 제약이 있다. 반면, 한 번에 많은 이해관계자와의 소통을 원한다면 매스미디어를 활용하는 것이 적합하지만, 그 방법은 일방향으로 이루어지기 때문에 정보 수용자의 요구에 동기화하여 대응할 수 없다. 이처럼 각 미디어의 특징을 고려하며 자신이 실행하는 리스크 커뮤니케이션의 목적에 따라 효과적이라고 생각되는 미디어를 선택하는 것이 필요하다. 여러 매체를 조합하여 활용하는 것도 좋을 것이다.

3. 리스크 커뮤니케이션을 일상 활동에 구축

(1) 「평상시」를 반영하는 리스크 커뮤니케이션

리스크 커뮤니케이션은 커뮤니케이션 활동의 하나이며, 그 성패는 이를 실행하는 조직이나 개인의 「평상시」가 반영된다. 평소 커뮤니케이션이 잘 이루어지지 않는 조직이나 개인이 리스크에 관한 커뮤니케이션만 잘 할 수 있는 것이 아니다.

예를 들어, 제10장에 쓰나미에 대한 효과적인 크라이시스 커뮤니케이션을 실행한 사례로 소개된 오아라이쵸(大洗町)에서는 평상시부터 방재행정 무선을 이용하여, 또한 화재가 발생했을 때에도 발생한 장소, 바람의 방향 등 상황 설명을 덧붙이는 것에 유의했다고 한다(井上, 2011). 「평상시에 할 수 없는 것은 비상시에도 할 수 없다」는 것은 방재의 대원칙이지만, 다른 리스크 문제에 대해서도 평상시

활동에 리스크(크라이시스) 대응활동을 구축하는 것이 요구된다.

리스크 커뮤니케이션에는 다양한 입장과 가치관, 요구를 가진 사람들이 참여하게 된다. 평소 동질성이 높은 집단 내에서의 커뮤니케이션에 머물러 있으면, 리스크 커뮤니케이션을 제대로 진행하기 어려울 수 있으므로, 평소 다양한 이해관계자와의 대화와 협동에 익숙해지는 것이 바람직하다.

또한, 리스크 커뮤니케이션의 본질인 신뢰에 대해 특정 리스크에 한정하여 구축하는 것은 거의 기대할 수 없다. 이 점에 대해 기노시타(木下, 2016)는 조직에 대한 신뢰는 메시지를 발신하는 조직 전체가 표출하는 모든 행동 메시지에 의해 만들어지는 것이라고 말한다. 따라서 특정 장면, 특정 리스크 커뮤니케이터, 특정 리스크 문제에 관련된 언어 메시지에 의한 커뮤니케이션뿐만 아니라, 조직윤리 안전규범에 관한 활동이나 사회공헌 등, 조직 운영진을 포함한 전체 구성원의 활동으로서의「통합적 리스크 커뮤니케이션」이 중요하다고 주장한다.

표 3-1은 통합적 리스크 커뮤니케이션을 위한 조직활동이 나열되어 있다. 언뜻 보기에 해당 리스크와 무관해 보이는 활동도 조직에 대한 신뢰를 뒷받침하고, 유사시 리스크 대응활동을 원활하고 효과적으로 수행하는 것으로 이어진다.

3. 리스크 커뮤니케이션의 기본과 요점

표 3-1 통합적 리스크 커뮤니케이션을 위한 조직활동

활동 방향성	활동 범주	구체적인 활동 내용
일상적인 조직활동으로 이뤄지는 리스크 커뮤니케이션 • 간접적 • 장기 지속적 • 조직 이미지 형성 • 신뢰성 구축	조직윤리에 관한 활동	최고 경영진이 만들어내는 안전규범, 조직윤리, CSR, 규정준수, 불상사 방지계획, 신속하고 성실한 사고대책, 조직내 의사소통
	조직의 생산적 측면에 관한 활동	품질관리, 제조물 책임, 방재·안전투자, 무재해 실적, 사업연속성 계획, 경영정보 공개, 자금조달 계획, 지식재산의 활용
	외부 조직과의 연계	산관학 연계, 업계 단체 연계, 공동 프로젝트, 기부강좌, 초청강의, 인턴수용, 대학원 파견
	사회와의 연계	메세나 활동, 견학 투어, 지역과의 협력체제(방재·방범·환경·복지·고용), 자원봉사활동, 사이언스 카페
	언론과의 연계	정기 간담회 및 스터디, 언론보도, 프로그램 제공, 이미지 광고, 오보에 대한 정확한 대응
개별적인 문제해결로 이뤄지는 리스크 커뮤니케이션 • 직접적 • 단기 집중형 • 양방향성에 의한 공론화 • 신뢰성 기반 솔루션	광역적·일반적·전략적 리스크 커뮤니케이션	언론에 의견광고, 계몽프로그램, 보도자료, 인쇄물(서적 해설서 팜플렛), 심포지엄, 워크숍, 홈페이지, SNS, 리스크 커뮤니케이션 센터, 상담센터, 전문가회의, 지역간담회, 시민회의, 견학투어, 사이언스 카페
	국소적·문제지향적·전술적 리스크 커뮤니케이션	지역간담회, 시민회의, 지역설명회, 개별방문, 심포지엄, 워크숍, 홈페이지, SNS, 보도자료, 리스크 커뮤니케이션 센터
	제3자 조직에 의한 리스크 커뮤니케이션	유언비어 통제센터·리스크 커뮤니케이션센터 등 상담창구, 홈페이지, SNS

출처: 木下冨雄 (2016), 『リスク・コミュニケーションの思想と技術―共考と信頼の技法』ナカニシヤ出版, p.211.

(2) 리스크 커뮤니케이션의 「맥락화」

리스크 커뮤니케이션을 일상의 활동에 구축하는 의의는 또 하나 있다. 그것은 리스크 커뮤니케이션의 행위자에 있어서 느낌이나 개개인의 의식을 일부러 저감하는 것이다.

일반인들에게 일상생활을 영위하는데 있어서 과제는 결코 리스크 문제의 해결만이 아니다. 한정된 생활자원으로 일과 육아 등의 많은 과제를 해결해야 한다. 그 속에서 리스크에 대해 고민하고 대처하는 것은 여분의 비용이 드는 것으로 뒤로 미루기 쉽다. 또한 지금 자신이 직면하고 있지 않은 리스크에 대해 자신의 일처럼 강한 관심을 갖기도 어렵다.

이러한 상황에 대한 대책 중 하나로, 리스크 커뮤니케이션의 「맥락화」가 제안된다(科学コミュニケーションセンター, 2014). 사람들의 일상생활에서 이루어지는 활동에, 리스크에 관한 정보공유와 커뮤니케이션의 요소를 포함시키는 것, 그런 의미에서 리스크 커뮤니케이션에 맥락을 부여하는 것(맥락화)은, 사람들이 자연스럽게 리스크라는 주제를 접하고 관심을 갖는 계기를 늘려 부담감 없이 활동을 지속하는데 도움이 될 것으로 생각된다.

예를 들어 축제와 같은 지역활동속에서 자연재해의 리스크를 생각해보는 것도 효과적일 것이다. 또한 풍진(風疹) 리스크와 백신접종의 유효성에 관한 리스크 커뮤니케이션으로서, 남성 주간만화잡지에 연재중인 산부인과 의료만화에서 3주간 풍진을 소재로 다룬 것도 「맥락화」의 한 예이다.

일상생활의 맥락으로부터 분리된 곳에 리스크 커뮤니케이션을 배치하여 그곳으로 사람들을 끌어들이는 것이 아니라, 사람들의 일상적인 삶의 맥락에 리스크 커뮤니케이션을 배치하여, 리스크 주제에 접근하기 쉽고,「자신의 일」로 생각할 수 있도록 하는 것이「맥락화」의 핵심이다.

4. 신뢰와 리스크 커뮤니케이션

(1) 신뢰의 의의

리스크 커뮤니케이션에서 이해관계자 간 신뢰의 중요성을 항상 염두에 두는 것의 의의에 대해 설명하고자 한다. 신뢰란「상대방의 행위에 따라 피해를 입을 위험성도 있고, 좋은 결과를 얻을 가능성도 있는 상황속에서, 좋은 결과를 얻을 수 있을 것으로 기대하며, 피해를 입을 수도 있는(vulnerable) 입장에 자신을 두려고 하는 심리적 상태」(中谷內, 2012)를 말한다.

신뢰는 리스크 커뮤니케이션에서 본질적으로 중요하다.「(리스크 커뮤니케이션이란) 리스크 상황에서 관계자들 간의 신뢰를 바탕으로, 또한 신뢰를 형성하기 위한 커뮤니케이션」(木下, 2008),「리스크 커뮤니케이션의 궁극적인 목적은 공론화 프로세스를 통해 신뢰 관계를 구축하는 것」(土屋, 2011b)과 같은 표현에서도 신뢰의 중요성을 알 수 있다. 또한 슬로빅(Slovic)은 정보발신자와 정보내용에 대한 신뢰가 수신자의 반응에 큰 영향을 미친다고 말하면서, 1970년대 후반 이후 서구에서 리스크 커뮤니케이션의 실천이 부진했던 이유 중의 하나로 정보발신자에 대한 신뢰부족을 지적하고 있다 (Slovic, 1993).

(2) 신뢰구축 요소

지금까지 리스크 연구에서 신뢰구축에 필요한 요소에 관한 검토가 다양하게 진행되어 왔다. 거기에는 리스크 관리자의 「전문적 능력」과 「태도」(동기부여)가 주요 요소로 도출되고 있다(土田, 2006 ; 吉川, 1999 ; 中谷内, 2008 등). 이것이 전통적인 신뢰 모델이며 반세기 이상 신뢰형성 요소에 관한 주류 모델로 취급되고 있다.

전통적 신뢰모델이 제시하는 내용은 다음과 같다. 리스크 관리자는 우선 리스크를 제어할 수 있는 전문적인 능력을 갖추어야 한다. 또한, 안전·안심을 염두에 두고 설명이나 보고에 거짓을 섞지 않고, 타인을 배려하는 성실함이 있어야 하며, 책임을 완수하려는 열성적인 자세를 가져야 한다. 그리고 커뮤니케이션 상대가 리스크 관리자에 대해 그 전문적 능력의 높이를 평가하고, 또한 태도의 호감도를 인정할 때 리스크 관리자는 신뢰받게 된다. 이 두 요소를 구성하는 하위 항목으로는 각각 다음과 같은 것들이 있다(中谷内, 2008). ① 전문적 능력을 구성하는 하위 항목: 전문지식, 전문기술력, 경험, 자격. ② 태도(동기부여)를 구성하는 하위 항목: 성실성, 헌신, 열정, 공정성, 중립성, 객관성, 일관성, 정직성, 투명성, 성실성, 상대에 대한 배려, 동정심.

또한 1990년대에는 새로운 모델로 「주요가치유사성 모델(SVS Model: Salient Value Similarity Model)」이 제시되었다(Earle & Cvetovich, 1995). 이 모델이 함축하는 것은, 사람은 해당 리스크와 관련하여 자신과 중요한 가치를 공유한다고 생각되는 타인을 신뢰한다는 개념이다. 여기서 말하는 중요한 가치는 제시된 리스크 문제를 어떻게 바라보고 거기서 무엇을 중시하는지, 어떤 결과를 선호하는지 등의 항목으로 구성되어 있다. 이 모델에 따르면, 상대방의 주요가치가 자신의 주요가치와 유사하다고 인지할 때, 사람들은 상대를 신뢰하게 된다.

리스크의 종류와 그 리스크에 관련된 사람의 당사자성 정도 등에 따라 세가지 요소의 가중치는 다르지만, 실제로는 각 모델의 요소인 전문적 능력, 태도(동기부여), 주요가치유사성 중 어느 하나라도 신뢰구축에 필요하다고 생각되며, 리스크 커뮤니케이션에서는 이러한 요소들이 어떻게 이루어져야 하는지를 검토할 필요가 있다. 정보의 신뢰성을 높이는 것은 기본 전제이며, 이를 발신하는 측의 전문적 능력과 태도를 높이고, 이해관계자의 서로 다른 가치관·사고방식에서 공통점을 찾는 것이 리스크 커뮤니케이션의 첫 번째 단계이다.

(3) 동적(動的)으로 만들어지는 신뢰

또한, 리스크 당사자가 리스크 커뮤니케이션에 참여하는 것, 나아가 리스크 관리에 연결되는 판단에 관여하는 것이, 신뢰구축에 중요한 요소로 작용한다는 것이 밝혀지고 있다(Hance et al., 1989 ; 八木, 2009 ; 大沼, 2014 등). 앞 절에서 언급한 다양한 이해관계자를 가능한 한 이른 단계부터 논의의 장으로 맞이하는 것은 신뢰구축의 관점에서도 중요하다.

그 위에, 리스크 커뮤니케이션의 양방향성과 관련하여, 형식적인 양방향성뿐만 아니라 커뮤니케이션을 통해 서로 변화할 수 있는 가능성이 열려있는 것이 중요하며, 실질적인 양방향성, 즉「상호작용성」이 요구된다는 것을 명심해야 한다. 예를 들어 어떤 회의에서 발언의 기회가 균등하게 주어졌다고 하더라도, 그 발언이 의사결정에 아무런 영향을 미치지 않는 구조로 리스크 커뮤니케이션이 설계되어 있다면,「어차피 상대방 불만 달래기」로 간주되어 상대방의 신뢰를 잃게 될 것이다. 그런 의미에서도 리스크 커뮤니케이션을 리스크 관리에 활용할 필요가 있다.

또한, 신뢰의 중요성이 강조되는 만큼, 건전한 불신과 그것을 표현하기 어려운 환경에서는, 사회에서 적절한 의제설정이 이루어지지 않고, 대응해야 할 리스크도 간과될 수 있다는 점에 유의해야 한다. 신뢰는 정적으로 고정된 것이 아니라, 신뢰와 불신이 혼재하는 커뮤니케이션을 통해, 동적으로 이루어진다고 생각하기 때문이다.

3. 리스크 커뮤니케이션의 기본과 요점

5. 리스크 커뮤니케이션 평가

이 장의 마지막으로, 리스크 커뮤니케이션의 평가에 대해 생각해 본다. 리스크 커뮤니케이션 평가는 어떤 관점에서 이루어지는가? 즉, 어떤 경우에 리스크 커뮤니케이션의 효과가 있었다고 말할 수 있을까?

공공의 수용을 목적으로 하는 설득적 커뮤니케이션이라면, 커뮤니케이션의 상대(일반적으로는 시민이나 주민)가 발신자(일반적으로는 행정당국이나 전문가)가 원하는 수준으로 리스크를 받아들였는지가 평가의 관점이 된다. 그리고 수용해 주었을 때, 커뮤니케이션은 효과가 있었다고 판단하게 될 것이다.

그러나 이미 제1장에서 언급했듯이, 오늘날의 리스크 커뮤니케이션은 공공의 수용, 즉 리스크에 대한 사람들의 불안감이나 태도를 변화시켜 리스크를 받아들이게 하는 것을 목적으로 하지 않으며, 그 내용도 단순한 정보제공이나 설득적 커뮤니케이션에 그치지 않는다. NRC가「개인·기관·집단 간의 정보와 의견교환의 상호작용 과정」이라고 정의한 것처럼, 상호작용성이 중시되고 있다. 또한 기노시타(2008)는 리스크 커뮤니케이션의 개념을「공론화(共論化, 共考)」로 표현하고 있다. 현재의 리스크 커뮤니케이션의 구조 속에서 공론화나 보다 나은 해결책을 협력적으로 모색하는 상황을 만들기 위해서는, 종래 정보의 수용자였던 시민이나 지역주민이 리스크 문제에 주체적으로 참여할 수 있는 장이 설계되었는지, 그 의견이 공정하게 다뤄졌는지에 대한 관점이 필요하다. 또한, 리스크 커뮤니케이션을 통해 상대방과 신뢰관계를 구축할 수 있었는지도 중요하다.

리스크 커뮤니케이션의 PDCA 사이클에서는 지금까지 실시해 온 리스크 커뮤니케이션을 재평가하고 개선점을 파악하여 다음 사이클에 활용하게 된다. 표 3-2는 리스크연구학회 테스크그룹이 정리한 리스크 커뮤니케이션 평가항목을 나타낸다. 이는 리스크 커뮤니케이션을 기획할 때 그 효과로 인식해야 할 평가지표를 평가축으로 정리한 것으로, 리스크 커뮤니케이션 단계를 시간 경과에 따라 「준비~실시(input)」, 「참가자 효과」, 「각개인·사회영향」으로 구분하고 있다. 표의 가장 오른쪽 열은 리스크 커뮤니케이션을 실행하는 구조를 나타낸다.

이러한 평가항목과 척도에서도 알 수 있듯이, 그 결과로서 사람들이 얼마나 해당 리스크에 대비하게 되었는지, 또 얼마나 해당 리스크를 수용하게 되었는지, 혹은 해당 리스크의 대응에 합의가 이루어졌는지 등은, 어디까지나 리스크 커뮤니케이션의 전체 효과 중 하나로서 자리매김하고 있는 것에 지나지 않는다.

다양한 리스크 문제가 사회화되는 오늘날, 정책결정자나 사업자는 리스크 커뮤니케이션에 대한 지나친 기대와 오해를 하는 경우가 있다. 그것은 리스크 커뮤니케이션을 실행하면 이해관계자 간의 합의가 이루어지고, 시책이나 사업의 수용성이 높아질 것이라는 기대와 오해이다. 그러나 지금까지 살펴본 바와 같이, 리스크 커뮤니케이션에는 특효약 같은 방법이 있는 것도 아니고, 애초에 하나의 합의에 도달하는 것을 목표로 하는 활동도 아니다. 리스크 커뮤니케이션의 본질은 양방향적 공론화 과정과 이해관계자 간의 신뢰 형성이며, 이와 관련된 평가항목이 중요하다.

3. 리스크 커뮤니케이션의 기본과 요점

표 3-2. 리스크 커뮤니케이션의 평가축

작성: 日本リスク研究学会リスクコミュニケーションタスクグループ
(2016年6月1日)

단계	준비~실시(입력)	참가자에게 미치는 효과
지표 분류 구체적인 지표	실시체제, 사전준비, 실시 관련 지표	커뮤니케이션 결과로서 이해수준 향상, 이해증진·상호이해의 촉진 지표

개인의
의사결정
 	
사회의
의사결정
	【설계 지표】
	• 사전에 해결하고자 하는 문제·목적(목표)을 설정하고 있다.
	• 리스크를 평가하였다.
	• 리스크 대책을 세웠다.
	• 현상의 과제를 파악하고 있다.
	• 참여자·관계자(이해관계자)의 범위를 파악하고 있다.
	• 이해관계자의 니즈를 파악했다.
	• 대상자의 지략 수준, 리스크에 대한 인식, 리스크 리터러시를 파악했다.
	• 적절한 방법을 검토하고 선택했다.
	• 희망자가 리스크 커뮤니케이션을 수용할 것인지, 수용하는 것이 디폴트로 희망자가 거부할 수 있는지 설정한다(OPT IN, OPT OUT 설정).
	• 장소 설계를 했다.
	  예1 다양하고 많은 참가자를 모았다.
	  예2 이해관계자의 니즈와 참여동기를 반영했다.
	  예3 설명도구를 준비했다.
	  예4 적절한 설명자·조력자를 준비했다.
	  예5 참가자들이 사전에 정보를
		【의견수렴·질의지표】
		• 장소와 설문지 등을 통해 참가자들로부터 의견이 나왔다.
		  예1 문제 해결·리스크 관리의 개선점이 나왔다.
		  예2 리스크 커뮤니케이션 (설명자·자료·장소 설계) 개선점이 나왔다.
		• 참가자들의 질문에 회답했다.
		  예1 질문이 많이 나왔다.
		  예2 질문에 대해 적절한 (논점에 어긋나지 않는) 답변이 돌아왔다.
		• 장소와 설문조사 등을 통해 참가자의 만족도를 조사했다.
		
		【참가자에게 미치는 정신적 효과의 지표】
		• 참가자들이 만족했다.
		• 참가자들이 충분히 발언할 수 있었다.
		• 참가자들의 과도한 불안감이 감소했다.
		• 참가자들의 지나친 방심이 줄어들었다.
		• 참가자들의 정신적 스트레스가 완화되었다.
		• 참가자의 주관적 행복도가 향

단계	준비~실시(입력)	참가자에게 미치는 효과
	수집할 수 있도록 했다. 예6 양방향성을 확보하기 위해 노력했다. 【실시 시의 태도, 정보지표】 • 정보가 알기 쉽다. • 설명자가 성실한 인상을 주었다. • 양방향성이 확보되어 있었다. • 경청하는 자세가 있었다. 【참가자 관심도 지표】 • 문제·장소에 대한 관심을 가졌다.(참여하고 싶었다) • 리스크를 인지했다. • 해결하고 싶은 과제로 인식했다.	상되었다. 【참가자의 지식 지표】 • 해저드를 이해했다. • 리스크와 편익을 이해했다. • 리스크 평가를 이해했다. • 리스크 관리조치를 이해했다. • 리스크 관리의 결과를 이해했다. • 리스크 대책을 제안할 수 있다. 【신뢰관계의 지표】 • 관계자 간 신뢰가 높아졌다. 예1 가치관의 공통점을 찾았다.

단계	각 개인·사회적 영향	구조(프로세스)
지표 분류 구체적 지표	행동, 대책 등 리스크 커뮤니케이션이 가져온 지표(평상시) 결과지표(리스크 발생시, 긴급시 또는 사후)	리스크 커뮤니케이션 구조(프로세스) 지표
개인의 의사결정	【행동 지표】(평상시) • 리스크 회피, 감소 등을 위한 행동을 했다. 예1 훈련 참가율이 높아졌다. 예2 리스크에 대비했다. • 리스크를 선택했다 【리스크 평가, 관리측 지표】 (평상시) • 리스크 관리능력이 향상되었다. • 대책과 프로세스가 바뀌었다. • 의식이 바뀌었다. • 공평성과 투명성이 높아졌다.	【구조의 지표】 • 리스크 관리를 담보하는 제도가 존재한다. 예1 인재를 양성하고 있다. 예2 해결하고자 하는 문제·목적(목표)이 공유·계승되는 구조가 있다. 예3 지속을 위한 예산이 확보되어 있다. 예4 리스크 관리에 참여 기회가 확보되어 있다. 예5 개인 의사결정을 지원하는

3. 리스크 커뮤니케이션의 기본과 요점

단계	각 개인·사회적 영향	구조(프로세스)
사회의 의사결정	【결과지표】(리스크 발생시, 긴급시, 사후) • 신체적, 정신적 피해가 감소했다. • 경제적 피해가 줄었다. • 행동을 납득했다. 【관리영향지표】 (평상시) • 사회의 의식이 바뀌었다. 　예1 여론이 바뀌었다. 　예2 문제가 널리 제기되었다. • 리스크를 선택했다. • 리스크 관리가 실천 또는 검토되었다.(사회기반, 행정조치, 법제도가 변경됨) 【리스크 평가, 관리측 지표】 (평상시) • 리스크 관리능력이 향상되었다. • 대책과 프로세스가 바뀌었다. • 의식이 바뀌었다. • 공평성과 투명성이 높아졌다. 【사회, 기술적 지식의 지표】 (평상시) • 지식이 공유되고 활용되었다. 　예1 관련된 책 출판이 늘어났다. 　예2 관련된 웹페이지가 늘어났다. 　예3 관련된 이벤트가 늘어났다. • 신기술 지식에 대한 투자가 확대되었다. • 인재육성에 대한 투자가 확대되었다. 【결과지표】(리스크 발생시, 긴급시, 사후) • 리스크가 구체적으로 감소했다. • 피해(사람, 경제)가 감소했다.	시스템이 있다. 예6 다양한 선택이 가능한 구조가 있다. • 구조와 관리조치의 재검토가 이루어지고 있다. (PDCA) (리스크 커뮤니케이션) 예1 목적의 타당성 예2 이해관계자 범위의 타당성 예3 방법의 타당성 예4 현장 설계의 타당성 예5 설명 도구, 자료의 타당성 예6 설명자·조력자의 타당성 (설명방법 등) 예7 리스크 정보시스템 정비, 접근성 확보 상황의 타당성 (리스크 관리조치) 예1 정기적인 리스크 평가를 하고 있다. 예2 정기적으로 리스크 평가방법을 재검토하고 있다. 예3 정기적으로 리스크 관리방법을 재검토하고 있다. 예4 정기적으로 리스크 커뮤니케이션을 실행하고 있다.

설명서 ① 가로축은 리스크 커뮤니케이션의 흐름을 이미지화하고, 가장 오른쪽 열은 실행하는 구조(제도)를 나타낸다.
② 세로축은 대상을 「개인」과 「사회」의 의사결정으로 분류하였다. 「영향」의 지표만 다르다.
③ 예시는 워크숍에서 제시된 각 분야의 지표를 일반화한 것이다.
④ 다음 전개로 각 분야(식품, 방재, 화학, 방사선, 원자력, 식품안전 등)에 특징적인 단어로 대체하는 것을 고려하고 있다.
출처: 日本リスク研究学会リスクコミュニケーションタスクグループ、日本リスク研究学会ホームページ http://www.sra-japan.jp/cms/taskgroup/

참고문헌

井上裕之(2011)「大洗町はなぜ「避難せよ」と呼びかけたのか：東日本大震災で防災行政無線放送に使われた呼びかけ表現の事例報告」『放送研究と調査』2011年9月号, pp.32-53.

大沼進(2014)「リスクの社会的受容のための市民参加と信頼の醸成」広瀬幸雄編著『リスクガヴァナンスの社会心理学』ナカニシヤ出版

独立行政法人科学技術振興機構科学コミュニケーションセンター(2014)「リスクコミュニケーション事例調査報告書」

神田玲子(2011) 「東京電力福島第１原発事故におけるリスクコミュニケーション―現状と問題点―」 福島県内で一定の放射線量が計測された学校等に通う児童生徒等の日常生活等に関する専門家ヒアリング(第２回) 配付資料
http://www.mext.go.jp/b_menu/shingi/chousa/sports/011/shiryo/__icsFiles/afieldfile/2011/06/21/1306865_2.pdf

吉川肇子(1999)『リスク・コミュニケーション―相互理解とより意思決定をめざして』福村出版

木下冨雄(2008) 「リスク・コミュニケーション再考―統合的リスク・コミュニケーションの構築に向けて(1)」, 日本リスク研究学会誌, Vol.18, No.2, pp.3-22.

3. 리스크 커뮤니케이션의 기본과 요점

木下冨雄(2016) 『リスク・コミュニケーションの思想と技術—共考と信頼の技法』ナカニシヤ出版

地震調査研究推進本部(2010)『全国地震動予測地図2010年版』

製品評価技術基盤機構化学物質管理センター(2017) 『化学物質管理におけるリスクコミュニケーションガイド』

土田昭司(2006)「安全と安心の心理と社会」日本リスク研究学会編『リスク学事典(増補改訂版)』阪急コミュニケーションズ

土屋智子・谷口武俊・盛岡通(2009) 「原子力リスク問題に関する住民参加手法の評価—参加住民は何を重視するのか—」『社会経済研究』No.57, pp.3-16.

土屋智子(2011a)「リスクコミュニケーションの実践方法」平川秀幸・土田昭司・土屋智子著『リスクコミュニケーション論』大阪大学出版会

土屋智子(2011b)「リスクコミュニケーション成功のポイント」 平川秀幸・土田昭司・土屋智子著『リスクコミュニケーション論』大阪大学出版

中谷内一也(2008)『安全。でも安心できない : 信頼をめぐる心理学』, 筑摩書房

中谷内一也編著(2012)『リスクの社会心理学—人間の理解と信頼の構築に向けて』有斐閣

農林水産省ホームページ 「健康に関するリスクコミュニケーションの原理と実践の入門書」
http://www.maff.go.jp/j/syouan/seisaku/risk_analysis/r_risk_comm/

文部科学省安全・安心科学技術及び社会連携委員会(2014) 「リスクコミュニケーションの推進方策」(平成26年3月27日)

八木絵香(2009) 『対話の場をデザインする—科学技術と社会のあいだをつなぐということ』大阪大学出版会

Covello V. (1989) Issues and problems in using risk comparisons for communicating right-to-know information on chemical risks.

Environmental Science and Technology, 23(12), pp.1444-1449.

Earle, T. C. & Cvetkovich, G. (1995) *Social Trust : Toward a Cosmopolitan Society*. Praeger Press.

Hance, B. J., Chess, C. & Sandman, P. M. (1989) Setting a context for explaining risk, *Risk Analysis*, 9, pp.113-117.

IAEA (International Atomic Energy Agency) (2012) *Communication with the Public in a Nuclear or Radiological Emergency*

Lundgren, R. E., & McMakin, A. H.(2018) *Risk Communication : A Handbook for*

Communicating Environmental, Safety, and Health Risks. 6th edition. Wiley-IEEE Press.

National Research Council (1989) *Improving Risk Communication*, The National Academies Press. 邦訳：林裕造・関沢純(訳) (1997)『リスクコミュニケーション：前進への提言』化学工業日報社

Slovic, P. (1993) Perceived Risk, Trust, and Democracy, *Risk Analysis*, 13 (6), pp.675-682.

U. S. Environmental Protection Agency (EPA) (1988) *The EPA's Seven Cardinal Rules of Risk Communication*.

4 포스트-노멀 사이언스와 리스크 커뮤니케이션
- 과학지식의 부정성에서 커뮤니케이션을 이해한다.

히라카와히데유키(平川秀幸)

《학습포인트》 리스크 문제에 대처하는 것은 과학이 필수적이지만, 과학이 항상 확실한 답을 주는 것은 아니다. 보다 적절한 리스크 커뮤니케이션을 위해서는 과학지식이 지닌 「부정성(不定性)」과 커뮤니케이션 방식과의 관계를 정확히 이해하는 것이 필수라는 것을 이해한다.

《키워드》 포스트-노멀 사이언스, 지식의 부정성, 리스크 커뮤니케이션 디자인, 메타다의성

1. 포스트-노멀 사이언스로서의 리스크 커뮤니케이션 과학

(1) 리스크 커뮤니케이션에 있어서 과학의 특징

리스크 커뮤니케이션에서 과학이 필수적임은 두말할 나위도 없다. 리스크 커뮤니케이션과 리스크 관리의 기본은 과학적 리스크 평가이며, 과학이 없으면 애초에 무엇이 해저드(위험인자)인지, 어떤 리스크가 있는지 알 수 없고, 그 리스크를 어떻게 관리해야 하는지도 알 수 없으며, 리스크 커뮤니케이션에서 신뢰할 수 있는 지식과 정

보, 지침을 사회에 전달할 수도 없다. 과학은 다양한 리스크가 도사리고 있는 어둠을 밝히는 빛이라고 할 수 있다.

그러나 리스크 문제에 대해 과학이 항상 강력한 빛을 비춰주는 것은 아니다. 예를 들어 2020년 3월에 세계보건기구(WHO)가 팬데믹을 선언한 신종 코로나바이러스 감염증(COVID-19)의 경위(経緯)가 그랬던 것처럼, 새로운 리스크 문제에 직면한 과학은 미지의 영역이 많고, 어느 시점에서 옳다고 여겨졌던 지식이 나중에 뒤집히거나 전문가들 간에도 견해가 엇갈리는 경우가 종종 발생한다. 문제에 대한 대책은 과학적 지식에 근거하여 이루어지지만, 대책 내용을 결정하기까지 충분한 객관적 근거가 마련되지 않는 경우가 많다.

새로운 문제에 맞서는 최전선 과학의 연구도, 지금까지 수많은 과학자들이 쌓아 온 방대한 지식과 기술, 방법론이 바탕이 되어 짧은 기간에도 많은 사실을 밝혀낼 수 있다. 그러나 최전선의 과학은 명확한 해답에 도달하기까지 항상 미지의 사항과 불확실성이 존재하며, 오류를 범할 가능성이 크다. 애초에 자신들이 무엇을 모르는지조차 모르는「알려지지 않은 무지(unknown unknowns)」도 있을 수 있다. 물론 충분히 확립된 지식과 기술로 대응할 수 있는 리스크 문제는 많으며, 그렇기 때문에 현대 사회의 일상은 지켜지고 있다. 그러나 새로운 기술이나 신종 감염병 등 인간 사회가 미처 경험하지 못한 것, 혹은 기존 기술이라도 원자력발전소 사고처럼 사회적으로 큰 문제가 되는 경우, 과학은 불확실성이 증가하고, 또한 과학과 기술만으로는 해결할 수 없는 사회적 문제도 드러나게 된다.

4. 포스트-노멀 사이언스와 리스크 커뮤니케이션

(2) 포스트-노멀 사이언스로서의 리스크 과학

2009년부터 2018년까지 뉴질랜드 정부의 수석과학고문을 역임한 의학자 피터 글락만(Peter Gluckman)은 2014년 9월 13일자 과학잡지 NATURE에 기고한 글에서, 그동안 5년간의 수석과학고문 경험을 되돌아보며 다음과 같이 말했다.

> 우리가 알아낸 것은, 과학적 조언자로서 주요 역할과 가장 큰 도전은 명백한 과학적 문제가 아니라, 포스트-노멀 사이언스라고 불리는 것의 품질을 증명하는 문제에 대해 조언하는 것이다. 그 문제들은 급박하고 사회적으로나 정치적으로 높은 우려를 수반하는 문제들이다. 문제에 관련된 사람들은 각자의 가치관에 따른 입장을 강하게 주장하고, 과학은 복잡하고 불완전하며 불확실하다. 리스크와 균형유지(trade off)에 대한 다양한 의미부여와 이해가 지배하고 있다 (Gluckman, 2014).

여기에 언급되어있는 것은 바로 위에서 서술한 바와 같은 과학의 모습이며, 이를 글락만은 「포스트-노멀 사이언스(Post-Normal Science : PNS)」라고 부른다. PNS는 과학철학자 제롬 라베츠(Jerome Ravetz)와 실비오 폰트비치(Silvio Funtowicz)가 제안한 개념으로서, 그림 4-1의

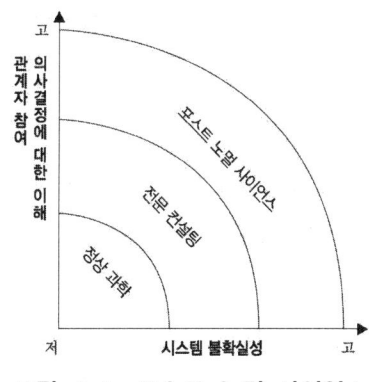

그림 4-1. 포스트-노멀 사이언스

「시스템의 불확실성 정도」와 「의사결정에 대한 이해관여의 정도」라고 하는 두 가지 척도에 의해, 과학을 이용한 문제해결의 접근법이 분류된다(Funtowicz and Ravetz,1992).

「시스템의 불확실성」에는 과학에 내재된 것뿐만 아니라, 과학이 정치, 경제 등 다른 시스템과 복잡하게 상호작용하며 각각의 행동을 예측 제어하기 어렵고 불확실해지는 것과, 과학과 기술을 둘러싼 가치관의 변동과 다양성 같은 「윤리적 불확실성」도 포함된다. 「의사결정에 대한 이해관여」는 과학에 기반한 의사결정이 사회에 미치는 영향력의 크기를 의미한다.

라베츠 등에 따르면, 불확실성과 이해관계의 관여도가 모두 낮은 문제는 기존의 과학지식과 방법론을 응용하는 「노멀 사이언스(또는 응용과학)」를 통해 처리할 수 있다. 그러나 두 척도 중 어느 하나 또는 둘 다 모두 관여도가 중간 정도의 문제를 다룰 때는 정형화된 해결책만으로는 부족하고, 전문가로서의 경험으로 습득한 기술과 임기응변적인 판단력을 통한 「전문적 컨설턴트」가 필요하다. 또한 불확실성이 높고, 가치 이해관계의 대립이 큰 문제를 다룰 때는, 과학자뿐만 아니라 이해관계자 등을 포함한 「확장된 동료집단(extended peer community)」을 구성하여, 거기서 숙의를 통해 문제해결을 도모하는 포스트-노멀 사이언스 접근법이, 위의 두 가지 접근방식과 더불어 필요하게 된다.

4. 포스트-노멀 사이언스와 리스크 커뮤니케이션

(3) 리스크 커뮤니케이션에 있어서 포스트-노멀 사이언스 개념의 의의

포스트-노멀 사이언스라는 개념은 과학이 관여하는 문제 중 과학만으로는 해결할 수 없는 문제가 있다는 것을 보여주는 것인데, 리스크 커뮤니케이션에 있어서 어떤 의미가 있을까? 앞서 언급했듯이 리스크 문제를 해결하기 위해서는 과학적 접근이 필수적이다. 비록 미약하더라도 과학이 비추는 빛이 없다면 인간은 무지의 어둠 속에서 정처 없이 헤맬 수밖에 없게 된다.

이는 틀림없는 사실이지만, 종종 리스크 문제를 다루는 정책 결정의 장에서, 이 진실의 이미지가 독주하여 마치 불확실성이나 사회적 이해관계의 영향을 받지 않는 노멀 사이언스만으로 문제를 해결할 수 있는 것처럼 다루어질 수 있다. 리스크 커뮤니케이션의 현장에서도 그렇게 정부와 전문가 집단이 내린 결론이 객관적인 「유일한 해답」으로 간주되어 시민들이 이를 이해하고 수용하도록 유도하는 설득적·교화적 커뮤니케이션에 그치는 경우가 적지 않다.

물론, 다루는 문제가 실제로 노멀 사이언스로 처리할 수 있는 문제라면 이러한 접근법도 문제될 것이 없다. 오히려 정책의 결정과 집행의 「효율성」 측면에서 바람직하다고 할 수 있다. 그러나 불확실성이 높고 사회적 이해관계의 관여가 큰 경우에는, 부정확한 리스크 평가나 비효율적인 리스크 관리가 이루어질 우려가 크고, 정부나 그 전문가 집단에 대한 불만과 불신도 커져 리스크 커뮤니케이션도 원활하지 못할 수 있다.

포스트-노멀 사이언스의 개념은 이처럼 노멀 사이언스의 차원에 갇히기 쉬운 리스크 문제의 정책결정이나 커뮤니케이션의 장에서 그것만으로는 해결할 수 없는 문제의 차원을 개척함으로써, 보다 정확한 리스크 평가와 관리를 가능하게 하고, 신뢰와 납득을 유도하는 커뮤니케이션 실현에 기여하는 실천적 의의가 있다고 할 수 있다. 그러나 실제로 정책결정이나 리스크 커뮤니케이션 개선에 활용하기에는 포스트-노멀 사이언스의 개념이 너무 추상적이다. 따라서 다음 절에서는 보다 구체적으로 리스크 문제에 포함된 불확실성과 사회적 이해관계의 문제 들을 구분하는 기준이 되는 「과학지식의 부정성(不定性)」 개념을 소개하고자 한다.

2. 과학지식의 부정성과 그 분류

「부정성(incertitude)」은 지식의 「불확실성」을 나타내는 것이지만, 지식의 부족이나 불완전성으로 인한 통상적인 의미의 「불확실성」보다 더 넓은 개념이다. 포스트-노멀 사이언스의 도식으로 말하면, 노멀 사이언스(응용과학)의 사분원 바깥쪽 전체에 해당하며, 사회적 이해관계나 가치관의 차이로 인한 「부정확성」도 포함된다. 그 분류법에는 여러 가지가 있지만(山口, 2011; 吉澤, 2015), 여기서는 앤드류 스털링(Andrew Stirling)의 분류(Stirling, 2010; 中島, 2017; 吉澤ほか, 2012)와 국제리스크거버넌스위원회(International Risk Governance Council :IRGC)의 보고서(2005)에서 분류한 두 가지를 소개한다.

4. 포스트-노멀 사이언스와 리스크 커뮤니케이션

(1) 스털링(Stirling)에 의한 부정성 분류

① 부정성 매트릭스

먼저 스털링은 어떤 현상에 대한 지식을, 어떤 현상이 일어날 수 있거나, 혹은 일어날 수 있었는지에 관한 지식(현상에 대한 지식)과 그 현상이 일어날 확률 또는 확실성에 대한 지식(개연성에 관한 지식)의 조합으로 정의한다. 전자는 현상에 대한 정성적 지식, 후자는 정량적 지식이라고 할 수 있다. 또한 여기서 말하는 「지식」에는 자연과학뿐만 아니라 인문·사회과학이나 사람들이 일상의 문화 속에서 계승·양성하고 있는 일반 지식(상식, 경험, 생활 등)도 포함된다. 그 위에, 그러한 지식의 부정성을 그림 4-2와 같은 「부정성 매트릭스(Incertitude Matrix)」에 의해 「리스크」, 「불확실성」, 「다의성」, 「무지」의 네 가지 유형(영역)으로 분류하고 있다.

매트릭스의 가로축은 현상에 관한 지식에 대해 사람들 사이에 어느 정도 공통된 견해가 형성되어 있는지, 특히 현상의 다양한 측면 중 어떤 문제에 초점을 맞추는지에 대한 「프레이밍(문제설정: 제5장 참조)」의 차이와 다양성을 나타내는 척도이다. 세로축은 개연성에 관한 지식에 대해 사람들 사이에 어느 정도 공통된 견해가 성립되어 있는지를 나타내는 척도이다. 두 척도 모두 「문제없음」이라면 공통된 견해가 성립되어 있고, 「문제있음」이라면 공통된 견해가 성립되지 않아 논쟁이 있다는 것을 의미한다.

또한 이러한 척도의 정의에서 알 수 있듯이, 부정성 매트릭스가 나타내는 것은 지식의 객관적 타당성의 정도가 아니라, 사람들이 각자 지식의 타당성을 어떻게 해석하고, 그 해석에 대한 합의가 있느냐 없느냐 하는 주관적 또는 사회적 상태이다.

현상에 관한 지식과 개연성에 대한 인식이 모두「문제없음(논쟁이 없음/공통의 견해 성립)」인 경우, 즉 지식의 부정성이 없는 경우「리스크」의 영역으로 분류된다.

포스트-노멀 사이언스의 구조에서는「노멀 사이언스」에 해당하는 것으로, 이미 확립된 기존 지식과 방법으로 문제를 해결할 수 있다. 스털링은 구체적인 사례로, 충분히 정비된 통계에 기반한 통상적인 교통사고나 홍수예측, 잘 알려진 전염병의 치료 등을 들었다.

현상에 대한 지식은「문제 없음」이지만, 개연성에 대한 지식이「문제 있음 (논쟁이 있음/공통된 견해가 성립되지 않음)」인 경우, 부정성은「불확실성(uncertainty)」의 영역에 속한다. 구체적인 예로는 기후변화로 인한 홍수예측이나 건강 리스크에 있어서 감수성에 개인차가 있는 경우 등이 있다.

현상에 대한 지식은「문제 있음」이지만 개연성에 대한 지식은「문제 없음」인 경우, 부정성은「다의성(ambiguity)」이 된다. 구체적인 예로 스털링은 유전자조작작물의 상업적 재배를 들었다. 이것은 이미 일어난 현상이라는 의미에서 발생확률이 확정되어 있다(확률=1). 다음 장에서도 다루겠지만, 그 문제를 어떻게 해석할 것인가는, 인체나 환경에 대한 안전 문제로 생각할 것인지, 거대농업 비즈니스(농업 관련 기업)와 소규모 농가의 격차문제나 생명특허 문제로 생각할 것인지 등 다양하다. 이러한 문제설정(프레이밍: 제5장 참조)과 전문분야의 적절성이 문제시되는 동시에, 윤리나 공정성 등 가치

4. 포스트-노멀 사이언스와 리스크 커뮤니케이션

규범과 관련된 불일치·다양성이 표면화되는 곳에 다의성의 특징이 있다.

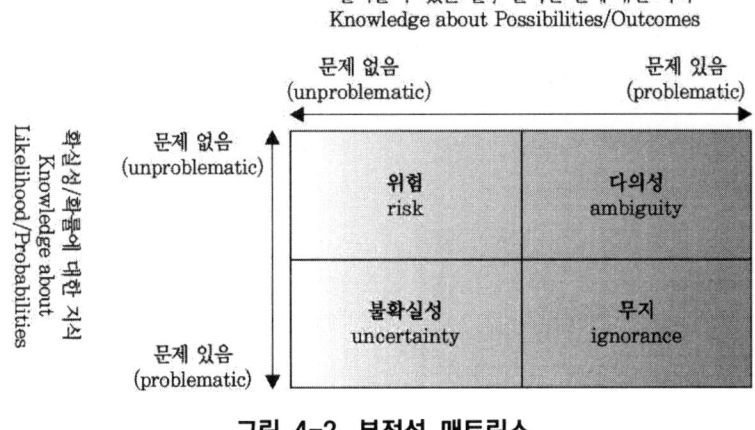

그림 4-2. 부정성 매트릭스

마지막으로, 현상에 대한 지식도 개연성에 대한 지식도 「문제 있음」의 경우가 「무지(ignorance)」이다. 지식이 거의 존재하지 않는 상태로부터 충분히 확립되지 않은 상태까지를 포함한다. 예를 들어, 실용화 초기에는 꿈의 화학물질로 여겨졌던 프레온가스의 안전성에 대한 지식은, 오존층 파괴라는 리스크가 알려지기까지 오랜 시간동안 무지의 상태였다.

또한 축산업에서 육골분 사료의 안전성에 대한 지식도 그것이 소해면상뇌증(BSE)의 확산요인으로 알려지기 이전에는 무지한 상태였다. 모두 처음에는 현상에 대한 인식도, 발생 확률에 대한 이해도

91

「어떤 악영향도 없다」, 「확률 제로」라는 것이 공통된 견해였다는 점에서 「리스크」의 영역에 있는 것으로 여겨졌던 사안이 나중에 「무지」의 영역에 있는 것으로 판명된 사례들이다.

② 부정성 매트릭스의 실천적 의미 – 반성을 촉구하는 발견법

1. (3)에서 지적했듯이, 정책결정이나 리스크 커뮤니케이션의 장에서는 마치 「노멀 사이언스」, 즉 스털링의 용어로 「리스크」의 영역에 속하는 것처럼 문제가 다루어지고, 그렇게 유도된 정부나 그 전문가들의 견해가 「유일한 해답」으로 여겨지는 경우가 종종 발생한다. 부정성 매트릭스는 이러한 상황에서 제한된 부정성을 조명하여 확실한 것과 불확실한 것을 구분하고, 보다 적절한 문제이해와 해결을 위한 리스크 평가와 리스크 관리, 커뮤니케이션을 유도하기 위한 도구라고 할 수 있다.

실제로 스털링이 부정성 매트릭스를 구상한 것은, 그 자신이 직접 경험한 그런 상황에 대처하기 위해서였다. 에너지, 화학물질, 유전자변형작물 등에 대해 영국정부와 유럽연합집행위원회 위원으로 활동하면서, 스털링은 부정성을 배제하고 정부의 공식적인 견해를 유일한 해답으로 정당화하려는 「압력」이 작용하는 것을 자주 경험했다고 한다(Stirling, 2017). 리스크 문제에 대한 정책결정과 커뮤니케이션이 이루어지는 장은, 과학적 검토가 이루어지는 동시에 다양한 이해관계가 뒤엉켜 있는 정치적 「권력의 공간」이라는 것이다. 부정성 매트릭스는, 이처럼 부정성을 봉쇄(closing down)하려는 압력에 대항하여, 문제가 되는 지식이 어떤 부정성을 포함하고 있으

4. 포스트-노멀 사이언스와 리스크 커뮤니케이션

며, 리스크 평가, 리스크 관리, 리스크 커뮤니케이션에 어떤 의미를 갖는지 논의할 수 있는 장을 개척(opening up)하기 위한 도구로 고안되었다. 그런 의미에서 매트릭스는 부정성의 단순한 분류법이 아니라 「반성을 촉구하는 발견법(heuristics)」이며, 사물을 다각적으로 검토하는 논의를 환기하고 활성화하는 「촉매제」인 것이다 (ibid.).

(2) 국제리스크거버넌스위원회(IRGC)에 의한 부정성의 분류

① 부정성에 따른 리스크 문제의 분류

다음으로 IRGC의 보고서에는, 지식의 부정성으로서 표 4-1과 같이 「복잡성」, 「불확실성」, 「다의성」의 세 가지 유형을 들어, 리스크 문제를 복잡한/불확실한/다의적인 리스크 문제로 분류하고 있다. 어떤 부정성도 없는 경우는 「단순(simple) 리스크 문제」라고 한다. 포스트-노멀 사이언스의 구조에서는 「노멀 사이언스」에 해당하며, 스털링의 부정성 매트릭스에서는 「리스크」에 해당한다.

먼저 「복잡성」은 표 4-1에 열거한 것과 같은 요인들로 인해 인과관계를 특정하고 정량화하는데 어려움이 있는 상황이다. 여러 종류 유해화학물질의 상승효과가 가져오는 리스크나, 다수의 부품으로 구성된 거대한 구조물의 고장 리스크 등은 복잡한 리스크 문제의 좋은 예이다.

다음으로 「불확실성」은 열거한 바와 같은 요인에 의해, 인과관계에 대한 지식이 불완전하고 불확실한 상황으로, 인과관계를 모델링

할 때 복잡성의 감축이 불완전하거나 부적절한 경우에 볼 수 있다. 구체적인 예로는, 지진 등의 자연재해, 다량의 오염물질로 인한 통계적 유의성이 수준 이하인 건강영향, 유전자변형작물을 개방계(開放系)에서 재배로 인한 장기적인 환경영향 등이 있다.

마지막으로「다의성」은 동일한 리스크 평가 결과에 대해 유의미하고 정당한 해석이 복수로 발생하는 상태로, 해석적「다의성(interpretative ambiguity)과 규범적 다의성(normative ambiguity)」이 있다. 해석적 다의성은 동일한 리스크 평가결과에 대해, 예를 들어, 그 결과를「악영향이 있는 증거」로 볼 것인지 여부를 둘러싸고 복수의 해석이 경합하는 것이다. 이에 반해 규범적 다의성은「악영향이 있다」고 해석된 리스크에 대해, 그 수용 가능성을 두고, 윤리관, 삶의 질(Quality of Life: QOL)에 미치는 영향, 리스크와 편익의 균형 관점에서 판단이 갈리는 경우를 가리킨다. 어느 쪽의 다의성도 해석이나 판단의 전제가 되는 가치관이나 우선순위, 가정, 또는 가능한 귀결의 범위를 어디까지 정할 것인가(예컨대 유전자조작작물의 상업적 이용의 영향범위를 인간의 건강영향에 국한할 것인가, 환경적 영향까지 포함할 것인가 등)에 대해 견해가 갈리는 장면에서 나타난다. 이러한 장면은 특히 복잡성과 불확실성이 높은 문제에서 나타나기 쉽다. 이러한 부정성이 높을 때는 리스크나 불확실성의 수용 가능성, 리스크와 편익의 비교 등 가치판단을 포함하는 문제가 나타나기 쉽기 때문이다. 또한 단순한 리스크 문제라도 수용 가능성 등이 문제가 되고 다의성이 나타날 수 있다. IRGC보고서에는, 해석적 다의성이 현저한 문제의 사례로서 저선량(低線量) 방사선이나 저농도 유전독성물질, 영양보조식품, 호르몬 비육우를 들고, 규범적 다의성이 현저한 문제의 사례로는 간접흡연, 출생전 진단, 유전자변형식품 등을 들고 있다.

표 4-1. IRGC(2005)에 의한 부정성의 유형

복잡성	문제가 되는 현상을 구성하는 다수의 요소간 복잡한 상호작용(상승효과나 길항작용)이나 장기적인 영향 발현기간, 개체차이, 개재변수(생활양식, 환경요인, 심신상관 영향등)가 존재함으로써, 인과관계를 특정하여 정량화하는 것이 곤란한 상태.	
불확실성	영향에 대한 취약성 차이로 인한 피영향자의 개체차이, 인과관계 모델화에 있어서 계통적 내지 무작위적 오차, 비결정성과 확률적 효과, 제한이 있는 모델 또는 한정된 수의 변수·파라미터에 주목하는 필요에서 발생하는 대상계(對象系)의 경계설정 방법(어떤 요인이나 영향관계, 변수를 대상범위로 삼을 것인가? 무엇을 제외할 것인가? 등), 지식 부족이나 부재로 인한 무지에 의해, 인과관계에 대한 지식이 불완전한 상태.	
다의성	일어날 수 있는 결과를 정의하는데 있어, 무엇이 적절한 가치, 우선순위, 전제, 영향 범위의 경계설정인가에 대해서, 의미 있고 정당한 해석이 복수로 있는 상태.	
	해석적 다의성	동일한 리스크 평가 결과에 대한 해석이 다르다(어떤 결론을 악영향으로 볼 것인지 아닌지 등).
	규범적 다의성	유해한 것으로 해석되는 리스크를 수용할 수 있는지 여부는 윤리관, 삶의 질(QOL), 리스크와 편익의 배분에 대한 공평성 등 다양한 관점에 비추어 판단이 다르다.

② IRGC에 의한 부정성 분류의 실천적 의의

스털링의 부정성 매트릭스와 마찬가지로 IRGC의 분류도 부정성을 정면으로 논의할 수 있는 장을 열기 위해 「반성을 촉구하는 발견법」 논의를 환기하고, 활성화하는 「촉매제」로 생각할 수 있다. 유일해법의 정당화에 갇혀있는 정부 등의 지배적인 견해에 이의를 제기하고 부정성 논의를 개척하려는 「비판자」를 위한 도구로 구상되어 왔다면, IRGC의 분류는 리스크 평가, 리스크 관리, 리스크 커뮤니케이션과 같은 리스크 거버넌스 프로세스 전체를 체계적으로 설계하고 운용하는 「리스크 관리자」를 위해 구상되었다고 할 수 있다.

3. 지식의 부정성과 리스크 커뮤니케이션 디자인

위에서 살펴본 바와 같이 스털링의 부정성 매트릭스도 IRGC의 분류도, 보다 정확한 리스크 평가와 리스크 관리, 리스크 커뮤니케이션을 실행하기 위한 도구로 이해할 수 있지만, 그것이 구체적으로는 어떤 것일까? 여기서는 보다 체계적인 IRGC의 논의를 통해, 부정성의 차이에 따라, 누구를 대상으로, 어떤 내용과 방식의 커뮤니케이션을 하는 것이 좋은지 그 디자인을 제시하고자 한다. 표 4-2는 IRGC의 분류(IRGC, 2005 : 51f)에 근거하여 리스크 커뮤니케이션 중 특히 양방향적·대화적으로 이루어지는 「토론」과 그 목적, 참여자의 범위, 토론에 직접 참여하지 않는 사회 일반인들과의 커뮤니케이션 양식을 부정성의 유형별로 정리하였다.

표 4-2. 지식의 부정성과 커뮤니케이션 형식

부정성	토론 유형과 목적	토론 참가자	사회 일반과의 커뮤니케이션 형식
단순	수단적 토론(instrumental discourse) • 리스크 감소 조치의 협력적 실행. • 잠재적 불확실성 등이 없는지 정기적으로 재검증.	규제 당국, 직접 관계자, 집행기관직원 등	케어 커뮤니케이션
복잡	인식론적 토론(epistemological discourse) • 인식의 불일치를 해소하고, 리스크 특성에 대한 최선의 평가를 한다. • 수용가능성 판단과 리스크 관리를 고려한다.	상기와, 과학적 견해를 달리하는 전문가, 지식인 일반	케어 커뮤니케이션
불확실	반성적 토론(reflective discourse) • 잠재적인 파멸적 영향을 피하기 위해, 안전성을 높이기 위해 어느 정도까지 비용을 지불할 것인지에 대한 합의 형성. • 규제·보호의 과잉/과소도 검토. • 어느 정도 불확실하거나 무지하면 수용할 수 있을지도 판단	상기와, 정책 입안자, 주요 이해관계자 집단(산업, 직접적 피영향자)의 대표	케어 커뮤니케이션
다의적	참여적 토론(participative discourse) • 경합하는 논쟁이나 신념, 가치관에 대해 열린 토론을 한다. • 공통의 가치, 각자의 「좋은 삶」을 함께 실현할 수 있는 선택, 공정한 분배 규칙, 공통의 복지를 실현할 수 있는 방법 추구.	상기와, 일반시민	케어 커뮤니케이션 컨센서스 커뮤니케이션

(1) 단순한 리스크 문제의 커뮤니케이션

우선 「단순한」 리스크 문제의 경우, 리스크 평가와 관리방법이 충분히 확립되어 있고, 이를 적용하여 리스크 저감조치를 관계자들이 협력하여 실시하기 위한 「수단적 토의(instrumental discourse)」가 이루어진다. 다만, 단순해 보이는 문제가 나중에 복잡, 불확실, 다의적인 것으로 판명될 수 있기 때문에 정기적으로 재검증하는 것도 필요하다. 또한, 이 논의에 참여하는 것은 규제당국, 집행기관 직원, 직접적인 피영향자(리스크가 있는 제품 등의 제조·공급자와 직접 리스크에 노출되는 개인 등)로 충분하며, 그 외의 광범위한 이해관계자가 참여할 필요는 없다. 사회 일반에 대해서는 케어 커뮤니케이션(care communication)이 이루어진다.

(2) 복잡한 리스크 문제의 커뮤니케이션

복잡한 리스크 문제에 대해서는 인식의 불일치를 해소하고 리스크의 특성에 대한 최선의 평가를 위한 「인식론적 토의(epistemological discourse)」가 이루어진다. 단순한 문제의 경우 참여자 외에도 학계, 정부, 산업계, 시민사회에서 과학적 견해를 달리하는 전문가와 지식인들이 모여, 리스크의 수용 또는 수용 가능성 판단과 리스크 관리 방안에 대해 논의한다. 시민사회로부터 의견을 모으는 것은, 예를 들어 갯벌 매립공사가 매립지를 이용하는 조류나 다른 생물에 어떤 영향을 미치는지, 어느 정도의 영향을 수용할 수 있는지, 어떻게 리스크를 관리하면 좋을지 등에 대해, 관련 과학분야의 전문가뿐만 아니라 해당 지역에서 활동하는 조류관찰 애호가나 어부들의 지식이 도움이 될 수 있기 때문이다. 사회 일반에 대해서는 케어 커뮤니케이션이 이루어진다.

(3) 불확실한 리스크 문제의 커뮤니케이션

불확실한 리스크 문제에서는 잠재적인 파멸적 영향을 피하기 위해, 어디까지 안전성을 높이기 위해 비용을 들일 것인가에 대한 합의형성을 목적으로 하는 「반성적 토의(reflective discourse)」가 이루어진다. 규제가 지나쳐서 생기는 불이익(혁신의 정체 등)의 가능성과, 과소해서 생기는 불이익(건강 등에 대한 피해 발생)의 가능성을 비교 검토한다. 또한 리스크론의 전통적 질문인 「얼마나 안전하면 충분히 안전한가(How safe is safe enough?)」뿐만 아니라, 「주요 이해관계자들은 정해진 편익을 대가로 얼마나 많은 불확실성이나 무지를 수용할 의지가 있는가」(ibid.: 52)도 묻는다. 이러한 질문들은 사실에 대한 인식상의 질문뿐만 아니라 가치판단도 포함하기 때문에, 토론에는 정치인, 행정관 등 정책입안자나 주요 이해관계집단(산업, 직접적 영향권자)의 대표도 참여한다. 사회 일반에 대해서는 케어 커뮤니케이션이 이루어진다.

(4) 다의적인 리스크 문제의 커뮤니케이션

마지막으로 다의적 리스크 문제에서는, 리스크와 편익에 대한 찬반 의견을 비교 검토하고, 리스크의 평가와 관리방식을 둘러싼 다양한 입장의 기대치를 조정하고 합의 도출을 위한 「참여적 토의(participative discourse)」가 이루어진다. 다의성의 요인이 되는 경쟁적 논의와 신념, 가치관에 대해 공개적으로 토론하고, 공통의 가치, 각자의 「좋은 삶」을 함께 실현할 수 있는 선택, 공정한 분배기준, 공통의 복지를 실현할 수 있는 방법을 추구한다. 이러한 논의를 위해 참여자의 범위는 리스크 문제 중 가장 광범위하며, 직접적인 영향권자뿐만 아니라, 논의에 기여할 수 있는 의견 등을 가진 간접적 영향권자까지도 포함한다. 사회 일반에 대해서는 다른 문제와 마찬가지로 케어 커뮤니케이션이 중심이 되지만, 다양한 의견 수렴을 위해, 시민패널, 합의 회의 등 일반 시민 참여형 토론의 장을 마련하여, 컨센서스 커뮤니케이션(consensus communication)을 실행하기도 한다.

또한, 어떤 리스크 문제에 대한 지식의 부정성은 반드시 한 가지 유형에 국한되는 것은 아니다. 앞서 언급했듯이, 복잡성이나 불확실성이 높은 문제는 동시에 다의성을 수반할 수 있다. 문제 자체가 복수의 부분적 문제로 이루어진 복합적인 것으로, 각 부분의 문제마다 지식의 부정성이 다를 수도 있다. 예를 들어 2020년에 팬데믹이 된 신종 코로나바이러스 감염증에서 보면, 바이러스를 검출하는 PCR 검사의 지식과 기술은 확립된 노멀 사이언스의 사항으로 다루지만, 연이어 나타나는 새로운 변종 균주의 성질과 병태(病態)에 대해서는 불확실성이나 복잡성이 있는 것으로 취급한다. 또한 사회경제적 영향과의 균형유지가 필요한 감염확산 억제책의 문제는 입장에 따라 평가가 달라지는 것으로, 다의적인 문제로 다루어야 한다. 이러한 경우에는 부정성의 유형에 따른 커뮤니케이션(수단적 토의, 인식론적 토의, 반성적 토의, 참여적 토의 등)을 조합하여 대응할 필요가 있다.

(5) 메타다의성에 대한 대응 - 「유일해법」의 굴레를 넘어

리스크 커뮤니케이션을 디자인함에 있어 지식의 부정성에 대해 검토할 때에는, 동일한 리스크 문제에 대해 부정성의 유형에 대한 인식 자체가 관계자들 간에 일치하지 않고, 갈등이 나타나고 있는 듯한 「메타다의성」에 주목하는 것도 중요하다. 예를 들어, 정부나 정부에 조언하는 전문가 집단이 「단순」(IRGC) 또는 「리스크」(Stirling)로 보는 문제에 대해, 불확실성을 의심할 만한 증거가 있다는 이유로 이의를 제기하는 또 다른 전문가 집단이 있다거나, 시민들 사이에 정부에 대한 불신이 있고, 정부의 견해를 그대로 받아들이지 못하는 상황은 매우 흔한 일이다. 오히려 이러한 메타 다의적 상황이야말로 리스크 커뮤니케이션이 필요한 상황이라고 할 수 있다.

그러나 실제의 정책결정이나 리스크 커뮤니케이션의 장에서는 이러한 상황이 은폐되기 쉽다. 1. (3)에서는 정부나 전문가들이 내린 결론이 객관적인 「유일한 해답」으로 강요되는 경향을 지적했는데, 이는 부정성의 존재를 무시하는 동시에, 부정성에 대한 다른 해석방식을 오해와 무지에 의한 것으로 부정하고, 메타다의성의 존재를 잘라버리는 행위이기도 하다.

이러한 상황을 타파 또는 회피하고, 부정성이나 그 해석의 다의성을 정면으로 논의할 수 있는 장을 마련하기 위해서는 어떻게 해야 할까? 이에 대해 IRGC보고서는, 메타다의성을 정당하게 다루기 위해서는 의사결정 과정의 첫단계(리스크 평가의 전단계)에서 리스크 평가자, 리스크 관리자, 주요 이해관계자(산업계, NGO, 관련 정부기관 대표 등)로 구성된 「스크리닝보드」를 구성하여, 부정성에 관한 리스크 문제의 분류작업을 하는 것이 필요하며, 이 논의를 「디자인 토의(design discourse)」로 명명하고 있다(IRGC, 2005 : 52-53). 사회전반을 대상으로 리스크 커뮤니케이션을 하는 경우에도 정부나 전문가가 옳다고 생각하는 견해를 일방적으로 전달하는 것이 아니라, 먼저 메타다의성을 고려하여, 인식의 조율을 유도하는 세심한 커뮤니케이션이 필요할 것이다. 예를 들어, 스크리닝보드에서의 논의를 공개하고, 그 안에서 각기 다른 부정성 인식의 배경에 있는 우려와 의문, 근거가 되는 증거와 증언, 지식·정보가 논의의 장에 올려져 공정하게 검토되는 것, 최종결론이 그러한 과정을 통해 도출되었다는 것을 보여줌으로써 납득과 신뢰를 얻을 수 있도록 노력하는 것을 생각할 수 있다.

말할 것도 없이, 메타다의성을 해소하고 부정성을 특정하는 작업은 의사결정 프로세스의 초기 단계에서 완료되는 것은 아니다. 새로운 사실이나 불확실성이 밝혀져 재검토해야 하는 경우도 있다. 따라서 디자인 논의와 이에 기반한 리스크 커뮤니케이션은 프로세스 전반에 걸쳐 유지되는 것이 바람직하다.

4. 마치며

　지금까지 살펴본 바와 같이, 포스트-노멀 사이언스의 개념과 부정성의 분류는, 정책 결정이나 리스크 커뮤니케이션의 장에서 종종 봉쇄되는 부정성과 메타다의성을 조명하고, 확고한 과학적 접근으로 다룰 수 있는 문제와 그렇지 않은 문제를 구분하여, 보다 적절한 문제 이해와 해결을 향한 논의와 소통의 도구로 활용될 수 있다.

　따라서 기본이 되는 것은, 앞서 언급했듯이 메타다의성을 정당하게 인식하는 것이다. 리스크 평가, 리스크 관리, 리스크 커뮤니케이션 등, 리스크 문제를 다루는 장은 다양한 집단, 조직, 개인이 각자의 기대와 우려, 지식과 정보, 이해관계, 가치관, 신뢰와 불신, 확신과 의심을 바탕으로 문제를 해석하고, 그 관점들이 충돌하는「관점의 복수성(複數性)」의 공간,「투쟁적(agonistic)」인 장이다. 그 관점에는 오해와 무지에 기반한 것도 있겠지만, 정확한 문제 이해와 해결에 기여할 수 있는 것도 있을 것이다. 그 중에 정부와 전문가들은 어떻게 사람들의 의심이나 오해를 불식시키고 납득과 신뢰를 얻을 수 있을까, 반대로 정부의 공식 견해에 의심과 반론을 제기하는 비판자들은 어떻게 이의를 제기하고 문제를 제기할 수 있을까. 이를 위해 해야 할 일이 많지만, 우선 문제 해결의 출발점에서부터, 관점의 복수성을 정당하게 받아들이고, 부정성과 그 메타다의성을 개방적이고 진지하게 검토하고, 해소해 가기위한 토론과 커뮤니케이션을 신중하게 실시하는 것부터 시작해야 할 것이다.

참고문헌

スターリング, アンドリュー(2017)「『不定性マトリックス』の舞台裏」, 本堂毅ほか編『科学の不定性と社会―現代の科学リテラシー』, 信山社 : pp.192-198.

中島貴子(2017)「『科学の不定性』に気づき, 向き合うとは」, 本堂毅ほか編『科学の不定性と社会―現代の科学リテラシー』, 信山社 : pp.107-121.

山口治子(2011)「リスクアナリシスで使用される『不確実性』概念の再整理」, 『日本リスク研究学会誌』21(2) : pp.101-113.

吉澤剛(2015)「科学における不定性の類型論 : リスク論からの回帰」, 『科学技術社会論研究』11 号 : pp.9-30.

吉澤剛, 中島貴子, 本堂毅(2012)「科学技術の不定性と社会的意思決定―リスク・不確実性・多義性・無知」, 『科学』82 巻 7 号 : pp.788-795.

Funtowicz, S.O. and Ravetz, J.R. (1992) "Three Types of Risk Assessment and the Emergence of Post Normal Science", in Sheldon Krimsky and D. Golding(eds.), *Social Theories of Risk, Praeger*, 1992 : pp.251-273.

Gluckman, Peter (2014) "The art of science advice to government", *Nature* 507, pp.163-165(13 March 2014).

IRGC (2005) "Risk Governance : Towards an integrative approach", IRGC White Paper No 1, International Risk Governance Council (IRGC), Geneva, Switzerland.

Stirling, Andrew(2010) "Keep it Complex", *Nature*, Vol. 468 : pp.1029-1031.

5 │ 리스크 커뮤니케이션에서 프레이밍의 역할
히라카와히데유키(平川秀幸)

《학습포인트》 리스크 논쟁 등 커뮤니케이션의 엇박자는 무지나 오해뿐만 아니라, 무엇을 어떻게 문제 삼는지, 그「프레이밍」차이에 의해서도 발생한다. 이 장에서는 두 가지 리스크 논쟁사례를 통해 리스크 커뮤니케이션에서 프레이밍과 그 다의성에 주목하는 의미를 이해한다.

《키워드》 리스크 논쟁, 프레이밍과 그 다의성, 결핍모델, 유전자변형작물, 후쿠시마 제1원전 사고, 리스크 인지

1. 리스크 커뮤니케이션과 프레이밍

(1) 프레이밍의 다의성에 대한 고찰

앞장에서는 포스트-노멀 사이언스의 개념을 출발점으로 삼아 과학 지식에 내재된 부정성과 커뮤니케이션 방식과의 관계를, 스털링의 부정성 매트릭스와 국제리스크거버넌스위원회(IRGC)의 분류법을 예로 들어 보았다. 두 분류 모두 다양한 부정성 유형 중「다의성」과「메타다의성」은, 리스크 문제에 관여하는 집단, 조직, 개인이 각각 다른 기대와 우려, 지식과 정보, 이해관계, 가치관, 우선순위

등에 따라 문제를 해석하고 판단하는 데서 비롯된 것이다. 이러한 「관점의 복수성」으로부터 발생하는 다의성은 모든 커뮤니케이션의 기본 전제가 되는 현실인 동시에, 커뮤니케이션을 통해 해결해야 할 갈등과 대립의 원인이 되기도 한다. 이에 대한 이해를 깊게 하는 것이 리스크 커뮤니케이션에 큰 의의가 있다고 할 수 있다.

이러한 다의성에 대한 이해를 높이기 위해 이 장에서는 특히 「프레이밍(framing)」과 그 다의성에 주목한다. 프레이밍은 어떤 문제를 어떤 지식이나 가치관, 평가기준에 따라 정의하고 해석하고 평가하는 문제설정 방식이다. 리스크 문제의 경우, 다루어야 할 중대한 리스크 문제는 무엇이라고 생각하며, 그것은 어떤 종류의 문제(건강 영향, 환경 영향, 사회경제적 영향, 제도적 문제, 윤리적 문제 등)로 정의할 것인지를 결정한다.

또한 프레이밍이 「다의적」이라는 것은 첫째, 문제가 다면적·복합적이어서 하나의 문제에 대해 복수의 관점에서 프레이밍할 수 있다는 것, 둘째, 그 프레이밍 중 어떤 것을 중시하고 문제를 어떻게 해석·평가할 것인지가 집단·조직·개인에 따라 다르다는 것이다.

(2) 리스크 논쟁을 이해하다 - 〈결핍모델〉을 넘어서

논쟁 등 리스크 커뮤니케이션의 갈등은 종종 이 다의성 때문에 발생한다. 일반적으로 논쟁은 「정답」을 둘러싼 대립이지만, 진정한 대립은 종종 프레이밍의 차이에 있다. 쉴라자사노프는 「같은 문제에 대한 정답의 불일치는, 애초에 그 문제의 올바른 프레이밍이 무엇인지에 대한 더 깊은 불일치를 반영한다(Sheila Jasanoff, 1996)」고 말했다.

전문가들이 아닌, 비전문가인 일반 시민이 논쟁의 당사자인 경우에도 마찬가지다. 그런 경우에는 종종 시민의 불안이나 반대는 무지에 의한 것이라는 「결핍모델」(제 1장 참조)의 시각으로 보는 경우가 많지만, 반드시 그것이 해당된다고 할 수는 없다.

그 이유는 지식이나 정보 등 리스크 메시지를 보내는 사람에 대한 불신감(신뢰할 수 없는 상대방의 말은 믿을 수 없다) 등 여러 가지가 있지만, 전문가 등과의 프레이밍의 차이도 그중 하나이다.

다음 절에서는 이러한 프레이밍의 다의성이 두드러진 두 가지 리스크 논쟁사례를 소개하고, 리스크 커뮤니케이션에서 프레이밍과 그 다의성에 주목하는 것의 중요성을 생각해 본다.

2. 유전자변형작물을 둘러싼 프레이밍의 다의성

(1) 역사적 교훈사례로서의 유전자변형작물 논란

첫 번째 사례는 GM작물을 둘러싼 논란이다. 1990년대 후반부터 2000년대 초반까지 활발했던 GM작물 논란은, 불확실성과 함께 프레이밍의 다의성이 두드러진 사례의 전형이며, 역사적 교훈사례라고 할 수 있다. 배경을 포함하여 자세히 살펴보자.

1996년에 본격적인 상업적 재배가 시작된 GM작물은, 세계 각지에서 재배면적을 확대하여 2019년에는 29개국(개발도상국 24개국, 공업선진국 5개국)에서 재배되어, 추가로 42개국이 식품, 사료, 가공을 위해 수입하고 있다(ISAAA, 2019). 그러나 그 안전성에 대한 불안과 불신은 뿌리 깊게 자리를 잡고 있으며, 특히 도입된 지 얼마 되지않은 1990년대 후반부터 2000년대 초반에는 유럽을 중심으로 소비자, 환경운동가, 소규모 농가 등의 반대 운동이 전 세계적으로 확산되었다. 이에 대해 각국 정부와 GM작물의 연구개발과 상업적 이용에 종사하는 전문가와 산업계는 GM작물의 안전성을 알리기 위한 홍보활동과 과학 리터러시 향상을 위한 대처가 활발하다.

GM논쟁을 통해 이러한 결핍모델에 기반한 지식계몽형 커뮤니케이션이 성공하는 경우는 거의 없었다. 실제, 일반시민의 과학지식 수준과 GM작물에 대한 태도 사이에는「알면 알수록 긍정적」같은 정비례 관계가 없었으며, 오히려 알면 알수록 더 회의적이거나 찬반 양론으로 양극화되는 경향이 있다는 것이, 일반시민의 과학 리터러시를 조사한 여론조사의 상세한 데이터 분석에서 밝혀졌다(Gaskell at al.,1999; Martin and Tait, 1992; Gaskell et al., 1998). GM작물에 대한 태도의 결정요인은 과학지식의 많고 적음과는 별개로 존재한다는 것이다.

(2) 유럽시민은 GM작물 문제를 어떻게 프레이밍 하였나

① GM작물에 대한 유럽 5개국 시민의 인식조사

GM작물에 대한 시민의 태도를 결정하는 중요 요인 중 하나가 프

5. 리스크 커뮤니케이션에서 프레이밍의 역할

레이밍이다. 이를 보여주는 연구조사의 예로 1998년부터 1999년에 영국, 프랑스, 독일, 스페인, 이탈리아의 5개국에서 「일반시민」을 대상으로 실시한 조사 「유럽의 농업생명공학에 관한 일반시민의 인식 (Public Perceptions of Agricultural Biotechnologies in Europe : PABE)」 (Marris, 2001)의 결과 중 일부를 소개한다. 여기서 일반시민이란, GM작물의 연구개발, 식품가공, 판매, 규제에 관련된 조직이나 개인(생명공학기업, 종자기업, 식품기업, 정부규제기관, 연구자, 정치인 등)과, GM작물 식품을 둘러싼 사회적 논쟁에 참여하여 발언하는 조직이나 개인(연구자, 환경NGO, 소비자NGO, 농업단체 등)과 같은 사람들(이해관계자) 이외의 사람들을 의미한다. PABE는 위 5개국의 일반시민을 대상으로 포커스그룹 방식으로 설문 조사를 실시하였다. 조사에서는 국가별로 각각 11개 그룹(그룹당 6~11명)으로 2시간의 토론을 총 14회 진행하여, 참가자들이 GM작물에 대해 어떤 문제를 중시하는지 분석하였다. 참가자들은 대부분 GM작물의 찬반에 대해 여러 의미로 해석될 수 있는 중의적(重義的)인 태도를 보였으며, 명확한 의견보다는 다양한 의문을 제기하며 토론을 벌였다고 한다. 이를 정리한 것이 표 5-1의 「질문」이다.

　이 결과에서 바로 알 수 있는 것은, 이 책에서 다루고 있는 건강이나 환경과 관련된 리스크 문제라 할지라도, 사람들의 관심은 피해의 내용이나 정도, 발생 확률과 같은 자연과학적 이해가 필요한 문제보다, 과학기술의 산물이 개발되고 이용되는 제도적 맥락과 관련된 「사회적·규범적 문제」에 향하고 있다는 것이다. 실제로, 1.의 필요성과 편익에 관한 질문은, GM작물의 특성에 대한 과학적·기술적

이해도 필요하지만, 예를 들어「필요하다」는 것이「누구의 어떤 목적을 위한 것인지, 그 목적은 자신들이 지지할 수 있는 것인지」등 과학기술을 넘어서는 질문도 포함한다. 2. 이하도, 이익분배의 공평성(2.), 의사결정의 정통성(legitimacy)(3.), 알 권리와 선택의 권리 보장(4., 5.), 규제당국의 관리능력에 대한 신뢰성(6., 7.), 리스크 평가자의 능력과 성실성, 멤버십의 적절성(8.), 리스크 평가항목에 대한 규제당국의 규정 완전성(9.), 불확실성에 대한 배려 충분성(10.), 피해발생시 구제대책과 책임소재(11., 12.) 등 사회적·규범적 질문들이 이어진다.

② GM작물 논쟁의 역사로서 BSE 경험

여기서 중요한 것은 이러한 질문들이 단순한 주관적·감정적 반응이 아니라, 어떤 종류의 지식에 기반하고 있었다는 점이다. 다만 그 지식은, 시민들이 습득해야 한다고 생각하는 유전자변형 기술에 대한 과학적 지식이 아니라, 다음 세 종류의 경험적 지식이라고 PABE 보고서는 지적한다.

표 5-1. 일반시민이 유전자변형생물체(GMO)에 대해 갖는 주요 의문점

1. 왜 GMO가 필요한가? 그 편익은 무엇인가?
2. GMO를 이용함으로써 누가 이익을 얻는가?
3. GMO 개발은 누가, 어떻게 결정한 것인가?
4. GM 식품이 상업화되기 전에, 더 좋은 정보를 제공받지 못했을까?
5. 왜 우리는 GM 제품을 살지 말지 선택할 수 있는 더 효과적인 수단을 제공받지 못하는 것인가?

5. 리스크 커뮤니케이션에서 프레이밍의 역할

> 6. 규제당국은, GM 개발을 추진하는 대기업을 효과적으로 규제할 수 있는 충분한 권한을 갖고 있는가?
> 7. 규제당국의 관리가 효과적으로 운영될 수 있는가?
> 8. 리스크는 진지하게 평가되고 있는가? 누가, 어떻게, 그것을 실행하고 있는가?
> 9. 장기적인 잠재적 영향은 평가되고 있는가? 어떻게 평가되고 있는가?
> 10. 해소할 수 없는 불확실성이나 무지는, 의사결정에서 어떻게 고려되고 있는가?
> 11. 예견하지 못한 해로운 영향이 발생할 경우, 어떤 구제책이 마련돼 있는가?
> 12. 예견하지 못한 피해가 발생했을 때 누가 책임질 것인가, 어떻게 책임을 질 것인가?

- 곤충과 동식물에 대한 비전문가의 지식(「벌은 농지에서 농지로 날아간다」 등). 시민들은 이러한 지식이 전문가들의 과학적 논의에서 종종 무시되거나 모호해진다고 생각했다.
- 일상 경험에서 유래한 인간의 오류 용이성에 대한 지식. 공식적인 규칙이나 규정이 아무리 좋은 의도가 있더라도, 현실 세계에서는 충분히 적용될 수 없다는 것을 보여준다.
- 기술 혁신이나 리스크에 대한 개발과 규제를 담당하는 기관의 과거 행태에 대한 지식.

보고서에 따르면, 이들 중 포커스그룹 참가자들의 논의에서 가장 지배적이었던 것은 세 번째 지식이었다. 특히 인용된 것은 BSE 경험이었다. 1986년 11월 영국에서 처음 확인된 소해면상뇌증(BSE)은 처음부터 인간에 대한 감염 리스크가 우려되었다. 이에 대해 영국정부가 1988년 5월에 설립한 조사위원회(통칭 「사우스우드위원회」)는 1989년 2월의 보고서를 통해 「BSE가 인간에게 감염될 가

성은 극히 낮다」는 결론을 내렸다1). 그러나 곧 BSE에서 유래된 것으로 추정되는 인간해면상뇌증, 변이형 크로이츠펠트 야콥병(vCJD) 환자가 잇따라 발견되면서, 1996년 3월 20일 영국정부는 마침내 BSE가 인간에게 감염될 수 있음을 공식적으로 인정하게 된다. 그 결과 정부뿐만 아니라 과학에 대한 신뢰가 크게 떨어졌다.

이러한 BSE의 경험은 다른 식품안전·환경안전 분야에서의 실책 사례와 더불어, 특히 부정성 과학을 다루는 정부기관의 행태에 대한 큰 교훈을 사회에 남기게 되었다. 즉, 새로운 제품이나 기술의 영향을 완전히 예견할 수는 없지만, 정책결정자는 「안전하다」는 말만 되풀이할 뿐, 그러한 불확실성을 인정하려 하지 않고, 의사결정에 고려하지도 않는다. 예방조치는 리스크가 명백히 드러나도 잘 시행되지 않고, 시행되더라도 무능력, 부정(不正), 수단 부족, 조치가 실제로 이루어지는 현장에 대한 비현실적인 상정(想定)으로 인해 충분히 이루어지지 않는다. 시민의 삶에 큰 영향을 미치는 중대한 결정은 시민의 목소리를 듣지 않고, 자신들의 힘이 미치지 않는 데다, 자신들에 대한 설명책임도 지지 않는 소외된 기관에 의해 내려지고 있다. 인간과 환경의 안전을 지키는 것보다 대기업이나 국가경제에 중요한 산업분야의 경제적 이익이 우선시되는 것은 아닌지 의심스럽다. 과거의 경험에 기반한 이러한 인식과 의심이, 표 5-1의 질문목록으로 대표되어 일반 시민들의 프레이밍을 형성하고 있었다.

---

1) 사실보고서에서는, 이 결론은 현시점에서 이용이 가능한 증거에 근거한 판단이며, 「만약 우리의 평가가 잘못되었다면 그 의미는 매우 심각하다」는 단서가 붙었다. 그러나 정부는 이를 무시하고 「인간에 대한 리스크는 없을 것」이라는 보고서의 문구를 반복적으로 인용하며, 영국산 쇠고기의 안전성을 계속 홍보했다.

③ GM 논쟁 프레임의 전체 모습

이상에서 살펴본 바와 같이, GM작물에 대한 일반인들의 태도 배경에는 전문가 등과는 다른 문제의 관심이나 지식에 기반한 프레이밍이 있었다. 이외에도 GM 논쟁에서는 다양한 문제가 다양한 논쟁의 장에서 주제가 되어 왔다. 이들 문제의 프레이밍을 크게 유형화하면 표 5-2와 같이, 「리스크와 편익」, 「리스크 거버넌스의 방식」, 「사회경제적 문제」, 「규범적 문제」의 네 가지 유형으로 나뉘며, 각각은 다시 몇 가지 하위 유형으로 나뉘고, 다시 그 하위 유형으로 나뉜다.

표 5-2. 유전자변형작물 문제의 프레이밍 유형

유형	하위 유형
리스크와 편익	• 인체 건강에 대한 리스크와 편익 • 생태계에 대한 리스크와 편익 • 사회경제적인 리스크와 편익

리스크 거버넌스의 자세	• 리스크 평가와 관리기관의 신뢰성
	• 리스크 평가와 리스크 관리 원칙
	  - 규제의 과학적 근거의 불확실성에 대한 대응: 〈사전경계원칙〉인가 〈건전한 과학〉인가?
	  - 범위를 둘러싼 갈등: 사회경제적 영향을 평가대상으로 삼을 것인가?
	• 의사결정의 정당성: 의사결정에 대한 접근의 공평성
	• 책임과 배상

사회경제적 문제	• 신자유주의적 자유무역의 확대(세계화)의 이익과 불이익
	  - 자유무역으로 인한 산업이익과 안전규제의 대립
	  - 다국적 기업에 의한 식·농업 지배의 이익과 불이익
	  - 세계무역기구(WTO)의 자유무역추진 법체계의 이익과 불이익
	• 산업적 농업의 이익·불이익
	• 산업적 농업의 편익과 공중위생, 환경보호, 지속가능성과의 대립

유형	하위 유형
규범적 문제	• 생명윤리와 법 - 생명의 조작과 사유화는 어디까지 허용되는가? - 종자의 지적재산권(생명특허)의 윤리적 시비 • 권리 문제 - 개인의 알권리, 선택할 권리, 참여할 권리 - 농민의 권리: 자가채종·자가개량의 권리 - 식량주권 • 농업관, 식문화

이러한 프레이밍 유형은 다른 리스크 문제에서도 많든 적든 공통되지만, 여기서 중요한 것은, 이들 유형이 서로 독립적인 것이 아니라, 한 유형의 프레이밍으로 GM작물 문제를 구체적으로 논의할 때 다른 유형의 프레이밍이 동원되는 등 중첩된 상호관계가 존재한다는 점과 그 동원 방식이 논쟁의 입장 제각각의 문제 관심사나 전제가 되는 지식에 따라 달라지는 경우가 많으므로 거기에 프레이밍의 대립이 발생할 수 있다는 것이다.

예를 들어, GM작물 문제를 「리스크 거버넌스의 방식」에 있어서 「리스크 평가·리스크 관리의 원칙」 문제로 프레임화하고, 더 나아가 이를 「과학적 근거의 불확실성에 대한 대응」 문제로 프레임화했다고 가정해보자. 이 경우의 쟁점은 리스크 관리의 원칙으로 「사전경계원칙(precautionary principle)」과 「건전한 과학(sound science)」 중 어느 쪽을 선택할 것인가를 둘러싼 대립[2]이며, 전자는 GM작물

---

[2] 「사전경계원칙(예방원칙)」은 사람의 건강이나 환경에 심각한 악영향이 예상되는 경우, 예방조치를 취하는 과학적 근거가 불확실하더라도 예방책을 자제하지 말거나, 혹은 어떤 예방책을 강구해야 한다는 생각이다. 과거 공해나 약해(藥害)

5. 리스크 커뮤니케이션에서 프레이밍의 역할

수입국인 유럽연합(EU)의 입장, 후자는 생산·수출대국인 미국, 캐나다, 아르헨티나의 입장이다. 이 대립에서 양측은 각각 다음과 같은 프레이밍으로 이 쟁점에 임하고 있었다. 먼저 EU는 앞서 언급한 바와 같이 BSE와 기타 식품오염 문제의 경험으로 인해 산업적 농업의 과잉을 우려하고, 건강리스크와 환경오염의 관점에서 GM작물의 수입과 재배에 반대하는 동시에 유기농업에 의한 지속가능성을 중시하는 여론이 강했다. 이러한 문제들은 1990년대 말 이후에는 자유무역을 통한 경제적 이익을 우선시하는 신자유주의적 세계화의 문제로도 논의되기 시작했다. 개인의 알 권리, 선택할 권리, 참여할 권리의 관심도 높았다. 또한, 과학적 측면에서는 역시 BSE의 경험으로 인해 불확실성 문제에 민감했으며, 특히 GM작물의 생태계 영향 평가에 따른 불확실성이 문제가 되었다. 이처럼 EU 측이 복수의 유형에 걸친 복합적인 프레임에 서 있었던 반면, 미국 등 수출국측은 문제를 오로지 무역문제로만 프레임화하여, 자유무역 추진체제의 유지를 통한 생명공학산업과 산업적 농업의 이익유지와 확대를 목표로, 사전경계 원칙에 입각한 EU의 규제는 「부당한 비관세장벽」으로 간주하고 있었다.

또 다른 「대상의 범위를 둘러싼 대립」문제도 마찬가지다. 이는 생물다양성협약 카르타헤나의정서 협상(1995년~2000년)에서 쟁점이

등의 문제로, 규제 근거에 높은 과학적 확실성을 요구하다 보니, 때늦은 대책으로 이른바 「분석에 의한 마비(Paralysis by Analysis)」를 피하기 위해, 1970년대 스웨덴의 환경법에서 도입되었고, 이후 국제적인 리스크 관리의 원칙이 되었다. 이와 반대로 「건전한 과학」은 규제 근거에 충분한 확실성을 요구하는 개념으로, 1980년대 미국에서 등장하여 종종 규제 시행을 저해하기 위해 이용된다.

되었던 것으로, 「사회경제적 영향의 고려」를 의정서가 규정하는 리스크 평가나 리스크 관리의 대상범위에 포함시킬지 여부를 둘러싸고 개발도상국(특히 아시아·아프리카 국가들)과 선진공업국(특히 미국, 오스트리아, 일본)이 다음과 같은 프레이밍으로 대립했다(Khwaja, 2002). 우선 개도국 측은 잠재적 GM 수입국이 될 수 있는 입장에서, GM 품종을 도입하는 것은 자국의 농민과 농촌 공동체가 의존하는 전통적 재래품종과 생태계를 위협할 우려가 있고, 생명의 조작, 특허화, 사유화가 개도국의 윤리·도덕·문화와 상충된다는 이유로, 사회경제적 영향에 대한 고려를 의정서에 규정할 것을 요구하였다. 이 역시 앞서 EU의 사례와 마찬가지로 생태계 리스크와 사회경제적 리스크, 다국적 기업의 농업 지배문제, 농민의 권리와 식량주권3), 종자의 지적재산권 시비 등, 역시 여러 유형에 걸친 복합적인 프레이밍이었다. 이에 대해 선진국 측은 문제를 무역문제로 프레임화하여, 사회경제적 영향에 대한 고려가 의정서에 규정됨으로써 생명공학 산업의 이익이 훼손될 우려가 있다며 개도국과 대립한 것이다

---

3) 농민의 권리는 자율적으로 채종과 품종개량을 할 수 있는 권리이다. 식량주권은 2007년 식량주권 국제포럼의 닐레니(Nyeleni)선언에서 「생태학적으로 건전하고 지속가능한 방식으로 생산된 건강하고 문화적으로 적합한 식량에 대한 사람들의 권리, 그리고 자신의 식량과 농업시스템을 정의하는 권리」라고 정의하고 있다. 특허가 있고, 사용방법이 세밀하며, 개발·판매기업에 지정되는 GM 품종의 이용은 이러한 권리와 대립한다.

3. 원전사고 피해지역에서 「구역외 피난」의 합리성을 생각하다

(1) 「원전 피난」과 손해배상 청구소송의 쟁점

　두 번째 사례는 2011년 3월 11일 동일본 대지진으로 발생한 도쿄전력 후쿠시마 제1원자력발전소(이하, 후쿠시마 제1원전) 사고로 인한 피해지역에서의 「구역외 피난」[4]문제이다. 피난을 둘러싸고 도쿄전력이나 국가를 상대로 한 손해배상 청구소송이 다수 진행되고 있는데, 그 법정은 저선량 방사선에 관한 리스크 커뮤니케이션의 장이기도 했다.

　이 사고로 대량의 방사성 물질이 방출되어 후쿠시마 제1원전을 중심으로 광범위한 지역이 오염되었고, 후쿠시마현 조사에 따르면 최대 16.4만명(2012년 6월 기준)의 주민이 피난을 가야 했다. 그 대부분은 정부가 거주지역의 연간 누적 방사선량을 기준으로 설정한 피난 지시구역의 「구역내 피난자」였지만, 후쿠시마(福島)현 외의 도호쿠(東北)·칸토우(関東)지역을 포함해 지시구역 이외의 지역에서 피난한 「구역외 피난자」도 상당수 있었다(표 5-3). 또한, 지시구역의 재편성이나 해제 후에도 원래 거주지로 돌아가지 않은 사람들은 구역내 피난자에서 구역외 피난자로 입장이 바뀌었다.

---

[4] 「자주적 피난민」이라고도 부르지만, 당사자 입장에서는 사고로 인해 어쩔 수 없이 피난할 수밖에 없는 상황에 내몰렸기 때문에 피난한 것이므로, 이 호칭이 반드시 적절한 것은 아니므로 여기서는 「구역외 피난민」으로 부른다.

피난을 포함한 원전사고의 피해에 대해서는 원자력손해배상법(원배법)에 따라 정부가 설치한 원자력손해배상 분쟁심사위원회(원배심)의 「도쿄전력주식회사 후쿠시마 제1, 제2원자력발전소 사고로 인한 원자력손해 범위의 판정 등에 관한 중간지침」(이하, 중간지침)이 정해져 있으며, 이에 따른 보상과 원자력손해배상 분쟁해결센터(원전 ADR)가 중재하는 화해에 의한 배상이 이루어지고 있다. 그러나 보상의 주요 대상은 구역내 피난자이며, 구역외 피난자나 구역외 지역에서 사고 이후에도 거주하고 있는 주민(체류자)에 대한 보상내용은 미약하다. 구역내 피난자에 대한 보상도 당사자들이 요구하는 것에 비하면 결코 충분하지 않다. 이 때문에 피난민을 중심으로 전국에서 약 30건의 배상청구 집단소송이 제기되고 있다.

표 5-3. 2013년 기준 후쿠시마현에서 온 피난민의 구역 유형별 인원수

후쿠시마현 전체 피난민 약 14.6만명	피난지시구역의 피난민 약 8.1만명 (11개 시정촌)	피난지시해제 준비구역 약 3.3만명 (41%) 거주제한구역 약 2.3만명(29%) 귀환곤란구역 약 2.5만명(31%)
	구(旧) 긴급시 피난준비구역 약 2.1만명(広野町, 楢葉町, 川内町, 田村市, 南相馬市)	
	기타 피난민 약 4.4만명(福島市, 郡山市, いわき市など福島県内全域)	

후쿠시마현 전체의 피난민수는 후쿠시마현 보고서(2011年東北地方太平洋沖地震による被害状況即報, 第1031報, 2013年9月17日)에 따른다. 피난지시구역에서의 피난민 수는 각 시정촌으로부터 청취한 정보(2013년 8월 8일 기준 주민등록수)를 바탕으로, 원자력 피해자생활지원팀이 집계. 구(旧) 긴급시 피난준비구역에서의 피난민 수는 각 시정촌으로부터 청취한 정보(2013년 9월 17일)를 바탕으로, 원자력 피해주민생활지원팀이 집계했다(내각부, 2013). 이 외에도 현의 조사대상에서 제외된 재해공영주택 입주자나 피난처에서 주택을 재건한 사람들이 2만4천 명, 그리고 현 외 지역에서의 피난민은 수만 명에서 10만 명을 넘었을 것으로 추정된다(山本, 2017 ; 무尾, 2014 ; 除本, 2016).

5. 리스크 커뮤니케이션에서 프레이밍의 역할

일련의 소송쟁점은 다양하지만, 여기서 주목하는 것은 구역외에서의 피난 합리성(법률 분야에서는 「상당성」)을 인정할 수 있느냐의 문제이다. 피폭선량 기준(연간 누적선량 20mSv)에 따른 국가의 피난지시에 따른 것이라면, 피난의 합리성·상당성은 법적으로 명백하여 배상의 대상이 되지만, 기준 이하로 설정된 지역에서의 피난은 그러한 객관적 근거가 없으므로 그대로는 대상이 되지 않는다. 구역외 피난은 기본적으로 피난자 개개인의 주관적인 「불안」에 근거한 것으로, 과연 이에 대해 보상을 받을 만한 합리성·상당성이 있는지의 여부가 문제된 것이다.

(2) 프레이밍의 관점에서 본 판결 입론의 특징

이 문제에 대해 많은 판결은, 일정한 조건을 충족한 구역외 피난민에 대해 피난과 피난 지속의 합리성·상당성을 인정하고 있다. 그것은 어떤 입론(立論)에 의한 것일까? 여기서는 판결에서 제시된 판단의 내용이나 그 상당성에 대해서는 다루지 않고, 그 판단의 틀을 짜고 있는 프레이밍의 특징에 주목해 보고자 한다. 예를 들어, 집단소송에서 첫 판결이 된 군마소송 1심 판결(前橋地判平 29·3·17 判時 2339号 14頁)의 판결문 「제6절 상당인과관계 총론」 중 구역외 피난에 초점을 맞춘 「제5, 피고국(被告国) 등의 피난지시에 근거하지 않고 거주지를 이전한 원고들에 관한 상당인과관계/ 제4, 피난의 합리성에 관한 정리」의 판결을 살펴보자.

군마(群馬)소송 판결의 프레이밍을 특징짓는 가장 중요한 요소는 다음의 두 가지 전제이다. 하나는, 원고의 주장에 따라 사고로 인해 침해된 피난민의 이익(피침해이익)을, 방사선 피폭으로 인해 손상되었거나 손상될 수 있는 신체적 건강이 아닌, 「평온한 생활권」으로 규정한 것이다. 이는 다른 소송에서도 공통적으로 나타나는데, 군마 판결에서는 원고의 주장을 바탕으로 「자기실현을 위한 자기결정권을 핵심으로 하는 평온한 생활권을 핵심으로 하는 인격권」[5]이라는 정의를 채택하고 있다. 이에 따라 피난의 합리성·상당성 판단의 초점은 구체적인 건강피해의 존재를 과학적으로 확증하는 것이 아니라, 사고로 인한 방사성물질의 방출을 원인으로 장래의 건강피해를 우려하여 피난을 선택한 원고의 판단이 어떤 의미에서 합리적이고 타당한지, 그리고 사고와 위 권리의 침해 사이에 법적으로 상당한 관계(상당인과관계)가 있다고 인정할 수 있는지 여부가 쟁점이 되었다.

또 하나의 중요한 군마소송 판결의 전제 조건은, 위의 상당인과관계를 인정하기 위한 기준을 과학적 입증이 아닌 「통상인 또는 일반인의 견지에서 세운 사회통념」으로 한 것이다. 이는 원고 측이 요구한 것인데, 원배심의 중간지침으로 구역외 피난민과 체류자 피해를 대상으로 한 1차 추보(2011년 12월 6일)와 2차 추보(2012년 3월 16일)에서도 그 생각이 반영되어 있다. 이에 대해 피고 측은 사고와 피난 간에 상당한 인과관계가 있기 위해서는, 확립된 과학적 지식을 바탕으로 해야 한다고 주장했으나, 이는 기각되었다.

---

[5] 이 권리의 내용으로 군마소송 판결에서는, 1) 방사선 피폭에 대한 공포와 불안에 노출되지 않는 이익, 2) 인격발달권, 3) 거주이전의 자유와 직업선택의 자유, 4) 내면의 평온한 감정을 해치지 않는 이익을 포용할 권리로 규정하고 있다.

5. 리스크 커뮤니케이션에서 프레이밍의 역할

이 두 가지 전제에서, 군마소송 판결의 프레이밍은 건강피해가 구체적으로 있었는지 여부에 대한 과학적 입증이 불필요하다고 보고, 「통상인·일반인의 입장에서 본 사회통념」에 근거하여 구역외 피난의 합리성·상당성을 판단하는 것이 되었다. 다만, 과학적 입증이 전혀 필요 없다고 한 것은 아니며, 「과학적 견해 기타 해당 이주자가 접한 정보를 바탕으로, 건강피해에 대해 단순한 불안감이나 우려에 그치지 않는 정도의 위험을 피하기 위해 생활근거지를 이전한 것으로 볼 수 있는지 여부가 중요하게 생각된다」고 하였다. 이를 전제로, (1) 저선량 피폭의 확정적 영향과 확률적 영향, (2) 해당 이주자의 속성에 관한 일반적 검토, (3) 신문보도와 피고 국가의 정보제공 등 상황과 내용을 검토하여, 최종적으로 구역외 피난의 합리성·상당성은 개별 원고마다 각각 다른 사고 당시 거주지의 방사선량, 연령·성별·직업, 피난 시기와 그 경위, 접한 정보 등을 바탕으로 판단하게 되었다.

(3) 구역외 피난의 합리성에 관한 판례의 특징-부정성의 관점에서

위와 같은 프레이밍에 따라 도출된 판례의 논점을 정리한 것이 표 5-4이다. 여기서 주목해야 할 것은 이들 판결에는 프레이밍을 포함한 다양한 부정성 관련 판단이 제시되어 있다는 점, 그리고 앞의 두 가지 프레이밍의 전제가 이러한 판단을 가능하게 했다는 점이다.

먼저 판결 ①은 ICRP(국제방사선방호위원회)가 방사선 방호의 기초로 삼고 있는 「임계값 없는 선형모델(LNT 모델)」(저선량에서도 건강피해의 발생확률은 선량에 비례하여 증가한다는 모델)에 대한 해석의 다의성을 보여주고 있다. 원고측은 피난의 합리성·상당성의 근거 중 하나로 이 모델을 들면서「연간 20mSv 이하의 피폭으로 인한 건강 리스크는 다른 발암요인에 의한 위험에 비해 충분히 낮은 수준」이라며 피고 측 주장의 불확실성을 호소했다. 이에 대해 피고 측은, LNT 모델은 방사선 방호상의 사고방식으로 채택된 가설에 불과하며, 과학적 근거는 없다고 했다. 앞장의 IRGC의 부정성 분류로 말하자면, 이는 원고와 피고 모두 자신의 주장을「단순한」문제로 취급하는 동시에, 상대방 주장 근거의 불확실성을 호소하는 구도이다. 이러한 양론에 대해 법원은 LNT 모델의 타당성에 대해 원고와 피고 양측의「단순한」주장을 일축하면서도, 동 모델은 과학적으로 충분히 확립된 것은 아니지만 상당한 설득력이 있는 것으로 해석하고,「연간 20mSv 이하의 저선량 피폭으로 인한 건강피해를 우려하는 것이 과학적으로 부적절하다고 할 수 없다」고 판시했다. LNT 모델의 불확실성을 둘러싼「해석의 다의성」을 원고의 구제책에 기여하는 방향으로 해석한 것이라고 할 수 있다.

다음 판례 ②~④에는, 용어 자체는 사용하지 않았지만,「리스크 인지」의 심리학적 사고방식(제2장 참조)이 제시되어 있다[6]. 먼저 판례②가 들고 있는 건강피해의 심각성, 판례③의 젊은 연령층이나 임

---

[6] 후쿠시마(福島) 지방재판소에 제소된「후쿠시마 생업소송」의 1심에서는 원고측 증인으로 리스크 심리학을 전공한 나카타니(中谷内一也)·도시샤(同志社)대학 교수가 증언했으며, 판결(福島地判平29·10·10 判時 2356号 3頁)에서도「사회심리학적인 식견」으로서 리스크 인지심리학이 참조되고 있다. 또한, 리스크 인지의 관점에서 피난 문제를 다룬 문헌으로서, 吉村(2015), 鳥飼(2015)도 참조 바란다.

5. 리스크 커뮤니케이션에서 프레이밍의 역할

산부·태아·영유아 리스크가 상대적으로 높은 것은 「결말의 중대성」 등 「두려움 요인」의 리스크 특성에 해당하고, 판례④가 들고 있는 사고 발생중과 직후 상황의 불명확성은 「미지성 요인」에 해당한다. 또한, 판결에는 포함되지 않았지만 리스크 인지요인에는 사고로 인해 강제로 리스크에 노출되었다는 자기결정권 침해나 리스크와 편익의 분배 불평등 등, 기본적 인권이나 사회정의 문제를 함의하는 것도 있다(同上 ; 平川, 2018). 이런 의미에서 리스크 인지에 대한 주목은, 법적으로는 상당인과관계론뿐만 아니라 손해배상론의 논점도 불러일으킨다고 할 수 있다. 어쨌든 이러한 리스크 특성이 두드러졌기 때문에, 피난민들이 과학적 리스크 평가보다 더 크게 리스크를 인지하고 피난을 결정한 것은 통상인·일반인으로서 불합리하지 않고 긍정적으로 평가된 것이다.

또한, 판례 ⑤는 그러한 리스크 인지가 사람들 사이에 다양하다는 것, 즉 리스크에 관한 해석의 다의성을 보여준 것으로, 이러한 관점에서 해당 지역주민 가운데 소수라도 피난을 선택하는 것이 합리성·상당성을 긍정한 것이라고 할 수 있다.

표 5-4. 군마 소송판결 「피난의 합리성에 대한 정리」 논점

판결	판결 내용
①	저선량 피폭의 확률론적 영향에 대해 ICRP(국제방사선방호위원회)의 임계값 없는 선형모델(LNT 모델)을 근거로 「피난지시 기준인 연간 20mSv 이하의 저선량 피폭으로 인한 건강피해를 우려하는 것은 과학적으로 부적절하다고는 할 수 없다」고 하였다.

판결	판결 내용
②	방사선에 의한 건강피해에는 치사가능성이 높은 발암 등 심각한 것이 포함되어 있기 때문에, 일본에서 유례없는 규모의 방사선 피폭사고가 발생하여, 식품의 출하제한, 복구 전망 없음 등 불안감을 고조시키는 보도가 연일 이루어지고 있는 상황에서, 국가나 후쿠시마현이 안전성을 호소하는 정보제공을 하였다고 하더라도, 통상인·일반인이 판결 ①에서 언급된 「과학적으로 부적절하다고는 할 수 없는 견해」에 근거하여, 사고로 인해 방사능량이 상당히 높아진 지역에 계속 거주함으로써 건강상의 피해가 발생할 가능성을 「단순한 불안감이나 우려에 그치지 않고 무겁게 받아들이는 것도 무리가 아니다」고 하였다.
③	저선량 피폭에 의한 발암 리스크의 연령대 등에 따른 차이는 명확하지 않다고 하면서도, 일반론적으로 발암의 상대적 리스크가 젊을수록 높아지는 경향」이나 「여성과 태아에 대한 방사선 감수성이 높다는 지적」, 「지표의 침착 밀도가 높은 행정구역에서 추정실효선량이 높아지는 것」, 「유아의 평균실효선량이 성인보다 커진다는 지적」 등이 있기 때문에, 어린이의 피폭을 더 심각하게 받아들이는 것은 「그다지 불합리한 것이 아니다」고 하였다.
④	사고 발생 직후와 와중에는 방사성 물질의 방출량이나 유효선량 등이 명확하지 않은 상황이었기 때문에 「본 사고로 인해 방사성 물질이 방출되었다는 정보를 받고 자발적으로 피난을 하는 것에 대해서도, 통상인 또는 일반인에게 합리적 행동이라고 할 수 있다」고 하였다.
⑤	원자력손해배상 분쟁심의회 중간지침 등이 정한 「상당한 배상대상기간」을 초과하여 구역외에서 피난한 사람은, 그 사람이 생활근거지였던 지역에서 소수라는 이유로 피난의 합리성이 없다고 도쿄전력은 주장했다. 이에 대해 「사회는 다양한 가치관을 가진 많은 사람들로 구성」되어있기 때문에 「보통사람 또는 일반인의 입장에서 본 사회통념」도 사람들의 가치관의 다양성을 반영하여 「일정한 폭」이 있고, 동일한 방사선량 피폭을 가정하더라도 「우선하는 가치에 따라 피난을 선택하는 사람도 있고, 피난을 선택하지 않는 사람도 있다. 이것이 통상인이나 일반인의 관점에서 볼 때 모두 합리적일 수 있다」는 점, 또한 「피난처와 피난처에서의 생활 전망을 확보할 수 있는지 여부와 같은 경제적 사정이 피난 결정의 결정적 요인이 될 수 있다」는 점에서 「주변 주민이 피난하는 비율의 높고 낮음으로, 피난의 합리성 여부를 판단하는 것은 아니다」라며 피고 도쿄전력의 주장을 기각하였다.

5. 리스크 커뮤니케이션에서 프레이밍의 역할

판결	판결 내용
⑥	도쿄전력이「중간지침 등이 정한 상당한 배상대상 기간」을 초과한 피난의 지속을 불합리한 것으로 보고, 구체적인 배상기간을 별도로 정해진 기간으로 한정할 것을 주장한 것은 다음과 같은 이유로 기각했다. 첫째, 도쿄전력이 주장하는 기간이「피난의 합리성이 존재하는 기간이라는 것에 대한 구체적인 주장 입증이 없다」는 것이다. 둘째, 도쿄전력이 주장하는 기간의 마지막 날(2011년 4월 22일)은 국가가 경계구역 등을 지정한 날이기 때문에「같은 날 아무런 구역지정이 없었던 지역에 있어서, 같은 날은, 피고 국가로부터 이번 사고로 인해 피난할 필요가 없다는 취지가 표명된 날이며, 국민들이 이를 알게 된 날로 해석된다」는 것이다. 다만, 개별 원고들에게 이날의 시점에서「같은 날의 구역지정과, 과학적 지식에 근거한 피난의 합리성 관계가 명백했다」고 인정할 만한 증거는 없다.
⑦	「피폭방사선량과 관련된 사항에 대해 피폭국가에서 채택하는 기준이 정책목적에 따라 다르다는 점」과「ICRP 권고가 경제적, 사회적 요인이라는 의학적 요인 이외의 요인을 고려하고 있다는 점」으로 인해「중간지침 등이 정한 배상기간을 초과하여 피난하는 것이 합리적이지 않다고 단정할 이유가 없다」고 판단했다. 또한「피난 지시의 기준이 되는 연간 누적선량 20mSv를 ICRP 권고의 내용에 비추어 보면, 앞의 값은 긴급시 피폭 상황에서는 최저치이지만, 각종 자구노력에 의한 방호대책이 권고되고 있는 현존하는 피폭상황에서는 최고치」라는 이유로「이것을 기준의 일부로 피난지시가 해제되었다고 해서, 귀환하지 않는 것이 불합리하다고는 할 수 없다」고 하였다.

판례 ⑥은 국가가 경계구역 등 피난지시구역을 지정하고 그 외의 지역은 피난할 필요가 없다고 표명한 날(2011년 4월 22일)이 국민이 이를 알게 된 날이며, 그 이후에 이루어진 구역외 피난이나 피난의 지속은 과학적으로 불합리하다는 피고측의 주장을 배척한 것이다. 그 배경에는, 정보라는 것은 정부가 발표하면 즉시 국민이 알고 납득할 수 있는 것이 아니라, 상당한 시간이 걸린다는 것이, 통상인·일반인에게는 상식적인 인식이다. 또한, 나카도리 소송의 1심 판결

(福島地 判令 2·2·19 LEX/DB25565289)에서는 이 「시간성」에 대해 「일단 발생한 공포와 불안을 해소하기 위해서는 그에 상응하는 사회정세의 변화와 시간의 경과가 필요하다」며, 군마 판결에서와 같은 결론을 내리고 있다. 또한, 이들 판결에서는 명시적으로 언급되지 않았지만, 정보의 주지에 시간이 걸리는 요인에는 사고 발생으로 인해 국가에 대한 불신도 커졌다는, 이 또한 리스크 인지의 중요 요소인 「신뢰」의 문제가 있다고 할 수 있다.

마지막으로 판례 ⑦이 보여주는 「기준치」라는 것은, 정책 목적이나 기준 결정에 있어서 고려되는 경제적, 사회적 요인 등 사회적 맥락에 따라 다른 프레이밍으로 설정되어 있다는 것이며, 그러한 맥락의 차이, 프레이밍의 다의성을 무시하고 수치를 기계적으로 적용하는 것의 부적절성을 지적하는 것이라고 할 수 있다.

이상과 같이 구역외 피난의 합리성·상당성을 둘러싼 재판의 장에서는, 피침해이익을 평온한 생활권으로 하고, 통상인·일반인의 입장에 선다는 프레이밍을 통해 리스크 인지 등 피난당사자의 관점을 중시하고, 피난을 선택하는 것이 단순한 개인적 주관으로 치부할 수 없는 독자적인 의미를 갖는 것으로 취급된 것을 알 수 있다. 그리고 이 결론을 도출한 법원의 심리는, 프레이밍의 다의성을 포함하여 부정성을 둘러싼 리스크 커뮤니케이션이 되었다고 할 수 있다.

4. 마치며 – 리스크 커뮤니케이션에 대한 교훈

이 장에서는 GM농작물과 원전대피 배상청구 소송을 예로 들어 리스크 논쟁에서 프레이밍의 문제를 살펴보았다. 마지막으로 세 가지 리스크 커뮤니케이션의 교훈을 지적해 두자.

하나는 프레이밍과 그 다의성에 주목하는 것, 특히 리스크 커뮤니케이션의 초기 단계부터 그렇게 하는 것은 다양한 입장에 있는 사람들의 납득과 신뢰를 얻기 위해 필수적이라는 것이다. 무엇을 어떻게 문제 삼고, 무엇을 대답해야 하는지에 대한 이해가 관계자 간에 차이가 난다면 논의가 제대로 이루어질 수 없다. 정부나 전문가, 기업의 메시지도 수용자에게는 엉뚱한 메시지가 되어 불만과 불신을 초래할 수 있다. 커뮤니케이션의 초기 단계부터 프레이밍의 차이가 어디에 있는지, 상대방의 프레이밍은 어떤 것인지에 대한 선제적인 노력이 중요하다. 예를 들어 일본재생의료학회에서는 2014년도부터 시작된 문부과학성의 「리스크 커뮤니케이션 모델형성사업」지원으로 「사회와 함께 걷는 재생의료를 위한 리터러시 구축사업」을 실시하고, 그 일환으로 재생의료에 관한 학회 회원(재생의료 연구자)과 일반시민의 의식차이를 살피는 질문조사를 하여, 시민이 「알고 싶은 지식」과 연구자「전달하고 싶은 지식」의 차이를 분명히 하고 있다(Shineha et al., 2018; 八代, 2020). 이러한 노력은 선제적 프레이밍 탐색의 모범사례라고 할 수 있다.

두 번째 교훈은, 선제적으로 프레이밍을 탐색하기 위해서는 인문·

사회과학자, NPO/NGO, 기업 등 「사회문제 전문가」가 리스크 커뮤니케이션 기획에 참여하는 것이 필수적이라는 것이다. 문제의 프레이밍과 그 다의성을 정확히 파악하기 위해서는 그 문제에 정통한 전문가들의 식견이 필수적이기 때문이다. 위의 재생의료학회 사업에서는 생명윤리학자, 의료법학자, 과학기술사회론과 리스크학 연구자 등 학제 간(interdisciplinary) 워킹그룹을 구성하였다. 이 장에서 소개한 GM작물처럼 다각적이고 복합적인 문제에서는 더욱더 학제 간 체제가 필요할 것이다.

  마지막으로 한 가지 더 중요한 것은, 프레이밍 탐색을 할 때 「숨은 목소리/ 숨겨진 목소리」가 존재할 가능성에 유의할 필요가 있다는 것이다. 예를 들어, 후쿠시마 원전사고 이후 지원책 수립에서는, 일본사회의 젠더불평 등으로 인해 의사결정 과정에 참여하는 여성 수가 원래 적은 데다, 피해주민을 대상으로 하는 설문조사에서도 남성 세대주의 목소리만 반영되어 피해여성의 목소리가 시책에 충분히 반영되지 않았다는 문제점이 지적되었다(淸水, 2015). 이러한 사회의 구조적 문제로 인해 「숨은 목소리/숨겨진 목소리」를 꼼꼼하게 파헤치는 것은, 커뮤니케이션뿐만 아니라 애초의 리스크 문제에 정확하게 대응하기 위해서도 필수적이다.

5. 리스크 커뮤니케이션에서 프레이밍의 역할

참고문헌

清水奈名子(2015)「意思決定とジェンダー不平等—福島原発事故後の『再建』過程における課題」, Fukushima Global Communication Programme Working Paper Series(9) : pp.1-9.

鳥飼康二(2015)「放射線被ばくに対する不安の心理学」『環境と公害』44 巻4号 : pp.31-38.

早尾貴紀(2014)「原発避難の実態と『避難の権利』」『インパクション』194 号 : pp.9-13.

平川秀幸(2018) 「区域外避難はいかに正当化されうるか——リスクの心理ならびに社会的観点からの考察」, 淡路剛久(監修)・吉村良一・下山憲治・大坂恵里・除本理史(編)『原発事故被害回復の法と政策』日本評論社 : pp.56-69.

八代嘉美, 標葉隆馬, 井上悠輔, 一家綱邦, 岸本充生, 東島仁(2020)「日本再生医療学会による社会とのコミュニケーションの試み」,『科学技術社会論研究』, 第18号 : pp.137-146.

山本薫子(2017)「『原発避難』をめぐる問題の諸相と課題」長谷川公一他編『原発震災と避難』有斐閣 : pp.60-92.

除本理史(2016)『公害から福島を考える』岩波書店.

吉村良一(2015)「『自主的避難者(区域外避難者)』と『滞在者』の損害」淡路剛久他(編)『福島原発事故賠償の研究』日本評論社 : pp.210-226.

吉村良一(2020)「福島原発事故賠償訴訟における『損害論』の動向—仙台・東京高裁判決の検討を中心に」『立命館法学』389 号 : pp.205-254.

Gaskell, G., Bauer, M., Durant, J. (1998) "Public perceptions of biotechnology in 1996 : Eurobarometer 46.1", J. Durant, J., M. Bauer and G. Gaskell (eds.), *Biotechnology in the Public Sphere : a European Sourcebook*, Science Museum, London : pp.189-214.

Gaskell, G., Bauer, M., Durant, J., Allum, N. (1999) "Worlds apart. The reception of genetically modified foods in Europe and the US". *Science*, 285 (16 July) : pp.384-387.

ISAAA (2019) Global Status of Commercialized Biotech/GM Crops in 2019 : Biotech Crops Drive Socio-Economic Development and Sustainable Environment in the New Frontier. *ISAAA Brief* No. 55. ISAAA : Ithaca, NY.

Jasanoff, Sheila (1996) "Is Science Socially Constructed : Can It Still Inform Public Policy?", *Science and Engineering Ethics*, Vol.2 Issue 3, 1996 : pp.263-276.

Khwaja,, Rajen Habib (2002) "socio-economic considerations", Bail, Christoph, R. Falkner, H. Marquard (eds.) (2002) *The Cartagena Protocol on Biosafety : Reconciling Trade in Biotechnology with Environment and Development?*, Earthscan Publications Ltd. : pp.361-365.

Martin, S. and Tait, J. (1992) "Attitudes of selected public groups in the UK to biotechnology", J. Durant (ed.), *Biotechnology in Public : a Review of Recent Research*, Science Museum, London : pp.28-41.

Marris, C., et al. (2001) *Public Perceptions of Agricultural Biotechnologies in Europe(PABE)*, final report of EU research project, FAIR CT98-3844(DG12-SSMI).

Shineha et al. (2018) "Comparative Analysis of Attitudes on Communication toward Stem Cell Research and Regenerative Medicine between the Public and the Scientific Community", Stem Cells Translational Medicin : 7 (2), pp.251-257.

Wynne, B. (1996) "Misunderstood misunderstandings : social identities

5. 리스크 커뮤니케이션에서 프레이밍의 역할

and public uptake of science," Alan Irwin & Brian Wynne (eds.) *Misunderstanding science? The public reconstruction of science and technology*, Cambridge University Press, pp.19-46.

6 │ 식품안전과 리스크 커뮤니케이션

│ 호리구치이츠코(堀口逸子)

《학습포인트》 이 장에서는 식품안전에 관한 사고방식에서 리스크 커뮤니케이션의 전략에 대해서 설명한다. 리스크 커뮤니케이션의 진행방법을 제시한 후, 식품과 방사성 물질이라는 복합적인 사례를 통해 리스크 커뮤니케이션의 전략에 대해서 설명한다. 전략에 있어서 리스크 비교나 리스크 인지를 어떻게 파악하는지 요점을 정리한다. 리스크 커뮤니케이션 전략의 중요성을 확인한다.

《키워드》 식품안전, 식중독, 식품 첨가물, 방사성 물질, 내각부 식품안전위원회, 리스크 분석

1. 식품안전에 관한 논의

1980년대부터 유럽이나 미국에서 식품의 안전성 확보에 대해 국제적인 논의가 이루어졌다. 그중에서 코덱스위원회(Codex Alimentarius Commission(CAC) 국제식품규격위원회)에서 리스크 분석이라는 개념이 제시되었다. 그것은 리스크 평가, 리스크 관리, 리스크 커뮤니케이션의 3가지 요소로 이루어진다. 코덱스위원회는 소비자의 건강보호, 식품의 공정한 무역촉진 등을 목적으로 해서 1963년에 국제연합식량농업기구(Food and Agriculture Organization of the

United Nations(FAO))와 세계보건기구(World Health Organization (WHO))가 공동으로 설립한 정부 간의 조직이다. 2022년 현재 회원국은 180개국 이상이며, 일본은 1966년부터 가입하고 있다.

코덱스위원회는 2003년 식품의 안전 확보에 대한 국제적 합의로서 국민건강보호 우선, 과학적 근거 중시, 관계자 상호 간의 정보교환과 의사소통, 정책결정 과정 등의 투명성 확보 개념을 제시하고, 그 방법으로서 「리스크 분석」의 도입과 농장에서 식탁까지의 일관된 대책을 제시하였다.

2. 광우병(BSE) 문제

2000년초 광우병(BSE)이라 불리는 소해면상뇌증(Bovine Spongiform Encephalopathy) 과 관련된 사회문제가 발생했다. 광우병(BSE)은 영국에서 1980년대 처음 확인된 소의 감염증이다. 사람이 광우병에 걸린 소의 특정 부위, 뇌, 척수, 중추신경계와 관련된 부위를 섭취, 즉 비정상 프리온을 섭취함으로써 변이형 크로이츠펠트야콥병(vCJD)이 발병했다. 일반적으로 크로이츠펠트야콥병은 신경난치병의 하나로, 우울증, 불안 등의 정신증상으로 시작되어 진행성 치매, 운동실조 등을 보이며 발병 후 1년~2년 만에 전신쇠약·호흡부전·폐렴 등으로 사망하는 질병이다. 영국에서는 광우병에 의해 370만 마리의 소가 살처분 되었고 178명의 vCJD 발병이 보고되었다. 발병하여 사망한 병든 소는 18만 마리이지만, 감염되어도 발병하기 전에 대부분의 소는 식용으로 사용되며 발병할 때까지 살아 있는 소는 감염된 소 전체의 1/5~1/10이라고 한다. 따라서 5000~1만 마리의 감염된 소를 식용으로 하면 1명의 vCJD 환자가 발생하는 계산이 된다.

일본에서는 2001년 9월 치바현(千葉県)에서 감염이 의심되는 소가 발견됐다. 일본 정부는 EU(유럽연합)와 같은 안전대책을 도입해서 소의 육골분말과 특정 부위의 사용을 금지하고 월령 30개월 이상의 식용육에 대한 검사를 계획했다. 그러나 검사는 모든 소를 대상으로 해야 한다는 목소리가 확산되어 월령이 어린소의 검사는 과학적으로 의미가 없다는 후생노동성 장관의 반대를 무릅쓰고 광우병 감염소 발견 다음 달인 10월부터 농림수산성 장관의 정치적 판단에 따라 전 월령 검사, 이른바 전두 검사가 개시되었다. 그 이후로 일본에서 변이형 크로이츠펠트야콥병 환자는 발생하지 않았다.

3. 일본의 식품안전과 리스크 커뮤니케이션

(1) 리스크 분석의 도입 계기

2002년 4월 농림수산장관과 후생노동장관의 민간자문기관인 광우병 문제에 관한 조사검토위원회가 보고서(농림수산성, 2002)를 발표하고 광우병 감염소 대책에 대한 행정 대응에 대해서 검증했다. 이 보고서에서는 리스크 커뮤니케이션에 대해 전문가의 의견을 적

6. 식품안전과 리스크 커뮤니케이션

절히 반영하지 않는 행정으로서「행정과 과학 간의 정보와 의사소통을 원활히 하여 상호신뢰를 확립하는 리스크 커뮤니케이션도 부족했다」라고 지적하고 있다. 또한, 법률과 제도의 문제점과 개혁의 필요성으로서 소비자의 보호를 기본으로 하는 포괄적인 식품안전을 확보하기 위한 법률의 부재와 함께,「리스크 분석을 도입하는데도, 과학적인 리스크 평가를 담당하는 조직을 찾을 수 없다」라고 했다. 또한「소비자 보호를 책임질 수 있는 조직도, 정보공개와 조직 간의 리스크 커뮤니케이션을 진행하는 조직도 없었다,」라고 지적하고 있다. 그리고 식품의 안전성 확보와 관련된 조직체제의 개념으로서 리스크 분석을 기반으로 한 조직체제의 정비를 들며「리스크 평가 결과는 공개되는 동시에 일반인도 쉽게 이해할 수 있고 이용될 수 있어야 한다. 따라서 리스크 평가를 수행하는 독립된 행정기관에 소비자·국민과의 리스크 커뮤니케이션을 담당하는 부서를 설치하는 것이 필요하다」라고 하고 있다.

이 보고서에 따라 2003년 식품안전기본법이 제정되었으며, 그 중 리스크 분석의 개념이 도입되었다. 그리고 내각부 산하에 리스크 평가기관으로서 식품안전위원회가 설립되었다.

(2) 내각부 식품안전위원회의「식품안전에 관한 리스크 커뮤니케이션 방향에 대한」보고서

식품안전분야의 리스크 커뮤니케이션을 어떻게 하는가에 대해서는 국내외의 많은 기관이 정리해 공표하고 있다. 2003년 설치된 식품안전위원회는 다음 해인 2004년 「식품안전에 관한 리스크 커뮤니케이션의 현황과 과제」, 2006년 「식품안전에 관한 리스크 커뮤니케이션의 개선방향」을 정리했다. 그리고 설립된 지 10여 년이 지난 2015년 5월 「식품안전에 관한 리스크 커뮤니케이션의 기본방향에 대하여」 보고서(内閣府食品安全委員会, 2015)를 작성하여 기본적인 개념을 제시하였다. 이 보고서는 식품안전위원회는 물론 기타 행정기관이나 식품안전에 종사하는 관계자에 의해 폭넓게 활용될 것으로 기대하고 있다.

보고서는 「리스크 커뮤니케이션은, 알기 쉽게 말하면, 리스크 대상과 그에 대한 대응에 대해서 관계자 상호 간의 정보·의견을 교환하고 그 과정에서 관계자 간의 상호이해를 깊게 하여 신뢰를 구축하는 활동이다. 그 활동은 관계자가 한자리에 모여서 의견을 교환할 뿐만 아니라, 다양한 매체를 통한 정보제공 등 폭넓게 이루어진다. 리스크 커뮤니케이션의 목적은 설득이 아닌 「대화·협동·공론화」(engagement)의 활동이다. 이것은 국민이 사물의 결정에 관계자로서 관여한다고 하는 공민권이나 민주주의의 철학·사상을 반영한 것이기도 하다.」라고 명기되어 있다.

또한, 리스크 커뮤니케이션의 목표로서 「리스크 커뮤니케이션은 충분한 정보제공을 근거로 하는 관계자 간의 양방향 정보·의견의 교환이다. 이러한 대응은 관계자가 함께 생각하고, 입장을 상호이해하고, 신뢰를 확보하는 것을 목표로 한다. 그 결과 합의형성에 도달할 수도 있지만, 합의형성이 주목적이 아닌 경우도 유의해 두어야 한다. 또한, 소비자의 식품안전과 관련된 다양한 의사결정이 편향된 정보에 좌우되지 않고, 과학적 근거를 기준으로 합리적으로 행해지도록 지원하는 것이 목표이다.」라고 명기되어 있다. 입장을 서로 이해하고 신뢰를 확보하는 것 등은 리스크 커뮤니케이션의 진행 방법(그림6-1) 그 자체이다.

4. 리스크 커뮤니케이션을 위해 필요한 정보

리스크 커뮤니케이션을 실시할 때 정보를 제공 받는 사람 측의 지식이나 습관, 신념이나 우려에 대해 이해하는 것이 매우 중요하다(WHO, 2020). 그러나 유감스럽게도 일본에서는 지속적으로 국민의 리스크 인지 등을 파악하는 시스템(조사)은 없다. 그 때문에, 어떠한 위기가 발생했을 때 그것들을 모르고 정보를 제공하고 있는 현상이 있다. 사회적 혼란을 일으키거나 조장하는 리스크를 리스크 관리기관이 안고 있는 셈이다.

(1) 식품에 관한 리스크 인지

식품안전위원회에는 공모를 통해 선정된 식품안전 모니터가 있다. 그 모니터를 대상으로 해서 1년에 1회 설문지 조사를 하고 있다. 거기에서는, 일상생활을 둘러싼 분야별 불안의 정도를 지속적으로 질문하고 있다. 「자연재해」, 「감염증」, 「범죄」, 「경제 불안」, 「교통사고」, 「환경문제」, 「원자력발전 사고」, 「전쟁·테러」, 「식품안전」의 9개

분야 중에서 「식품안전」은 최근 6년 연속 불안 정도가 가장 낮아지고 있다. 또한, 식품 해저드별로도 지속적으로 불안 정도를 질문하고 있다. 불안해하는 사람의 비율이 높은 해저드는, 「유해 미생물에 의한 식중독」이 2012년 이후 연속 1위이다. 그리고 소위 「건강식품」이나 「곰팡이 독」이 60% 이상으로 2위와 3위를 달리고 있다. 「식품첨가물」이나 식품에 의도적으로 첨가·관리되는 「잔류농약」에 관해서는 시간이 지나면서 점차 감소하고 있다. 「식품첨가물」은 2011년 이후 상위 5위 이내에는 포함되어 있지 않다(표 6-1). 또한, 불안의 정도는 여성보다 남성이 상당히 낮았고, 식품 분야에서의 직업 경험이 있는 사람이 경험이 없는 사람보다 낮았다(Abe et al, 2020).

표 6-1. 식품 안전성의 관점에서 불안을 느끼는 해저드 순위

	1위	2위	3위	4위	5위
2018년	식중독	약제내성균	건강식품	곰팡이 독	알레르기 물질
2017년	식중독	건강식품	곰팡이 독	약제내성균	알레르기 물질
2016년	식중독	건강식품	곰팡이 독	약제내성균	방사선물질
2015년	식중독	건강식품	방사선물질	오염물질	약제내성균
2014년	식중독	방사선물질	건강식품	잔류농약	약제내성균
2013년	식중독	방사선물질	오염물질	건강식품	잔류농약
2012년	식중독	방사선물질	오염물질	잔류농약	약제내성균
2011년	방사선물질	식중독	잔류농약	오염물질	약제내성균
2010년	식중독	잔류농약	약제내성균	오염물질	식품첨가물
2009년	식중독	오염물질	잔류농약	약제내성균	기구 용기 포장
2008년	식중독	오염물질	잔류농약	약제내성균	기구 용기 포장

	1위	2위	3위	4위	5위
2007년	오염물질	잔류농약	식중독	약제내성균	식품첨가물
2006년	오염물질	잔류농약	식중독	약제내성균	광우병(BSE)
2005년	오염물질	잔류농약	약제내성균	식중독	유전자변형식품
2004년	오염물질	잔류농약	약제내성균	식중독	식품첨가물

(출처: Abe 등의 논문에서 인용)

(2) 우선적으로 제공해야 할 식품안전에 관한 정보

식품안전위원회에서는 2018년 델파이법[1](Linstone et al, 1975)을 이용한 설문 조사를 실시하였다. 조사대상은 식품안전위원회 전문조사회 전문위원, 전국 지자체의 식품안전 담당 직원, 식품안전 모니터의 3개 그룹이다. 소비자에게 전달해야 할 식품안전에 대한 정보는 무엇인지 묻고 있다. 그 결과를 표 6-2에 나타낸다(Horiguchi et al, 2022). 조사 대상자가 달라도 공통적으로 상위에 오른 것은 「리스크의 개념」, 「안전과 안심의 차이」로 이것은 식품 분야에 한정되지 않고 리스크에 관련된 기본적 사항이다. 해저드는 식중독이나 건강식품이 상위에 있으며, 이것은 앞서 언급한 식품안전 모니터링 조사에 의한 각 해저드에 대한 불안감의 결과와 다르지 않다.

---

[1] 델파이법은 질적조사법의 하나로, 전문가를 대상으로 한 설문지 조사이다. 대상자 간의 의견 우선도가 밝혀진다. 회답자수는 20명 이상으로, 일부의견의 영향을 받지 않도록 회답은 무기명으로 행해진다. 설문에 대한 의견을 자유기술로 응답받아 얻은 결과를 피드백하고, 다른 참가자의 의견도 볼 수 있도록 하면서, 각 의견에 대해 우선순위를 매긴다. 우선순위가 높은 의견에 높은 점수를 부여하고, 각 의견의 총득점을 집계해, 결과를 재차 피드백한다. 각 의견의 우선순위를 확인받고, 재차 우선순위를 매긴다. 이것에 의해 대상자 사이에서 수렴된 견해를 우선순위로 명확히 할 수 있다.

표 6-2. 음식안전에 관해 소비자에게 필요한 지식은 무엇인가

순위	전문위원	지자체 직원	식품 안전 모니터
1	리스크 개념 건강식품	생식의 위험성	안전과 안심
2		캄필로박터에 의한 식중독	장관출혈성 대장균에 의한 식중독
3	안전 비용과 적절한 리스크 관리	식중독 예방과 대책	노로바이러스에 의한 식중독
4	안전과 안심의 차이	음식의 안전과 안심의 사고방식 노로바이러스에 의한 식중독	건강식품
5	자연독(동물성, 식물성)에 의한 식중독		식품에 표시
6	식품 첨가물 식물 알레르기	식품의 안전성에 대한 사고방식	수입식품의 안전성
7		리스크 분석	시민 계발 활동
8	식중독의 원인과 예방	장관출혈성 대장균에 의한 식중독	식품 제조·유통업에서의 위생 관리
9	유전자변형식품	건강식품	HACCP의 제도화
10	급성 영향과 만성 영향의 차이	HACCP의 제도화 식품에 표시	음식물 알레르기

(출처: Horiguchi 등의 논문에서 인용)

5. 식품안전에 관한 리스크 커뮤니케이션 사례

여기에서는 식품안전, 그리고 방사성 물질과 관련된 리스크 커뮤니케이션의 사례를 소개한다.

(1) 식품 중에 포함된 방사성 물질에 관한 검사 가이드라인

2011년 3월 11일 도쿄전력 후쿠시마 원자력발전소의 사고 영향으로 공중에 비산된 방사성 물질 세슘으로 인해 식품이 오염되는 사태가 발생했다. 3월 17일 식품위생법에 근거한 방사성 물질의 잠정 규제치가 설정되어 식품안전위원회에 평가 요청이 있었다. 식품안전위원회는 3월 29일 긴급정리를 했다. 이 결과를 바탕으로 4월 4일 「검사 계획, 출하 제한 등의 품목·구역의 설정·해제의 사고방식(초판)」(소위 가이드라인)이 정리되었다.

리스크 평가를 계속하고 있던 식품안전위원회는 10월 27일 그 결과를 정리하였으며, 후생노동성은 2012년 4월 새로운 기준치를 설정했다. 가이드라인은 그 후 검사결과, 저감대책 등의 지식축적, 국민의 식품섭취 실태 등을 토대로 2022년 2월 현재까지 9회에 걸쳐 개정되었다. 이번에는 2017년 3월 가이드라인 개정에 있어 리스크 커뮤니케이션에 대해 소개한다.

(2) 테마와 목표 설정

이 사례의 주제는 「식품 내에 포함된 방사성 물질검사의 향후방향을 어떻게 할 것인가」이며, 그 목표는 리스크 커뮤니케이션 진행방법의 최종단계인 「행동변화」이다(그림 6-1). 정보 제공으로부터 상호이해나 신뢰관계를 구축하고 리스크의 수용을 거쳐 행동변화까지는 시간이 필요하다.

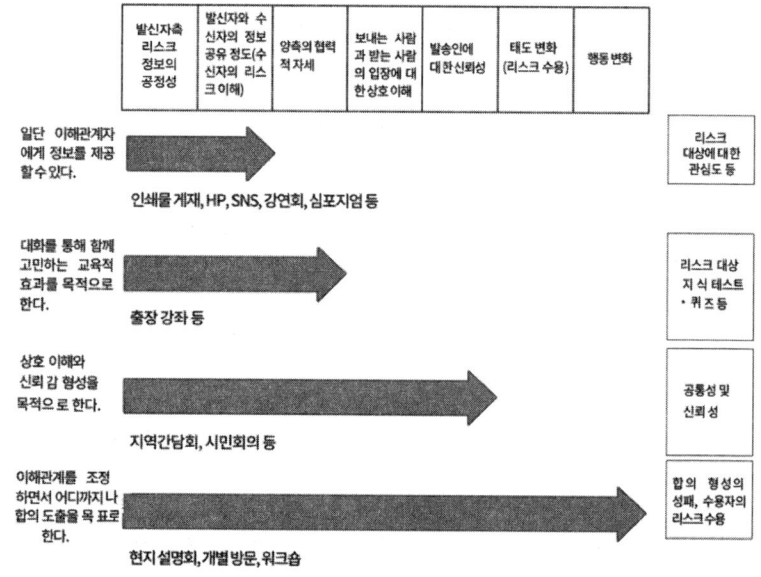

그림 6-1. 리스크 커뮤니케이션의 진행 방법

(출처: 木下(2008, 2009)をもとに, 追手門学院大学 金川智惠が図表作成)

6. 식품안전과 리스크 커뮤니케이션

2014년 공익재단법인 원자력안전연구협회가 환경성의 위탁사업으로 실시하고 있던 교육에 리스크 커뮤니케이션이 포함되어 있었다. 이 교육은 도쿄전력후쿠시마 원자력발전소의 사고 이후부터 실시되어 2021년 현재도 계속되고 있다. 연수 수강자는 후쿠시마현을 중심으로 가까운 지자체의 직원 등이었다. 참석자인 치바현(千葉県) 농림관계 부서 직원으로부터 식품에 포함된 방사성 물질의 검사결과는 검출 한계 이하의 식품이 대부분이며, 언제까지 이 검사를 해 나갈 것인지, 리스크 커뮤니케이션을 통해 어떻게 할 것인지를 관계자가 결정해 갈 수 있지 않을지 상담이 있었다. 상사에게 상담했더니 「리스크 커뮤니케이션은 심포지엄」이라고 했으나, 심포지엄 예산도 없었다. 그리고 그를 포함한 많은 지자체 직원들은 「잠자는 아이를 깨우지 말라」는 말도 내부에서 들었다. 회복기의 리스크 커뮤니케이션에 대한 이해가 부족하고 또한, 착수하는 것에 심리적 부담이 크고 어렵다고 생각되었다.

이 시점에서는 테마는 분명하지만 협력자가 있는지, 얻을 수 있는지, 현재상황의 사회자원을 포함해 정보를 거의 갖고 있지 않았다.

(3) 관동권 5개 현의 움직임

가이드라인에서는 검사를 필수로 하는 대상 지자체나 검사방법이 정해져 있다. 검사의 대상이 되었던 지자체는 17개 도현(道県)이였지만, 실제로는 45개 도도부현(都道府県)이 검사를 하고 있었다. 또한, 검사품목이나 그 수는 각 지자체가 정한다. 치바현 직원으로부터 상담에 대해서 검사품목이나 그 수를 어떻게 결정하고 있는지, 검사 결과나 검사 이후의 방향성에 대해 어떻게 생각하고 있는지, 인근 현의 정보를 가지고 있는지 확인했다. 정보교환의 기회는 없고 연락을 주고받는 일도 없어서 상황을 알 수 없다는 것이었다. 그래서 가까운 현과 협조하여 정보교환 회의 개최를 제안했다. 일본에서는 한 곳의 지자체만으로 나라의 규칙을 바꾸어서 진행하는 사례가 없다. 그러면 지자체장의 강력한 리더십이 필수다. 관동권에서 보조를 맞추고 공동의 움직임을 할 수 없는지 모색하기로 했다. 관동권에는 대소비지인 도쿄도(東京都)와 가나가와현(神奈川県)이 포함된다.「지자체」라고 하는 의미에서는 동질적이지만, 생산과 소비의 측면에서 보면 그 외 5개 현과는 이해관계자의 관계이다. 그래서 생산현(県)을 중심으로 회합을 갖는 것이 가능한지 농림수산성 관동농정국에 문의했지만 어렵다는 회답이었다. 그래서 치바현에서 사이타마(埼玉), 이바라키(茨城), 군마(群馬), 도치기(栃木)등 4개 현에 연락을 취해서 자발적으로 다 같이 모이게 되었다. 각 현이 치바현의 제안으로서 회합 갖는 것을 찬성한 것은 치바현 직원의 마음과 같았기 때문일 것이다.

　회의는 각 현이 모이기 쉬운 장소로서 사이타마현이 회의장소로 지정되었다. 각 현의 실정을 알리기 위해 농림수산성 생산국에 출석을 의뢰했다. 거절당해도 어쩔 수 없다고 생각했지만, 농림수산성 생산국의 담당자도 참석을 승낙하여 정부기관을 포함한 정보공유의 장이 되었다. 각 현의 담당자는 중간사업자로부터「소비자가 기피하고 있다」는 말을 계속 듣고 있었지만, 정말 그런지 알 수가 없었다. 대형유통 사업자나 생활협동조합연합회에도 건의해서 회합에 참가하였다. 검사결과를 서로 공유하고, 또한, 소비자로부터의 질의현황 등을 공유했다. 참고로 중간사업자가 조사해서 소비자의 의견을 듣고 있다는 것은 확인할 수 없었다.

(4)「평판훼손」피해와 중간사업자

평판훼손 피해의 메커니즘은 우선「사람들은 안전한지 위험한지 판단하기 어렵다」,「사람들이 불안하게 생각해서 상품을 구매하지 않을 것」이라고 시장 관계자·유통업자가 가정한 시점에서 거래를 거부해, 가격하락이라고 하는 경제적 피해가 발생한다. 따라서「경제적 피해」,「사람들은 안전한지 위험한지 판단하기 어렵다」,「사람들의 악평」은 정치가·사업 관계자, 과학자, 평론가, 시장 관계자가 생각하는 시점에「평판훼손 피해」가 발생한다(関谷, 2003). 회의에서 유통사업자는 소비자로부터의 문의도 급감하고 있기 때문에,「사람들이 불안해하여 상품을 사지 않을 것이다」라기 보다는「구입하는 것이 아닌가」라는 생각을 갖고 있다. 지자체와 같이 검출 한계 이하의 검사결과가 계속되고 있어 언제까지 검사를 계속하는 것일까 라는 고민도 있었다. 기업의 입장에서는 비용도 큰 부담이 되었을 것이다. 시장관계자의 중간유통업자는, 아직도「사람들이 불안하게 생각해서 상품을 사지 않을 것이다」라고 하는 공통의 인식을 갖고 있다.

(5) 각 현의 중간 사업자에 대한 설명

회의를 거듭함에 따라 중간사업자에 대한 설명이 필요하다는 공통인식이 생겨났다. 각 지자체의 「보리(麦)」를 취급하는 사업자 모임에서 검사에 관한 설명시간을 사업자 단체에 요청했다. 설명 내용은 농림수산성 홈페이지에 개시되어 있는 검사결과와 생산현장에서의 리스크 관리나 방사성 물질 세슘에 관한 기본적 사항이다. 공통 자료는 저자와 농림수산성에서 작성했다. 홈페이지에서 엑셀표를 다운로드 해서 5개의 현별로, 5개현의 전체에 대해 집계했다. 리스크 관리에 있어서 홈페이지 자료를 단순화하고 농림수산성에 오류가 없는지 체크를 요청하였다. 또한, 실제 설명에 앞서 설명자에게 리스크 커뮤니케이션의 트레이닝으로서 조심해서 사용해야 하는 내용을 제시하고 주의점을 설명했다.

각각의 현이 설명을 마친 후 회합에서 판명된 것은, 중간사업자는 방사성 물질 세슘이나 그 검사, 그리고 생산현장의 대처에 대해서 지진 재해 이후, 한 번도 설명을 들은 적이 없었다는 것이었다. 리스크 커뮤니케이션으로서 소비자청을 중심으로 진행된 의견교환 회의 등에 참가한 경험도 없었다. 소비자의 이해도 중요하지만, 평판 훼손 피해의 메커니즘에서도 소비자에게 식품이 도착할 때까지 관련된 사업자에 대한 세심한 정보제공과 의견교환이 결여되어 있었다. 이것은 「대화를 통해 공론화하는 교육 효과」(그림 6-1)의 예로서 언급되고 있는 사전방문 강좌에 해당하는 것은 아닐까. 또는 동업이 아닌 사업자가 모인다고 하면 「상호이해나 신뢰감의 양성」(그림6-1)에 해당하는 회의가 아닐까. 이러한 것들 없이 리스크를 수용하는 것은 어렵다.

(6) 관계부처 전략 수립

리스크 커뮤니케이션은 전략과 그에 걸맞은 전술이 중요하다. 전략과 전술은 리스크 커뮤니케이션의 진행 방법(그림 6-1)을 참고로 생각할 수 있다. 2016년 3월 농림수산성 소비안전국 과장과 상담이 이루어졌다. 향후 검사의 방향을 어떻게 할 것인지, 구체적으로 가이드라인을 개정할 것인지 어떻게 할 것인지에 대해서 리스크 커뮤니케이션을 실시하는 것이었다. 지금까지의 가이드라인 개정은 리스크 커뮤니케이션을 실시하지 않았다. 리스크 커뮤니케이션의 진행 방법(그림 6-1)을 제시하면서 전략과 전술을 정립하도록 조언했다. 또한, 지금까지의 관동권 5개 현의 대처와 내용도 알게 되었으며 농림수산성 생산국 직원이 참가했다는 소식도 전했다.

(7) 리스크 비교

일반적으로 리스크를 비교해도 그 리스크는 받아들이기는 어렵다. 따라서 리스크 비교를 메시지에 포함시키는 것에는 주의를 요한다. 도쿄전력 후쿠시마원자력발전소의 사고에서 「이 사고에 따른 방사선 피폭의 리스크는 엑스레이 촬영이나 CT 스캔 등 의료 피폭의 리스크보다 작다」는 표현이 부적절해 신뢰를 잃는다는 것이 IAEA(국제원자력기구)의 지적이다. 왜냐하면 이미 리스크에 직면하고 있는 상황이었다는 점과 또한, 의료에서 방사선 피폭은 진단 치료에 도움이 되고 스스로 부담할지 여부를 결정할 수 있는 것에 비해서 사고는 불가항력적이고 수동적으로 부담해야만 했기 때문이다.

표 6-3의 리스크 비교에 수용 가능성을 5단계로 분류해 나타냈다 (Cvello, 1989). 2016년에는 사고 후부터 5년간의 검사 결과가 나와 시간에 따른 변화를 알 수 있다. 그 시간에 따른 변화에서 제1순위는 「가장 받아들일 수 있는 비교」에 해당한다는 것도 전했다.

표 6-3. 리스크 비교와 수용

리스크 단계	내용	예시
제1순위	가장 수용 가능한 비교	- 시기가 다른 동일한 리스크 비교 - 기준과의 비교 - 동일한 리스크에 대한 다른 평가 비교
제2순위	제1순위보다 바람직하지 않은 비교	- 무엇인가 실시하는 리스크와 그것을 실시하지 않는 것의 비교 - 동일한 문제에 대한 다른 해결책 간의 비교 - 다른 장소에서 일어난 동일한 리스크와 비교
제3순위	제2순위보다 바람직하지 않은 비교	- 평균적 리스크와 특정 시기나 장소에서의 최대 리스크와의 비교 - 어떤 악영향을 미치는 하나의 원천에 기인하는 리스크와 동일한 영향을 미치는 모든 원천에 기인하는 리스크 비교
제4순위	조금만 받아들일 수 있는 비교	- 비용과의 비교, 또는 비용/리스크 대비와의 비교 - 리스크와 편익의 비교 - 직업리스크와 환경리스크의 비교 - 동일한 원천에 기인하는 다른 리스크와의 비교 - 동일한 질병이나 부상을 초래하는 다른 특정 원인과의 비교
제5순위	거의 받아들일 수 없는 비교	- 관계없는 리스크와의 비교(원자력과 흡연, 자동차 운전, 낙뢰 등의 비교)

(출처: Cvello VT 등의 논문에서 인용)

(8) 관계부처에 의한 리스크 커뮤니케이션 실천

 농림수산성이 대처한 것의 하나는, 가이드라인에 의해 검사가 필수로 된 17개 도현의 담당 부서를 모은 의견교환회(비공개)나 자치단체에 대한 설문조사 실시였다. 이것은 「대화를 통해서 공론화 한다.」(그림 6-1)일 것이다.

 다른 하나는 소비자 단체, 식품관계사업자, 생산자 단체, 수출촉진관계자, 미디어 관계자, 학식 경험자 등 이해관계자 71인에 대한 공청회 실시이다. 이것은, 「이해 조정을 하면서 어디까지나 합의형성을 목표로 한다.」(그림 6-1)는 대처이며, 예로서 얼굴을 마주하는 호별 방문에 해당한다. 설문조사결과에서는 약 70%의 단체 등이 가이드라인 개정에 찬성으로, 대다수가 찬성이라는 의견이었다(農林水産省, 2017). 여기에서 제시된 가이드라인의 개정안은 검사대상 자치단체와 대상품목의 재검토, 즉 검사의 「합리화」, 「효율화」이다.

 후생노동성·농림수산성·내각부 식품안전위원회·소비자청의 4개 부처가 주최하는 의견교환회의는 1년간 총 5회 개최되었다.

 처음 2회는 5년간의 검사결과를 제시하고 현상에 대해 공유하는 것을 목적으로(消費者庁, 2016), 후쿠시마(福島)와 도쿄(東京)에서 개최되었다. 그러나 참가하고 있던 소비자로부터는 기준치를 한층 더 낮게, 요컨대 엄격하게 설정할 것을 요구하는 소리가 들렸다. 이와 같이 의견교환회의에서는 본래 논의의 목적에서 벗어난 의견도 묻는 상황이 발생했다. 한정된 시간을 유효하게 활용하기 위해서, 의견교환의 용이함(facilitation)이 중요하다. 또한 서일본의 지자체로부터 참가자까지, 정보부족이 지적되었다. 따라서 2017년 1월부터 구체적인 개정안을 나타낸 의견교환회의(소비자청, 2017)에서는, 지난번 개최지에 오사카를 추가해 3개소에서 개최했다. 농림수산성과 후생노동성으로부터의 프레젠테이션에서는 사전협의를 하여 오해가 생기지 않도록 금기 용어를 확인하고 자료에도 반영시켰다. 「효율화」, 「합리화」 용어를 사용하고, 「축소」 용어는 사용하지 않았다. 의견교환회의를 보도하는 신문 표제에는 「축소」라고 쓰여졌지만, 큰 사회적 혼란으로 이어지지는 않았다.

 의견교환회의 설문조사 결과에서는 가이드라인 개정안에 반대하는 사람의 비율은 낮고 의견표명 없음이 80%였다. 앞서 기술한 이해관계자 71인에 대한 설문 결과 등에서 국가는 2017년 3월 가이드라인을 개정했다(후생노동성, 2017). 검사 대상 지자체가 재검토되어 17개 도현에서 3개현으로, 검사대상품목도 재검토 되었다. 가이드라인 본문 중 「개정 취지」에는 「2016년도에는 원전사고로부터 5년 이상 지나 방사성 물질농도가 전체적으로 저하하는 경향이고 기준치를 넘는 품목도 한정적인 것 등을 감안해서 검사대상 자치단체의 재검토 등 보다 합리적이고 효율적인 검사 방식에 대해 소비자를 포함한 관계자의 의향을 파악한 후 검토가 이뤄졌다」고 기술되어 있다. 「이 소비자를 포함한 관계자의 의향을 파악한 후 검토가 이뤄졌다」는 한 문장에서 리스크 커뮤니케이션을 실시했다는 것을 알 수 있다.

6. 전략과 평가

리스크 커뮤니케이션의 전략이 세워졌는지 실제로는 알 수 없다. 사회적 혼란이 생기면「리스크 커뮤니케이션이 되어있지 않다」는 비판도 듣는다. 우선은 일상의 리스크 커뮤니케이션이 중요하다. 비상사태와 같은 사회적 혼란이 발생하고 있을 때 황급히 대응해도 일상화되지 않는 일을 할 수 있다고는 생각하기 어렵다. 또한, 리스크 커뮤니케이션이 실시주체에 의해 평가되고 있는지도 알 수 없다. 평가 결과에 따라 개선되는 리스크 커뮤니케이션을 추진해 나가야 한다. 실시주체가 되었을 경우 전략뿐만 아니라 평가까지 생각해야 한다.

참고문헌

厚生労働省(2017) 原子力災害対策本部. 検査計画, 出荷制限等の品目・区域の設定・解除の考え方.
　https://www.mhlw.go.jp/file/04-Houdouhappyou-11135000-Shokuhinanzenbu-Kanshianzenka/0000156398.pdf

消費者庁(2016) 食品に関するリスクコミュニケーション~食品中の放射性物質に対する取組と検査のあり方を考える~開催概要(福島会場).
　https://www.caa.go.jp/disaster/earthquake/understanding_food_and_radiation/r_commu/160829_koriyama_giji.html

消費者庁(2016) 食品に関するリスクコミュニケーション~食品中の放射性物質に対する取組と検査のあり方を考える~開催概要(東京会場).

https://www.caa.go.jp/disaster/earthquake/understanding_food_and_radiation/r_commu/160902_tokyo_giji.html

消費者庁(2017) 食品に関するリスクコミュニケーション~食品中の放射性物質の検査のあり方を考える~開催概要.

https://www.caa.go.jp/disaster/earthquake/understanding_food_and_radiation/r_commu/17_0130_0202_0217_giji.html

関谷直也(2003)「風評被害」の社会心理—「風評被害」の実態とそのメカニズム—, 災害情報1(0), pp.78-89

内閣府食品安全委員会企画等専門調査会(2015) 「食品の安全に関するリスクコミュニケーションのあり方について」報告書.

https://www.fsc.go.jp/osirase/pc2_ri_arikata_270527.data/riskomiarikata.pdf

農林水産省(2002) BSE 問題に関する調査検討委員会報告. BSE 問題に関する調査検討委員会.

https://www.maff.go.jp/j/syouan/douei/bse/b_iinkai/pdf/houkoku.pdf

農林水産省(2017) ~平成29年度以降の検査の合理化・効率化に関する関係者の意見の概要~.

https://www.maff.go.jp/j/syouan/seisaku/radio_nuclide/attach/pdf/index-4.pdf

Abe A, Koyama K, Uehara C, Hirakawa A, Horiguchi I (2020) Changes in the Risk Perception of Food Safety between 2004 and 2018. Food Safety. 8 (4), pp.90-96

Cvello VT, Sandman PM, Slovic P. (1989) *Risk Communication, Risk Statistics, and Risk Comparisons: A Manual for Plant Managers.* Chemical Manufacturers Association.

6. 식품안전과 리스크 커뮤니케이션

Horiguchi I, Koyama K, Hirakawa A, Shiomi M, Tachibana K, Watanabe K(2022) The importance and prioritization of information communicated to consumers regarding food safety. Food Safety. 10(1), pp.43-56

Linstone H A, Turoff M, ed. (1975) The Delphi method : techniques and applications. Reading, Mass : Addison-Wesley.

World Health Organization (2020) Emergencies : Risk communication. https://www.who.int/news-room/questions-and-answers/item/emergencies-riskcommunication

7 | 화학물질의 리스크 커뮤니케이션

| 키시모토아츠오(岸本充生)

《학습포인트》 화학물질 분야는 리스크 개념이 가장 빨리 도입된 분야 중 하나이며, 리스크 평가기법도 일찍부터 확립되었다. 리스크 커뮤니케이션이라는 단어는 「특정화학물질의환경배출량파악및관리개선촉진에관한법률(화학관리법)」의 제정과 「안전·안심」붐을 타고 보급되어 2000년대 초반에는 리스크 커뮤니케이션 붐이라고 할 수 있는 상황이 조성되었다. 그러나 최근 리스크 커뮤니케이션 활동이 정체되고 있는 것처럼 보인다. 본 장에서는 사업장 차원의 인근주민에 대한 화학물질 리스크 커뮤니케이션에 초점을 맞추어, 전반에는 화학물질의 리스크와 리스크 평가에 대해, 후반에는 리스크 커뮤니케이션의 실제에 대한 현황과 과제를 설명한다.

《키워드》 화학물질, 유해성, 노출량, 리스크 평가, 해결지향 리스크 평가, PRTR 제도

1. 화학물질의 기초지식

(1) 화학물질에 대한 오해

화학물질은 우리 주변에 흔히 볼 수 있는 물질임에도 불구하고 오해를 받기 쉬운 대상이다. 2001년에 출판된 「화학물질의 리스크 커

뮤니케이션 수법 가이드」에는 리스크 커뮤니케이션 실행 시에 관계자가 흔히 가지고 있는 10항목의 오해가 언급되었다(浦野, 2001). 어느 부분이 오해인지 생각하면서 이번 장을 읽어 주었으면 한다.
① 화학물질은 위험한 물질과 안전한 물질로 양분된다.
② 화학물질의 위험은 제로화할 수 있다.
③ 대형 언론의 정보는 신뢰할 수 있다.
④ 화학물질의 리스크에 대해서는 과학적으로 상당히 밝혀져 있다.
⑤ 학자는 객관적으로 리스크를 판단하고 있다.
⑥ 일반 시민들은 과학적 리스크를 이해 못한다.
⑦ 정보를 공개하면 불필요한 불안을 초래한다.
⑧ 많은 정보를 제공하면 이해를 얻을 수 있다.
⑨ 자세히 설명하면 이해나 합의를 얻을 수 있다.
⑩ 정보 제공이나 설명회, 의견 공모 등이 리스크 커뮤니케이션이다.

(2) 화학물질이란 무엇일까

화학물질은 원소와 화합물로 이루어져 있으며, CAS 번호(미국화학회 Chemical Abstracts 지에 의한 화합물 번호)가 붙어 있는 유기물질과 무기물질의 수는 1억개를 넘고 있으며 매일 15,000 물질이 추가되고 있다고 한다. 세상에 존재하는 물질은 모두 화학물질이며, 물이나 공기, 우리 자신도 화학물질 덩어리다. 그러나 일반적으로 「화학물질」이라고 할 때 암묵적으로 「인공화학물질」을 가리키는 경우가 많다. 그 배경에는 인공화학물질이 천연화학물질보다 위험하다는 선입견이 있다. 그러나 천연화학물질은 인공화학물질보다 안전하다는 보증은 전혀 없고 오히려 천연물에 강한 독성이 많은 것이 현실이다. 예를 들어 복어독인 테트라도톡신, 보툴리눔균이 생산하는 독소가 있는 보툴리눔톡신 등을 들 수가 있다. 또한, 다이옥신류도 인위적 활동이 없어도 발생한다고 하는 의미에서 천연화학물질이라고 할 수도 있다. 다시 말하면 인공화학물질에는 동물시험 등을 거쳐 안전성 심사를 받은 것이 많은 데 반해, 천연의 것에는 안전성에 관한 데이터가 부족한 것이 많다.

우리 생활은 인공화학물질 덕분에 편리하고 안전해졌다. 예를 들면 방역살충제 덕분에 2차 세계대전 후에 공중위생은 크게 개선되어 생물을 매체로 하는 전염병의 리스크를 크게 줄였다. 한편 20세기 후반 우리는 이타이이타이병, 2번의 미나마타병(水俣病), 욧카이치(四日市市)천식, 모리나가(森永) 비소우유 중독사건, 카네미유증 사건 등 화학물질의 섭취를 원인으로 생기는 공해나 식중독 사건을 경험했다.

(3) 노출과 영향의 분류

우리가 화학물질을 섭취하는 경로는 옥외의 대기나 실내의 공기를 흡입하는「흡입」, 식품이나 음료수로서 삼키는「경구」, 그리고 화장품 등을 통해 직접 피부에 닿는「경피」의 세 가지가 상정된다. 이것들은 해당 화학물질을 직접 섭취하는 직접 노출과 환경 중에 배출되어 환경매체를 경유한 후에 섭취하는 간접노출로 나뉜다. 후자

7. 화학물질의 리스크 커뮤니케이션

는 예를 들면 사업소에서 대기로 배출된 화학물질이 풀에 접촉하고 그 풀을 먹은 소의 고기를 통해 해당 화학물질을 우리가 섭취하는 경우 등에 일어날 수 있다.

노동환경에서 작업자에 대한 노출은 일반 환경과는 구별하여 취급된다. 그 때문에 작업환경 기준치와 일반 환경 기준치는 통상 다르며 후자 쪽이 엄격해진다. 이것은 전자의 경우는 성인이 중심인데, 후자는 어린이나 고령자 등 취약한 사람들도 널리 포함하기 때문이다. 2016년에 노동안전위생법이 개정되어 사업장에서 취급하는 640 물질에 리스크 평가나 라벨 표시가 의무화되어 노동자에 대한 리스크 커뮤니케이션도 강하게 요구되고 있다.

영향은 가시화될 때까지의 시간에 따라 급성 영향과 만성 영향으로 나뉜다. 화학물질의 독성 강도는 LD50(반수치사량[半数致死量])의 크기로 비교되는 경우가 많은데, 이는 노출 후 24시간 이내를 가리키는 「급성독성」의 하나의 지표이다. 급성독성에 대해서, 미량이지만 계속적으로 섭취함으로써 시간을 두고 영향이 나타나는 독성을 만성독성 혹은 장기독성이라고 부른다. 영향의 대상은 인간과 생태계로 나뉜다. 사람의 경우는 각자 개인에 있어서 건강 리스크가 문제가 되지만, 생태계에 대해서는 무엇을 지표로 할지 어렵다. 우리는 동식물을 먹고 있는 이상, 멸종 위기종을 제외하면 한 개체의 리스크를 논의하는 것에는 그다지 의미가 없다. 그 때문에 생태 리스크 평가에서는 개체군이나 종을 보호하는 것을 목표로 하여 실시되는 경우가 많다. 또한, 생태계를 보호하는 이유로는 인간을 위해 가치가 있기 때문이라는 생각에 더해 생태계 자체를 보호할 가치가 있다는 생각도 있다.

(4) 규제의 분류와 그 효과

화학물질이 인간이나 생태계에 미치는 리스크에 대한 규제는 사용 전에 심사하는「입구규제」와 사용 후 환경 내에 배출을 관리하는「출구규제」로 나눌 수 있다.

대기오염방지법과 수질오염방지법은 출구규제다. 입구규제에 대해서는 제2차 세계대전 직후의 혼란 속에서 독물이나 극물에 의한 타살이나 자살이 잇따랐기 때문에 1950년에「독물및극물단속법」이 시행된 것이 시초이다. 이 법률에서는 원칙적으로 LD50의 크기에 따라 화학물질이 규제되고 있다. 그러나 당시는 아직 만성독성, 즉 미량이지만 장기간 섭취함으로써 건강피해가 발생하는, 즉 섭취에서 피해 발생까지 시간이 걸리는 독성의 존재는 별로 알려져 있지 않았다. 1968년에 발각된 카네미유증사건(カネミ油症事件: 가습기살균제)을 계기로 폴리염화비닐(PCB) 등이 지금까지와는 다른 독성, 즉 난분해성, 고축적성, 장기독성을 겸비하는 것으로 밝혀졌다. 그 때문에, 이러한 특성(해저드로 불린다)을 가지고 있는지 어떤지를 신규화학물질 사용 전에 확인하기 위해, 화심법(화학물질심사및제조규제에관한법률)이 1973년에 성립했다. 화심법은 2003년 개정에서는 사람의 건강뿐만 아니라 수생생물의 보호도 법의 목적에 추가되었다.

하나의 사례로 도쿄도에서 벤젠의 대기 중의 농도 평균값 추이를 살펴보자(그림 7-1). 벤젠은 공업원료의 용도에 더해 가솔린에도 포함되어 있어서 자동차 배기가스에 많이 포함되어 있었다. 1996년에 $3\mu g/m^3$라는 대기의 환경 기준치가 설정되었을 때는 대기 중의 농도가 이를 대폭 초과하고 있었다. 그러나 가솔린의 벤젠 농도 규제가 강화되는 등, 각종의 배출삭감대책이 효과를 본 결과, 근년에는 도로변을 포함한 전체지점에서 환경기준을 달성할 수 있었다.

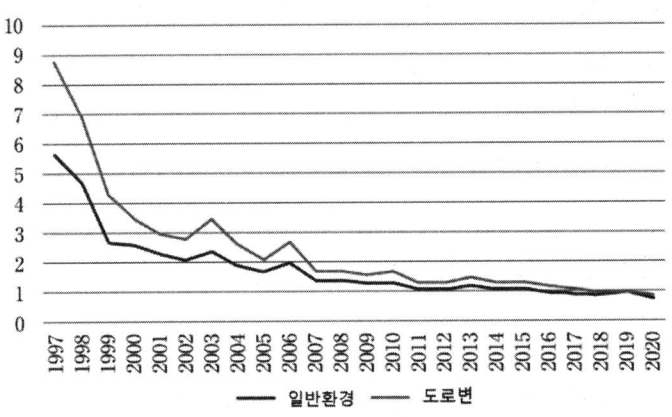

그림 7-1. 벤젠의 대기 중 농도 추이(단위:μg/㎥)

출처 : 出所：東京都環境局「有害大気汚染物質モニタリング調査」
https://www.kankyo.metro.tokyo.lg.jp/air/air_pollution/gas/monitoring_study.htm

2. 화학물질의 리스크 평가와 관리

(1) 유해성과 노출량

화학물질의 만성 건강 리스크는 유해성(해저드)의 정도와 노출량(섭취량)의 2가지 요소로 이루어진다. 즉, 유해성이 크고 노출량이

적으면 리스크는 작을 수도 있고 유해성이 약해도 노출량이 크면 리스크는 클 수도 있다. 특히, 유해성의 정도와 리스크의 크기는 반드시 같지는 않다는 점이 포인트이다. 우리는 반사적으로 (노출량을 신경 쓰지 않고) 유해성의 크기만으로 리스크의 크기를 판단하고 있다. 지금으로부터 약 500년 전, 의사이자 연금술사이며, 독성학의 아버지로 불리는 파라켈루스가 이미 「모든 것은 독이며, 독이 아닌 것은 존재하지 않는다. 그 복용량이야말로 독인지 아닌지를 결정하는 것이다」라는 명언을 남기고 있다.

(2) 리스크 평가의 제도화

앞서 소개한 화심법에서 당시에는 난분해성, 고축적성(생물 농축성), 장기독성을 갖는 화학물질만을 규제대상으로 하고 있었다. 그 후, 트리클로로에틸렌 등의 전국적인 지하수 오염이 표면화되어 1986년의 법 개정에서 규제대상이 생물농축성이 낮은 물질로 확대되었다. 이때, 유해성에 더해져서, 환경 중의 잔류 상황을 기초로, 피해가 생길 가능성이 있는 수준인지 아닌지를 판단하게 되었다. 리스크에 근거하여 접근한 사실상의 시작이다. 화학물질규제는 국제적으로도 해저드 베이스(기준)에서 리스크 베이스의 평가로 이행됨에 따라 2009년의 법 개정에서 화심법도 명시적으로 리스크 베이스로 이행했다. 또한 1973년의 법의 성립 이전부터 사용되고 있던 화학물질은 지금까지 규제대상에서 제외되어 있었지만, 그러한 「기존」 화학물질에 대해서도 스크리닝 레벨의 리스크 평가를 하고 리스크

7. 화학물질의 리스크 커뮤니케이션

우려가 높은 물질을 찾아내는 조치도 시작되었다.

(3) 리스크 평가 프로세스

화학물질의 리스크 평가 프로세스를 그림 7-2에 나타낸다. 왼쪽이 유해성평가의 흐름, 오른쪽이 노출평가의 흐름을 나타낸다. 이미 대량으로 사용되고 있는 물질의 경우, 환경 중의 농도나 바이오마커(모발이나 혈액 등 인체 중의 농도)를 측정함으로써 노출평가, 즉 우리가 얼마나 많은 화학물질을 섭취하고 있는지 추정할 수 있다. 그러나 앞으로 사용을 개시하거나 사용되고 있는 것의 양이 적은 단계의 노출평가에 대해서는 노출량을 측정할 수 없으며, 예상되는 사용량이나 사용방법을 기초로 추정할 필요가 있다. 그러기 위해서는 공장 등의 고정발생원에서는 사용량의 배출계수, 즉 사용량 중에서 환경 중에 배출되는 비율을 곱하여 환경배출량을 예측하고 대기나 물과 같은 환경 중의 동태를 수리적으로 시뮬레이션하는 모델에 적용하여 사람의 노출량을 추정한다. 유해성 평가는 최초로 그 화학물질이 가지고 있는 유해성의 종류를 식별한다. 그러한 유해성의 종류별로 동물시험이나 인체역학의 데이터로부터 용량(노출량과 섭취량)과 유해성 발현빈도의 관계, 즉 용량과 반응관계를 도출한다. 마지막으로 용량반응관계와 노출량을 대조함으로써 리스크의 판정이 이루어지고, 이를 하나의 중요한 참고 정보로써 리스크관리 조치가 되거나 이루어지지 않거나 한다.

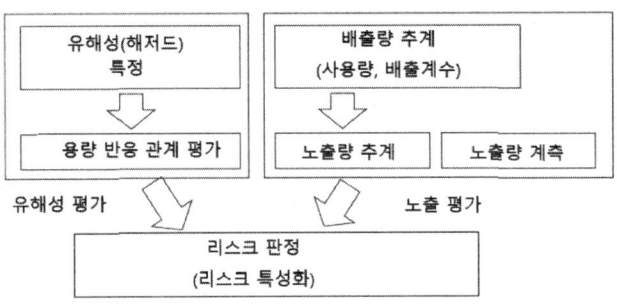

그림 7-2. 화학물질 리스크 평가 프로세스

화학물질의 유해성 평가에서는 임계값이 있거나 임계값이 없는 두 가지 평가로 이루어진다. 최초의 유해성 평가에서 우선 동물시험이나 인간역학 데이터 등을 토대로 발암성 유무가 평가되고, 발암성이 있다고 판단될 때는 그 발암 메커니즘을 검토하여 유전자를 직접 손상시켜 발암에 이르는 패턴인지, 그 이외의 메커니즘에 의한 발암인지가 검토된다. 전자의 경우는「유전독성 있음」, 후자의 경우는「유전독성 없음」으로 판단 한다[1]. 그리고 그 용량 반응관계에서 유전독성이 있는 발암성 물질은「임계값이 없음」, 유전독성이 없는 발암성 물질과 비발암성 물질은「임계값이 있음」으로 가정한다(그림 7-3). 임계값이란 그 이하라면 영향을 볼 수 없다고 여겨지는 수준을 의미하고 있다. 임계값이 있는 경우는 그림 7-3의 왼쪽과 같이 리스크를 무시할 수 있는 섭취량이 존재하는 것이 가정되는데 반해,

---

[1] 유전독성(genotoxic)은 유전자 장애성 이라고도 불린다. 독성이 유전되는 것을 나타내는 것이 아니라 유전자를 직접 손상시키는 메커니즘에 의해 발암에 이르는 프로세스를 갖는 것을 말한다.

7. 화학물질의 리스크 커뮤니케이션

임계값이 없는 경우는 오른쪽과 같이 용량 반응함수는 원점을 지나는 직선(또는 곡선)이 된다. 임계값이 있는 경우는 임계값으로 간주되는 「무독성량(무영향농도)」을 불확실성 계수(안전계수)로 나누어 환경 기준치나 1일 허용섭취량(ADI) 등을 설정한다. 역치(임계치)가 없는 경우 동물시험이나 인간역학에서의 데이터가 원점(노출 제로인 곳)까지 도달한다. 임계값이 없는 물질에 대해서 분석기술이 미발달했을 때에는 「검출되지 않는다」는 것으로 리스크를 무시할 수 있다고 간주하고 운용이 되고 있었지만, 분석기술이 발달한 1980년대에는 수돗물이나 대기 중에서 미량의 (유전독성이 있는) 발암성 물질이 발견되게 되었다. 그 때문에 일본에서는 임계값이 없는 화학물질에 대해서는 평생 발암확률 「10만분의 1」의 레벨을 사실상의 안전 레벨로 간주해 관리되고 있다.

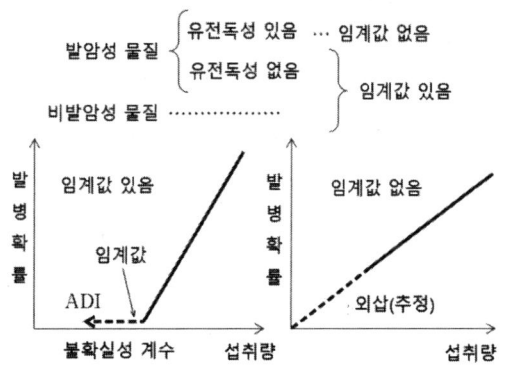

그림 7-3. 화학물질 규제행정의 2종류 유해성 평가

(4) 해결지향 리스크 평가

앞 절에서 소개한 리스크 평가는 특정 화학물질의 현재 상태에 대한 건강 리스크 크기를 평가하는 체계이다. 현재 리스크의 크기에 대해 알기 쉽게 제시하고 주민이나 소비자 등 이해관계자와 커뮤니케이션을 할 경우에는 유용하지만, 규제적 수단을 포함한 복수의 대책옵션 영향에 대해 커뮤니케이션 할 필요가 있는 경우는 좀 더 세분화된 체계가 필요하다. 예를 들면, 어떤 화학물질의 사용이나 배출을 줄이려고 하면, 다른 화학물질의 사용이나 배출이 증가하는 경우나, 어떤 화학물질의 배출량을 줄이기 위해서 추가적인 에너지가 필요하고, 이산화탄소의 배출량이 증가해 버리는 경우 등을 들 수 있다. 어느 리스크(목표 리스크)를 줄이려고 해서 다른 리스크(대항 리스크)가 증가하는 현상은 「리스크 트레이드오프(절충점)」라고 하며, 과거에도 다양한 사례로 나타나고 있다. 리스크 트레이드오프는 표7-1과 같이 4종류로 분류할 수 있다(Graham and Wiener, 1995). 예를 들어 공업용 세정제 분야에서는 트리클로로메탄이나 디클로로메탄과 같은 염소계 세정제가 탄화수소계나 수계(水系)의 세정제로 대체되어 왔다. 염화수소계나 탄화수소계는 대기로, 수계는 공공수역으로 배출된다. 또한, 염화수소계 세정제는 단체의 건강 리스크를, 탄화수소계 세정제는 대기 중에서 오존(옥시던트)에 2차 생성하는 것에 의한 건강 리스크를, 수계 세정제는 생태계에의 리스크가 주요한 리스크가 된다. 이러한 세정제의 대체에서는 리스크 대체나 리스크 변환이 발생했다고 말할 수 있다.(梶原ら, 2013)

7. 화학물질의 리스크 커뮤니케이션

　통상적인 리스크 평가는 특정 화학물질을 대상으로 해당 물질이 있는 그대로 실시되어 왔다. 그러나 실제적인 관점에서는 먼저, 세척하고자 하는 대상이나 용매로서의 용도 등 해결하고자 하는 과제가 있고, 그 해결방안의 대안으로 해당 화학물질의 이용을 평가할 필요가 있다. 그러한 경우, 해당 화학물질의 리스크뿐만 아니라 대체되는 화학물질의 리스크나 사회경제적인 영향도 포함해 복수의 대책에 대해 각각의 영향 전체를 예측하는 것이 필요하다.

표 7-1. 리스크 트레이드오프 분류

		목표 리스크와 대항 리스크 유형의 이동	
		동일 유형	다른 유형
목표 리스크에 대해 대항 리스크가 영향을 미치는 대상	동일 집단	리스크 상쇄	리스크 대체
	다른 집단	리스크 전이	리스크 변환

(주1) 목표 리스크= 대책에 의해 줄이려고 하는 리스크
(주2) 대항 리스크= 대체에 의해 새롭게 발생하는 리스크
(출처) John D. Graham and Jonathan B. Wiener, Risk vs. Risk: tradeoffs in Protecting Health and the Environment, Harvard University Press, 1995 の Table 1.2를 바탕으로 필자 작성.

　이러한 접근법을 「해결지향 리스크 평가(solution focused risk assessment)」라 한다(永井, 2013). 리스크 커뮤니케이션에서 전달해야 할 내용은 해당 화학물질이 현재의 리스크 레벨만으로 충분할 수도 있고, 해결해야 할 과제에 대한 대책 선택사항이 복수 제시되어 각각의 경우 목표 리스크와 대항 리스크가 얼마나 증감하고, 어떠한 사회경제적인 영향이 발생할 것까지 포함해야 하는 수도 있을

것이다. 또한, 감염병 대책에도, 현재의 상태 혹은 아무것도 대책을 세우지 않았을 경우의 감염자수 등을 예측하는 베이스라인의 리스크 평가뿐만 아니라, 복수의 있을 수 있는 대책 옵션을 상정한 후, 감염 리스크의 동향이나 경제에 미치는 영향을 포함한 다양한 사회적 영향 예측이 정량적으로 제시된다면, 정책결정이나 사회적 공감대형성에 도움이 될 것이다(梶原ら, 2020)[2].

3. 화학물질 리스크 커뮤니케이션의 실제

(1) PRTR 제도의 개시

1999년에 화관법(특정화학물질의 환경배출량파악 및 관리개선촉진에 관한법률)이 제정되어 354종류의 화학물질(2011년부터 462물질로 증가)을 대상으로 일정규모 이상의 공장에서 대기·공공용 수역·토양에 연간 배출량과 연간 이동량을 매년 신고하고 공표하도록 의무화되었다. 이 제도는 PRTR(화학물질배출 이동량 신고제도)라고 불린다. 데이터는 2003년 3월 20일에 처음 공표되었다. 법률의 목적은 「사업자에 의한 화학물질의 자주적인 관리개선을 촉진하고, 환경 보전상의 지장을 미연에 방지하는 것」으로 되어 배출량을 낮추라고 직접 언급하고 있지는 않다. 그러나 배출 실태가 사회에 공표

---

[2] 제품이나 서비스의 라이프사이클(자원채취에서 폐기·재활용까지)에 주목하고, 또한 다양한 환경부하를 통일지표로 집계하는 시도는 라이프사이클 평가(LCA)로 불린다.

7. 화학물질의 리스크 커뮤니케이션

되는 것이 사업자의 배출과 저감에 대한 강한 동기부여가 되어 초기에는 환경 중에 배출량이 순조롭게 감축되었다(그림 7-4). 그러나 쉽게 배출을 줄일 수 있는 부분부터 대책이 실시됨에 따라 시행된 지 20년 가까이 지난 최근에는 배출량 감축이 한계점에 이르렀다.

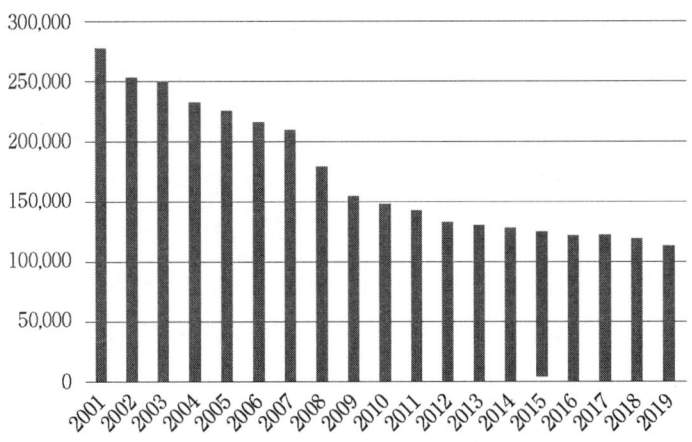

그림 7-4. PRTR 제도에 의한 대기 배출량의 경년 변화
[계속(繼續) 물질, 세로축 톤/년]

출처: 環境省 PRTR インフォメーション広場

화관법 제4조에는 사업자의 책무로서 「…그 관리 상황에 관한 국민의 이해를 깊게 하도록 노력해야 한다」고 돼 있으며 또한, 제17조에는 국가나 지방공공단체도 「…화학물질의 성질, 관리·배출 상황 등에 관한 국민의 이해증진 지원에 노력한다」고 적혀 있다. 이러한 요청에 부응하기 위해 2000년 전후에 일본 최초의 리스크 커뮤니케이션 붐이 일어나게 되었다. 이러한 배경에는 공해시대로부터 극심

한 건강피해에서 다종다양한 물질에 의한 저농도의 노출로 리스크의 성질이 변화한 것을 들 수 있다. 특정한 몇 가지 「나쁜」 화학물질을 배출하게 되는 공해시대와 비교해 1990년대 이후에는 대기나 수계에서 발암성 물질을 포함하여 다수의 화학물질을 어떻게 관리해 나갈지가 문제 되기 시작했다. 그 가운데 법규제와 더불어 「자주적 대처」라는 방법이 주목받았다. 또한, 1990년대 말에는 다이옥신류나 이른바 환경호르몬 문제가 관심을 끌고 있던 시기이기도 했다.

관계기관이나 지방자치단체는 처음으로 리스크 커뮤니케이션을 실시하는 사업자를 대상으로 매뉴얼을 작성하여 그 보급에 노력했다. 구(旧)환경청과 구(旧)통상산업성의 지원 아래 일본화학회는 1997년부터 1999년까지 「화학물질의 리스크 커뮤니케이션 방법 검토회」를 설치하고, 연구자 외에 지방자치단체 직원, 사업자, 소비자 단체, 매스미디어 등의 폭넓은 멤버가 참가하여 리스크 커뮤니케이션의 방향성을 논의하였다. 그 결과는 화학물질의 리스크 커뮤니케이션 수법가이드로 출판되었다(浦野, 2001). 도쿄도(東京都)도 2003년 중소기업을 위한 가이드라인을 공표하고, 도쿄도의 과제로 주택과 소규모 공장이 혼재하고 있는 가운데 새로운 주민이 증가함에 따른 커뮤니케이션 부족을 들 수 있었다(東京都, 2003). 또한, 대기업에 대해서는 실행의 계기로서 공장견학, 지역과의 교류회, 축제, 행정(부)에서 실시하는 이벤트 등의 다양한 기회를 이용하거나 팜플렛을 작성해 주변주민에게 회람하거나 홈페이지에 게재하여 의견을 구함으로써 대화할 것을 권장하였다. 제공하는 정보는 사업의 내용이나 화학물질의 관리를 위한 조직이나 방법과 함께 화학물질

7. 화학물질의 리스크 커뮤니케이션

의 사용량, 배출량, 처리 상황, 보관 상황 등, 나아가 사용 화학물질의 환경농도, 독성, 대체품으로의 전환 검토상황을 들 수 있었다. 이에 대해 중소기업에 대해서는 대규모 설명회 등은 필요 없고, 간단한 환경보고서를 작성해 주변의 주민에게 배포하는 동시에 업계단체 등의 홈페이지를 이용해 홍보할 것을 권장하였다. 그 외에도 아이치현(愛知県)이나 기후현(岐阜県) 등에서도 사업자 전용으로 리스크 커뮤니케이션을 위한 매뉴얼이 작성되었다.

(2) 리스크 커뮤니케이션 실천

화학물질 분야에서 「리스크 커뮤니케이션 활동」은 사업소에서 인근주민을 대상으로 1년에 한 번 정도 개최하는 이벤트로 자리매김해 왔다. 실제로는 어떠한 형태로 사업장 단위의 리스크 커뮤니케이션이 이루어지고 있는 것일까. 독립행정법인(独立行政法人) 제품평가기술기반기구(NITE) 화학물질관리센터는 2000년대 중반부터 「리스크 커뮤니케이션 국내사례」를 조사하고 있다. 가장 최근 조사는 2014년에 실시되어 그 결과가 2015년 3월에 발표되었다(株式会社 Time Agent, 2015) PRTR 신고 사업자 중 13,355개 사업소에 조사의뢰하여 2,392개 사업소(17.9%)로부터 응답을 얻었다. 리스크 커뮤니케이션은 469개 사업소, 즉 응답사업소 중 약 20%에서 실시되고 있었다. 활동의 형식은 그림 7-5와 같다. 과거 조사와 비교하면 큰 변화는 없다. 실시빈도는 「정기적」이 62.5%, 「부정기적」이 35.8%였으며 「1년에 1회」가 68.3%로 가장 높았다.

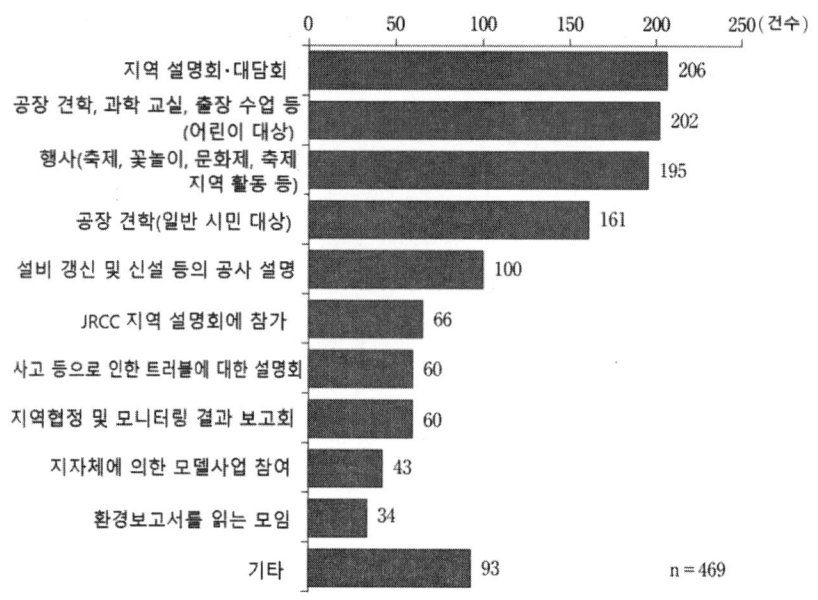

그림 7-5. 리스크 커뮤니케이션 활동의 대처 형식(복수응답)

출처: 株式会社タイム·エージェント(2015) 図表1-4를 인용

이벤트 참가자의 속성을 살펴보면, 「인근주민」이 256개 사업장(평균 참가자수 157.2명)로 가장 많았고, 그다음으로 「귀사업소와 타사업소의 합계」가 236개 사업소(평균 참가자수 56.3명), 「지자체 직원」이 136개 사업소(평균 참가자수 13.0명)로 뒤를 이었다. 또한, 프로그램의 내용은 「질의응답·의견교환회」가 65%(실시했을 때의 평균 소요시간 33분)이고, 이어서 「회사·사업소 소개」가 62%(실시했을 때의 평균 소요시간 17.3분)이며, 「사업소의 환경활동보고」가 57%(실시했을 때의 평균 소요시간 25.2분), 「공장견학」이 57%(실

7. 화학물질의 리스크 커뮤니케이션

시했을 때의 평균 소요시간 49.0분) 이었다. 이 추세도 예전과 거의 다르지 않다. 리스크 커뮤니케이션에서 설명한 내용으로는 폐기물 대책이나 온난화 대책이 많았고 「화학물질 배출량(PRTR 제도 등)」은 26%, 「화학물질의 리스크에 관한 정보」는 24%로 그다지 높지 않다. 동일본 대지진 후에는 이들 항목의 설명이 줄어들고 대신 「지진, 재해시의 대응」이나 「에너지 절약」이 증가했다고 한다(竹田, 2018). 참가자로부터의 질문에 대해서도 「지진, 재해시의 대응」이 17%로 가장 많고, 「화학물질의 리스크」는 7%로 낮다.

「화학물질의 리스크」에 관한 정보를 설명했다고 응답한 89개 사업소는 구체적으로 어떤 내용을 「소통」 했을까? 그림 7-6에 그 내역을 나타낸다. 이 중 14개사(15.7%)가 「리스크 평가결과」라고 응답했는데, 다케다(竹田 2018)는 「그 기재는 사용하는 화학약품의 위험성이나 취급시의 주의사항, 사용하는 화학물질에 대한 배출량, 배출물 내용에 대한 예시로, 리스크 평가에 관해 설명하고 있는 구체적인 사례는 파악할 수 없었다」고 언급했다. 반대로 「화학물질의 리스크에 관한 정보」를 설명하지 않은 282개사에 대해 그 이유를 물은 결과가 그림 7-7에 나타나 있다. 응답자의 약40% 정도가 「공개할 필요성을 느끼지 못하기 때문에」라고 답하고 있다. 이것은 참가자로부터 리스크에 관한 질문이 적은 것도 원인이 있을지도 모른다. 또한, 약 15%가, 「지역주민 등이 과도하게 반응하는 것이 불안하기 때문」이라고 응답하고 있는 점도 흥미롭다. 어쨌든, 「리스크 커뮤니케이션」이라고 불리는 이벤트에 있어서 「리스크」의 크기나 성질에 관한 설명이 실제로는 잘 이루어지지 않고 있다는 것을 알 수 있다.

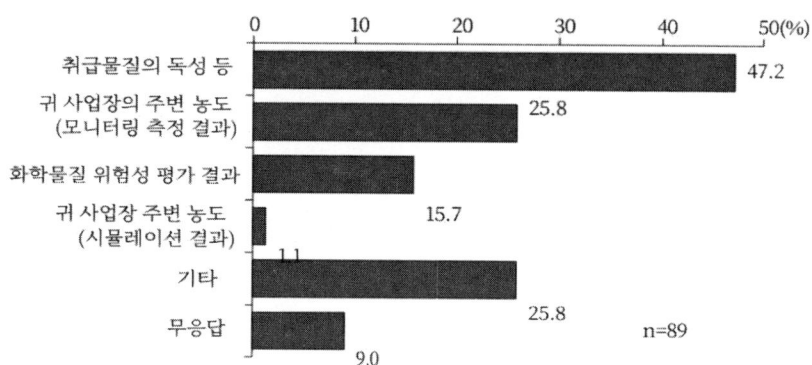

그림 7-6. 화학물질의 위험에 관한 구체적 설명 내용(복수응답)

출처: 株式会社タイム・エージェント(2015)図表3-1을 인용

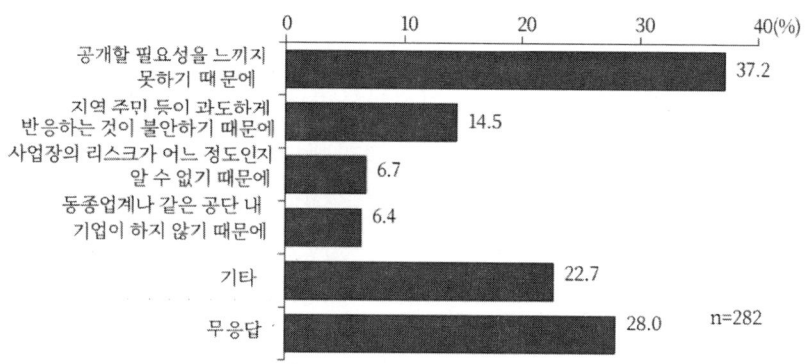

그림 7-7. 「화학물질의 위험에 관한 정보」를 설명하지 않은 이유

출처: 株式会社タイム・エージェント(2015)図表3-2를 인용

(3) 리스크 커뮤니케이션의 효과

　사업소에서 실시되는 리스크 커뮤니케이션의 목적은 무엇일까? 반대로 말하면, 어떻게 해야 「성공」한 것이 되는 것일까? 목적달성도가 조사된 사례는 그리 많지 않다. 마츠하시(松橋) 등은 2002년에 도쿄에서 실시된 2개 사업소의 환경보고서 설명회에서 참가인원은 46명과 62명으로 적지만, 이벤트 전후에 참가자의 화학물질에 대한 불안감이 어떻게 변화했는지를 조사했다. 그 결과, 두 사업소 모두 사전에 많았던 「잘 모르겠다」라고 응답한 사람이 줄어, 「거의 불안하게 생각하지 않는다」라고 회답하는 사람이 높게 증가했지만, 동시에 「불안하게 생각하는 부분이 있다」라고 응답한 사람도 조금 증가했다. 그리고, 불안감이 남았다고 응답한 인원 22명에게, 불안을 해소하기 위해서 어떠한 추가적인 정보가 필요한지를 복수응답으로 물었는데, 가장 많았던 것은 「문제 발생시 정보공개의 약속」이었다. 아무 일도 일어나지 않는 것을 열심히 설명하는 것보다, 문제가 발생했을 때의 대응이 준비된 것을 제대로 나타내는 편이 불안을 줄이는 데 효과적임을 시사하고 있다. 다음으로 「더 알기 쉬운 설명」, 「일상의 정보공개·커뮤니케이션을 한층 더 추진」, 「영향이 발생하는 확률을 나타내는 과학적 예측」으로 이어졌다.

4. 리스크의 커뮤니케이션을 위하여

화학물질은 제2절에서 설명한 바와 같이 다른 분야와 비교하여 구체적·정량적인 리스크 평가가 진행된 분야이다. 그럼에도 불구하고 위에서 살펴본 바와 같이, 현실의 리스크 커뮤니케이션으로 여겨지는 장면(현상)에 있어서 반드시 「리스크」의 평가 결과가 커뮤니케이션 되는 것은 아니라는 것을 알 수 있다. 그 이유 중 하나로 반드시 사업자가 외부로부터 「리스크」의 크기에 관한 정보를 요구받지 않는다고 느끼고 있는 것을 들 수 있다. 지카모토(近本)는 (리스크 커뮤니케이션에 있어서) 고민을 정리하면, 첫째는 지역주민은 「화학물질 리스크에 관심이 없다」는 것이고, 둘째는 수혜자에게 「논의를 할 수 있는 조직이 없다」는 것이다(近本, 2008).

화학물질에 관한 리스크나 그러한 커뮤니케이션에 대한 시민의 무관심은 사업자가 리스크 평가에 임하거나 그 결과를 알기 쉽게 설명하거나 주민의 요구와 의견을 반영하는 등의 대처를 지연시키는 악순환에 빠지게 한다. 그러나 후쿠시마 제1원자력발전소 사고 직후에 시민의 방사선 리스크에 대한 관심이 갑자기 높아진 것을 상기하면 화학물질에 대해서도 일단 사고나 사건이 일어나면 시민의 관심은 단번에 높아질 것이다. 어떤 사고나 사건이 발생하고 나서 긴급히 리스크의 크기를 추산하고 리스크 커뮤니케이션을 개시하는 것으로는 신뢰를 회복하기까지 오랜 시간이 걸릴 것이다. 비록 인근 주민이나 소비자의 관심이 적더라도, 사업활동이나 제품이 어떤 이유로 안전하다고 생각하는지에 대해 리스크에 기반한 설명을 제대

7. 화학물질의 리스크 커뮤니케이션

로 준비하고 1년에 한 번 있는 이벤트에 한정되지 않고 꾸준한 리스크 커뮤니케이션 활동을 지속하는 것은 유사시 신뢰를 얻는데 반드시 도움이 될 것이다.

이 장에서는 제3절에서 화학물질 리스크 커뮤니케이션의 대표적인 사례로 PRTR 제도에 수반하는 리스크 커뮤니케이션을 다루었다. 그러나, PRTR 제도의 시작으로부터 20년이 지난 지금, 신고배출량의 감축은 완전히 포화상태가 되고 있다. 제도 시작 초기에는 PRTR 신고물질의 환경배출량 감축실적을 공시해 온 사업자도 최근에는 PRTR 배출량을 나타내는 것의 의미를 찾기 어려워지고 있다. 그렇다면 현재로서는 이웃 주민에 대한 건강 리스크의 관점에서, 우려해야 할 리스크는 없으므로 더 이상의 배출감축이 필요가 없다고 생각하고 있다는 것을, 정량적인 리스크 평가 결과를 바탕으로 인근 주민에게 커뮤니케이션하는 방식으로 이행하면 어떨까? 또한, 1년에 한 번 있는 이벤트에 집착할 필요도 없고, 웹사이트 등을 이용하여 상시적으로 리스크 커뮤니케이션도 가능하다.

리스크 커뮤니케이션에 관련된 관계자에 대해서도 사업자와 지역주민뿐만 아니라 행정(지방자치단체), NPO, 연구자, 매스미디어, 나아가 직원, 주주, 지방의회 의원, 학생, 아동 등으로 확산할 수 있다. 앞서 언급했듯이 동일본 대지진 후에는 방재측면이 중요하게 되었다. 리스크 커뮤니케이션의 대상도 화학물질의 상시배출에 수반되는 리스크뿐만 아니라 폭발이나 화재의 원인이 될 수 있는 화학물질의 보관정보나 자연재해 발생 시 화학물질의 누출방지대책이나 만일의 누출이 있을 경우의 대책이나 리스크 정보로 확대되어야 할 것이다(伊藤, 東海, 2021).

마지막으로 사업장의 화학물질 리스크 커뮤니케이션에서 현재의 리스크 수준을 커뮤니케이션하는 경우뿐만 아니라 정책결정자와의 리스크 커뮤니케이션을 위해서는 앞서 소개한 바와 같이 과제해결을 위한 복수옵션을 제시한 후에 각각의 영향을 평가하는 접근방식, 즉「해결지향 리스크 평가」가 필요하다. 리스크의 트레이드오프가 중요한 경우에는 목표 리스크뿐만 아니라 대항 리스크의 평가도 함께 한 후 종합적인 리스크 커뮤니케이션이 필요하다.

참고문헌

伊藤理彩, 東海明宏(2021)「災害・事故に起因する化学物質リスクの評価・管理手法」リスク学研究30(3), pp.127-131.
浦野紘平編著(2001)「化学物質のリスクコミュニケーション手法ガイド」ぎょうせい.
梶原秀夫, 井上和也, 石川百合子, 林彬勒, 岸本充生(2013)「塩素系工業用洗浄剤の排出削減対策に対するリスクトレードオフ解析」日本リスク学会23(3), pp.173-180.
株式会社タイム・エージェント「平成 26年度リスクコミュニケーションの国内事例調査報告書」独立行政法人製品評価技術基盤機構請負業務成果報告書, 平成 27年 3月. http://www.nite.go.jp/chem/management/risk/rcjirei_h26.pdf
岸本充生(2020)「エマージングリスクとしてのCOVID-19―科学と政策の間のギャップを埋めるには―」日本リスク研究学会誌29(4), pp.237-242.
竹田宣人(2018)「PRTR 制度におけるリスクコミュニケーションの現状について」日本リスク研究学会誌27(2), pp.53-61.

近本一彦(2008)「リスクコミュニケーションの現場における苦悩」日本リスク研究学会誌 18(2), pp.23-31.

東京都(2003) 東京都における化学物質に関するリスクコミュニケーションのあり方について(報告書), 東京都リスクコミュニケーションあり方検討委員会, 2003.

永井孝志(2013)「リスク評価とリスク管理の位置づけを再構成する解決志向リスク評価」日本リスク研究学会誌23(3), pp.145-152.

松橋啓介, 岡崎康雄, 竹田宜人, 中杉修身(2003)「事業所の環境報告書説明会を通じたリスクコミュニケーションの事例」日本リスク学会第15 回研究発表会講演論文集15, pp.159-162.

John D. Graham and Jonathan B. Wiener, Risk vs. Risk : tradeoffs in Protecting Health and the Environment. Harvard University Press, 1995.

8 | 신규기술과 리스크 커뮤니케이션: 나노테크놀러지의 예

키시모토아츠오(岸本充生)

《학습포인트》 새로운 과학기술의 사회수용에는 적절한 리스크 커뮤니케이션이 필수적이다. 최근에는 기술의 사회구현 이전부터 리스크에 관한 설명이 요구되는 경우가 많아졌다. 그 선구적인 사례로서 나노테크놀러지의 사례를 들 수 있다. 나노테크놀러지는 2000년대 초에 세계적인 큰 붐이 일어났지만, 그 후 나노물질의 건강 리스크가 지적되는 등 유럽 일부에서는 반대하는 운동이 활발하게 전개되었다. 유전자변형작물의 교훈을 바탕으로 영국에서는 잠재적인 리스크 정보를 연구개발의 초기 단계부터 시민과 공유하는 시도가 있었다. 이 장은 제7장에서 다룬 화학물질의 리스크 커뮤니케이션 응용문제로서 또한, 제13장에서 다루는 디지털 기술의 리스크 커뮤니케이션에 대한 전제지식으로서도 자리매김할 수 있다.

《키워드》 나노테크놀러지, 나노물질, 신규기술, 상류층의 참가, 리스크 인지

1. 시작하며

(1) 신규기술의 사회구현

새로운 기술을 사회에 도입하려고 하는 경우, 기존의 법률, 윤리

8. 신규기술과 리스크 커뮤니케이션: 나노테크놀러지의 예

규범, 사회상식 등과 맞지 않는 경우가 많다. 그러한 경우, 무리하게 사회적으로 구현하면 사고나 사건, 혹은 「비방 댓글(악플)」이 쇄도하는 사태로 이어지는 일이 있다. 새로운 기술에는 사회에 구현되는 용도나 문맥에 대응해서 그 기술 특유의 새로운 종류의 리스크를 수반한다. 이러한 새로운 리스크는 「이머징 리스크」라고도 불린다(岸本, 2018). 이머징이라는 단어에는 단순히 새로운 것만이 아니라 갑자기 증가하고 있다는 의미도 있다. 새로운 기술이라고 하면 인공지능(AI)이나 AI를 이용한 자율주행, 드론, 유전자 편집 등의 바이오테크놀로지, 양자 컴퓨터 등이 쉽게 떠오른다. 그러나 전기, 자동차, 카메라, 엘리베이터라고 하는 친숙한 기술이나 제품을 비롯하여 우리가 일상생활에서 사용하고 있는 모든 기술은 처음 사회적으로 구현되었을 때에는 반드시 한 번은 신규기술이었다. 예를 들면, 자동차가 사회적으로 구현된 20세기 초기와 21세기에 접어든 오늘날에는 안전에 대한 사회의 가치관은 180도 달라졌다. 즉 신규이며 안전성에 관한 정보가 부족한 것은 일단 안전하다고 간주하고 사용해 보고 문제가 발생하면 대책을 세우면 된다는 가치관에서, 그러한 불확실한 것은 일단 모두 위험하다고 간주하고, 안전하다는 근거로 알기 쉽게 사회에 나타낼 수 있었던 것만 받아들인다고 하는 가치관으로 바뀐 것이다. 이 장에서 사례로서 다루는 나노테크놀러지나 나노메터리얼(나노스케일의 재료)은 사회가 후자의 가치관으로 전환한 후에, 또는 바뀌어 가고 있는 가운데 사회적으로 구현되기 시작했다. 본 장에서는 2000년대 초반에 크게 활성화되어 최근에는 어느 정도 기반기술로서 정착한 적도 있어 안정된 느낌이 있는 나노테크놀러지를 예로 들어 신규기술의 리스크 커뮤니케이션 방식에 대해 검토한다.

(2) 하이프 사이클(Hype cycle)

새로운 기술은 대부분의 경우, 그 발견 또는 발명 직후에는 사회의 큰 기대를 한 몸에 받은 경우가 많다. 연구예산과 인력도 투입된다. 그러나 그것이 과도한 기대일수록, 실용화가 진행되지 않는 것이 그 후에 실망을 불러일으키고 예산도 인력도 줄어들어 어려움을 겪게 된다. 그 후에 그중의 몇 가지 기술은 착실한 노력과 혁신으로 사회에 정착해 간다. 리서치기관 가트너(Gartner)는 이러한 신규기술이 도달하기 쉬운 프로세스를 「하이프 사이클」이라고 명명하고 여러 가지 신규기술이 현재 어느 단계에 있는지를 매년 발표하고 있다(그림 8-1). 하이프란 과장 혹은 과대한 선전을 뜻한다.

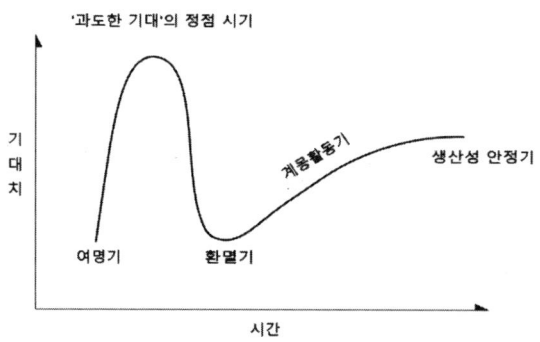

그림 8-1. 하프사이클 개념도

출처 : ガートナー社ウェブサイト에서 인용

8. 신규기술과 리스크 커뮤니케이션: 나노테크놀러지의 예

나노테크놀러지도 예외는 아니었다. 나노테크놀러지에 있어서 하이프(나노 하이프)를 일으킨 것은 2000년에 미국에서 시작한 「국가 나노테크놀러지 이니셔티브(NNI)」였다. 1월, 당시의 클린턴 대통령은 캘리포니아 공과대학에서 「강철보다도 10배의 강도를 가지며, 게다가 중량은 그보다도 훨씬 가벼운 소재가 실현될 것이다」라고 말했다. 국회도서관에 있는 모든 정보가 각설탕 크기의 장치에 기록될 것이다. 「암세포도 매우 작은 단계로 발견될 것이다.」라는 역사적인 연설을 했다(U.S. National Science and Technology Council, 2000).

(3) 나노테크놀러지와 나노물질

나노(nano)는 10^{-9}을 나타내는 말로, 나노테크놀러지란 원자나 분자의 배열을 나노스케일, 즉 10^{-9}의 스케일로 자유자재로 제어함으로써 의도한 성질을 가지는 재료나 의도한 기능을 발현하는 장치 등을 실현하여 산업에 활용하는 기술을 말한다.

이 장에서는 나노테크놀러지 중에서도 재료분야에서 응용한 나노물질(나노재료)을 주요 대상으로 한다. 나노물질은 국제표준화기구(ISO)에 의해 3가지 차원 중 적어도 1개가 1~100 나노미터 범위인 것으로 정의되고 있다. 그러나 나노스케일 입자자체는 이전부터 환경 중에는 어디에나 존재하고 있었다. 그것들의 대부분은 자연적으로 발생하지만, 일부는 연소 등의 프로세스에 의해서 2차적으로 생성한 것도 있다. 여기에 최근 새로운 기능의 발현을 목표로 의도적

으로 나노스케일 물질을 제조하거나 나노스케일로 가공하는 기술이 개발되어, 제조나 제품화를 통해 의도적으로 나노스케일화 된 물질이 환경 중에 방출될 가능성이 지적되고 있는 구도이다.

나노스케일로 함으로써 새로운 기능성을 획득하거나 기존의 기능이 강화될 것으로 기대되는 반면, 크기가 작아짐으로써 사람의 체내에 도입되었을 때 통상의 화학물질에 비해 그 유해성이 증가할 가능성이 지적되고 있다. 예를 들면, 체내에 예상하지 않은 부위로 이동하거나, 비표면적이 커짐에 따라 반응성이 증가할 가능성이 있다. 나노스케일이 되면 물질은 응집하기 쉬워지기 때문에 원래의 1차 입자와 여러 개의 1차 입자가 응집한 2차 입자를 구별하여 검토할 필요가 있으며, 의도적으로 나노스케일로 가공된 것 중에도 나노스케일의 측정방법이 개발되기 이전부터 나노스케일인 줄 모르고 이용되어 온 것도 존재한다.

(4) 나노테크놀러지와 생활·문화

미국에서 나노테크놀러지 붐은 모든 과학분야에 미치는 것이었다. 여기에는 잠수정을 마이크로화해서 체내에 주입치료를 한다고 하는 1966년에 개봉된 영화「마이크로의 결사대」와 나노머신의 이미지를 만들어 1986년에 출판된 드렉슬러의「창조하는 기계」등에 SF적인 배경도 나노테크놀러지의 중요한 결과이다. 이 때문에 나노테크놀러지의 추진파로부터는 모종의 유토피아적인 미래상이 제시되는 반면, 나노머신이 제어 불능인「그레이 구(grey goo)」가 되어 지구

8. 신규기술과 리스크 커뮤니케이션: 나노테크놀러지의 예

상의 생물을 괴멸시킨다는 공포스토리도 이야기되었다. 「쥬라기 공원」 등의 저자로서 유명한 마이클 크라이튼은 소설 「플레이-사냥감」을 통해 공장에서 누출된 나노머신이 폭주하여 인간을 습격한다는 미래를 그렸다. 즉, 미국에 있어 나노하이프는 추진측이 유토피아적 미래를 이야기할 때뿐만 아니라 공포를 조장하는 분야에서도 널리 볼 수 있었다. 표 8-1은 2000년대 초반까지 공개된 나노테크놀러지를 다룬 미국 영화를 정리한 것이다.

한편, 일본에서도 미국의 NNI에 호응하여 나노테크놀러지 붐이 일어났다. 2001년에 제정된 제2차 과학기술기본계획(2001~2005년)에서는 나노테크놀러지와 재료가 통합되어 「나노테크놀러지 재료」가 중점분야로 지정되었다. 넓은 분야를 대상으로 한 NNI에 비해 일본에서는 나노테크놀러지 연구의 중심을 재료과학에 두고 공업나노재료, 특히 나노탄소 소재를 중점적으로 추진하게 되었다. 이러한 다소 현실적인 접근 때문에 일본에서는 미국과 같은 유토피아적인 미래상을 둘러싼 논의나 그 반대의 나노머신에 의한 공포라는 말들은 거의 들어볼 수 없었다. 오히려 소재측면의 연구개발에 초점이 맞춰졌기 때문에 일본에서는 수많은 화장품이나 일용품의 상품명에 「나노」가 붙여져 새로운 「버즈워드」가 되어 약국이나 100엔샵 등에서 다수의 「나노제품」이 판매되었다. 또한, 텔레비전 광고에서도 「나노」를 강조하는 것이, 화장품, 스포츠용품, 가전 등 광범위하게 여러 차례 방영되었다. 다만, 이러한 소비자제품 중에 정말 나노스케일의 재료가 사용되고 있었는지는 제3자에 의한 검증이 없었기 때문에 알 수 없다. 필자가 2009년 기준으로 수집한 「나노」가

붙은 제품명을 가진 제품의 종류는 화장품으로 400여 개, 의류가 약 300여 개, 스포츠용품으로 약 100여 개로 집계되었다.

표 8-1. 나노하이프 시대에 개봉한 나노테크 영화.

	나노테크 이미지	코멘트(의견)
미크로의 결사대 1966 (Fantastic Voyage)	+	의료에 도움이 된다는 이미지 관점
버추오시티 1995 (Virtuosity)	-	악용되면 파괴적이라는 이미지. 다만 그다지 리얼리티는 없음.
스타트렉 1999 (Star Trek : The Next Generation)	-	나노로봇의 자기증식·진화에 의해 제어불능의 사태에 빠지는 리스크를 묘사
마이너리티 리포트 2002 (Minority Report)	+	미래기술 전시회 같은 이미지. 사생활에 대한 우려
헐크 2003 (The Hulk)	-	의료에 도움이 되는 인상도 가지지만 군사적으로 이용될 위험성을 감지
스파이더맨2 2004 (Spiderman 2)	-	연구자의 이기적 동기가 사회에 파괴적인 결과를 가져오는 이미지

(5) 일반인의 나노테크놀러지 인지

일본에서 인터넷 조사회사의 모니터에서 무작위로 추출한 일반인을 대상으로 2005년부터 5년간 매년 나노테크놀러지에 대한 인지·태도·행동에 대해 설문조사를 실시한 결과를 소개한다.[1] 최초로 나

---

[1] 다만, 인터넷을 일상적으로 이용하고 있는 사람에게 치우쳐 있어, 대졸비율이 높고, 또한 기술에 대한 이해가 높다고 하는 편향이 존재한다고 생각할 수 있다.

8. 신규기술과 리스크 커뮤니케이션: 나노테크놀러지의 예

노테크놀러지라는 말을 「들은 적이 있다」와 「아마도 들은 적이 있다」를 합한 수치로 살펴보면 2006년 이후 95% 정도로 안정되어 있다. 예를 들면, 2006년 12월에 미국에서 온라인으로 실시된 조사에서는 53%의 응답자가 「전혀 들어본 적이 없다」라고 응답하고 있는 것과 비교하면(Braman et al., 2007), 일본에서의 인지도는 초기부터 매우 높았음을 알 수 있다. 이것은 전항에서 나타낸 것처럼 소비자 제품이나 텔레비전 광고 등에서, 「나노」나 「나노테크놀러지」가 급속하게 퍼진 영향일 것이다. 다음으로 나노테크놀러지에 대한 인상도 2005년부터 2009년까지 일관되게 80%의 사람이 좋은 인상을 받고 있었다. 이는 좋은 인상을 받은 사람의 비율이 20% 이하였던 유전자재조합기술(그림 8-2의 오른쪽)과 비교하면 현저히 높다.

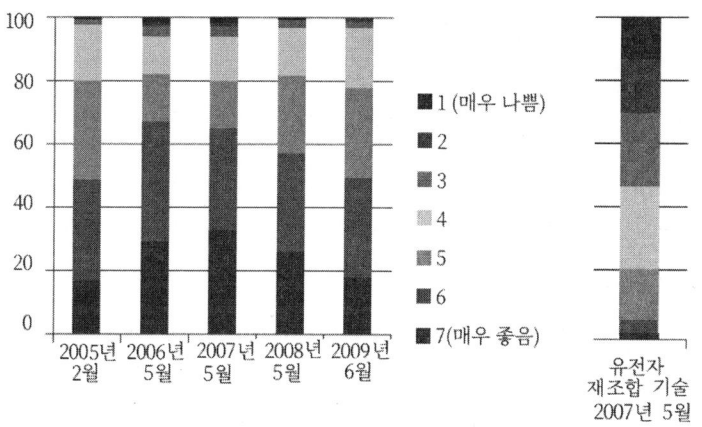

그림 8-2. 나노테크놀러지라는 단어 인상의 경년변화

출처: : 岸本他 2010 の 図3을 인용

나노테크놀러지가 사용된 제품, 혹은 「나노」라고 표시된 제품을 구매하거나 사용한 적이 있다고 응답한 사람의 비율은 2005년 11%에서 2009년 32%까지 3배로 증가했다. 그러나 2008년부터 2009년에는 성장이 거의 정체되었으며, 이는 후술하는 바와 같은 상황으로 인해 소비자제품에 대한 구매욕이 줄어든 것을 반영하고 있다고 판단된다. 나노 표시의 화장품·헬스케어 상품, 식품·음료수, 가전제품, 스포츠용품, 가정용 세제에 대한 구매의향이 어떻게 변하는지 질문한 결과, 가전제품에서 40% 이상, 스포츠 제품, 화장품·헬스케어 상품, 가정용 세제에서는 30% 이상이 긍정적인 응답이었는데, 식품·음료수에서는 20% 정도에 그쳤다. 반대로, 식품·음료수에서는 약 20%가 부정적인 답변을 했다. 어느 제품군에서도 「변화 없음」이 다수파였다. 일반적으로 미국의 조사에서는 나노테크놀러지의 편익이 잠재적인 리스크 보다 크다고 응답하는 사람이 많고, 유럽의 조사에서는 반대로 리스크가 편익보다 크다고 응답하는 사람이 많은 경향을 보였다. 일본인의 경향은 미국과 비슷하다.

유럽화학품청(ECHA)이 설치한 EU 나노물질 관측소(EUON)로부터의 위탁조사로 나노물질의 리스크 인지에 관한 설문조사가 2020년 2월에 오스트리아, 불가리아, 핀란드, 프랑스, 폴란드의 5개국 시민 1,000명씩에 대해 온라인으로 설문조사를 실시하였다(ECHA, 2020). 2020년 시점에서도 평균적으로 응답자의 35%가 나노물질이라는 말을 들어본 적이 없다고 응답했다. 또한, 87%의 응답자가 제품에 나노물질이 포함된 여부를 라벨링(표시) 등을 통해 알고 싶다고 응답했다.

2. 리스크 평가와 규제 동향

(1) 리스크 평가의 개념

　나노물질의 잠재적인 건강 리스크에 대해서는 2004년 영국에서 왕립협회와 왕립공학아카데미에 의한 보고서「나노사이언스와 나노테크놀러지: 기회와 불확실성」에서 처음으로 공적인 기관에 의한 지적이 이루어졌다. 그 제5장은「건강, 환경, 안전의 잠재적인 악영향」, 제6장은「사회적, 윤리적 문제」, 제7장은「이해관계자, 시민과의 대화」, 그리고 제8장은「규제의 문제」로 되어 있으며, 그 후 과제가 된 나노물질의 리스크에 대한 사항은 여러 형태로 진행되고 있다. 일본 국내에서도 2004년에는 후생노동성 과학연구비로 나노물질의 안전성연구가 시작되었다. 일반화학물질의 리스크 평가나 법·규제가 나노물질에도 통용되는지 여부가 검토되고 있다. 통상의 화학물질과 명확하게 다른 점은 나노물질의 경우는 같은 분자식을 가진 물질이라도 물리적 혹은 화학적인 특성이 다르면 다른 기능성을 가질 경우가 있으며, 동시에 유해성이나 노출특성도 변화할 가능성이 있다는 것이다.

　나노물질의 리스크를 검토할 때는 나노스케일에 따른, 리스크를 구성하는 2가지 요소인 유해성과 노출특성이 기존의 화학물질과 어떻게 다른지에 초점이 맞춰져야 된다. 현재까지 나노스케일 특유의 즉, 질적으로 다른 리스크가 존재한다는 증거는 없으며, 일반적인 화학물질과 비교하여 그 물리화학적 특성 때문에 영향이 양적으로 증가할 가능성이 지적되고 있다. 유해성에 대해서는 다음의 2가지 가설이 있다. 첫째는 입자 병원성 패러다임이라고 불리며, 「작으면 작을수록 더 위험하다」고 하는 가설이다. 이것은 크기가 나노스케일이 되면 무게 당의 표면적이 증가해서 반응성이 증가한다. 태반이나 혈액뇌관문(血液脳関門)이라고 하는 곳으로 유해한 물질이 통하지 않도록 체내보호막을 통과하든지 아니면 용해성이 증가해야 한다. 둘째는 섬유병원성 패러다임이라고 불리며, 「곧고, 길고, 딱딱한 것이 위험하다」고 하는 가설이다. 이것은 반드시 나노스케일에 한정된 이야기는 아니고 석면 등 섬유질물질의 유해성 발현 메커니즘으로서 이전부터 제시되었던 개념이며, 탄소나노튜브 등 섬유질 나노물질의 흡입노출에도 해당될 가능성이 최근 지적되고 있다. 이것은 흡입되어 폐의 가장 안쪽에 있는 폐포까지 도달한 「곧고, 길고, 딱딱한」 물체에 대해서 이물질을 제거하는 역할을 하는 매크로파지(대식세포) 세포가 식균작용에 실패하거나, 흉강에 있는 림프절로부터 배설에 실패해서 지속적으로 염증이 생기는 것에 기인한다고 알려져 있다. 한편, 노출에 대해서는 나노스케일이 됨으로써 경우에 따라 비산특성(dustiness)이 증가할 가능성이 지적되고 있다.

(2) 국내 상황

2000년대 중반에는 나노테크 붐이 일어났고, 소비자제품이나 텔레비전 CM도 「나노테크」를 표방하는 것이 넘쳐나고 있었다. 상황이 달라진 것은 2008년 2월에 국립의약품식품위생연구소의 연구진

8. 신규기술과 리스크 커뮤니케이션: 나노테크놀러지의 예

이 유전자 재조합 쥐의 복강 내에 다층 탄소나노튜브를 투여한 결과, 중피종(中皮腫)이 발생했다는 논문을 발표한 것이 계기였다 (Takagi et al., 2008). 일본에서는 2005년 효고현 아마가사키시의 쿠보타 공장주위에서 비산된 석면으로 인해 중피종 환자가 다수 발생한 사실이 밝혀져 사회문제가 된 기억이 아직 남아 있는 가운데 석면과 형상이 유사한 탄소나노튜브의「발암성」문제는 대중매체에서도 크게 다루어졌다. 한 전국지 신문기사는 나노튜브에서 암이라는 제목을 붙였다. 국내업체들 사이에서는 탄소나노튜브, 나아가 나노물질 전반의 사용을 자제하거나 당분간 연구개발이나 제품화를 기다리는 분위기가 확산되어 갔다. 또한, 화장품이나 생활용품에「나노」라고 표시하는 사례가 급감했다. 그러나 그림 8-2에서 볼 수 있듯이 2009년이 되어도 일반시민의 리스크 인지에는 거의 변화가 없었다.

2008년 2월의 연구발표에 따라 후생노동성은 작업환경에서 나노물질노출 방지 등에 노력할 것을 촉구하는 통지를 도도부현에 시달했다. 경제산업성은 대표적인 6종류의 나노물질(카본나노튜브, 카본블랙, 이산화티타늄, 풀러렌, 산화아연, 실리카)의 제조사업자에게 자발적인 정보공개를 요구하고「나노물질 정보수집·발신 프로그램」으로서 웹사이트상에 공개하기 시작했다. 그러나, 이 단계에서는 아직, 통상의 화학물질이 나노스케일이 되면 무슨 일이 일어날지 모른다는 전제에서 예방적인 대응을 하고 있다.

2006년에 시작된 신에너지·산업기술종합개발기구(NEDO)에 의한 연구프로젝트「나노입자 특성평가기법의 연구개발」에서는 측정기술이나 노출평가·유해성 시험방법이 개발되었고, 종료 직후인 2011년 여름에 탄소나노튜브, 풀러렌, 나노스케일 이산화티타늄 등 3 재료의 「리스크 평가서」가 공포되었다. 거기에서는 나노물질 노출로 인한 건강에 위험이 가장 높은 사람들은 나노물질을 취급하는 작업자라고 보고 15년간의 노출기간을 가정한 작업환경에서의 허용노출농도(OEL)가 제안되었다(산업기술종합연구소, 2011). 이는 법적인 위치는 아니지만, 세계 최초로 공적기관에 의한 OEL 제안이었다. 구체적인 숫자가 제안된 것은 미지의 물질이기 때문에 잘 모른다는 이유로 사용을 주저했던 나노물질도 일반화학물질과 마찬가지로 리스크 관리를 제대로 하면 이용 가능하다는 것이 제시되었다는 사회적 의미가 있었다.

후생노동성은 2011년 당시 진행 중이던 이산화티타늄의 리스크 평가에서 나노 크기의 이산화티타늄도 독립적인 평가를 결정했다. 또한, 2012년에는 「나노물질의 리스크 평가방침」을 수립함과 동시에 리스크 평가의 후보물질로서 이산화티타늄과 더불어 카본나노튜브, 풀러렌, 카본블랙, 은(銀) 등을 선정하였다. 2012년부터는 당시 유일하게 양산되고 있던 다층탄소나노튜브CNT제품(MWNT-7)을 이용하여 래트(실험용 쥐)를 대상으로 2년간의 흡입노출시험(발암성 시험)이 있었다. 그 결과는 2015년 6월에 공표되어 발암성이 있다고 결론지었다. 그러나 「암원성(癌原性) 지침」의 대상 물질에 추가되어 규제를 받은 것은 실험대상의 1개 제품뿐이며, 그것은 이미 제조가 중지되어 버렸다.

(3) 국제적 동향

경제협력개발기구(OECD)에서는 화학품질위원회 내부에 2006년 공업나노재료작업부회(WPMN)가 설치되었다. 활동의 주요목적은 일반화학물질을 대상으로 하는 현행 OECD 시험 가이드라인이 나노물질에도 적용이 가능한지 검토하는 것이었다. 2013년 9월에는 「산업용 나노재료의 안전성시험과 평가에 관한 OECD 이사회 권고」가 발표되었으며, 그 제1항에서는 「…기존의 국제적, 국내적인 화학품 규제의 체계 또는, 기타 관리시스템을 공업 나노재료 고유의 특성을 고려하여 적절히 변경하여 적용하도록 가맹국에 권고한다」고 하였다(OECD, 2013). 국제표준화기구(ISO)에는 나노테크놀러지전문위원회(TC229)가 2005년 6월에 설치되었다. 작업부회(WG) 중 하나인 건강안전환경의 측면을 다루는 작업부회(WG3)가 처음으로 설치되었다.

EU에서는 나노물질은 기본적으로 2007년에 발효된 REACH(화학품의 등록, 평가, 인가와 제한에 관한 규칙)의 테두리 내에서 취급되고 있다. 다만, 유럽에서는 나노물질에 대한 경계심이 강하기 때문에 응용 분야에 관한 법률이 개정될 때에 반드시 나노물질에 언급하는 조항의 추가여부가 논의되고 있다. 지금까지 화장품, 신규식품, 살생물제 등에서 원재료명에 괄호를 붙여 「나노」라고 표시하는 것이 의무화되어 있다. 나노표시를 위해서는 나노물질인지 아닌지 판별하기 위한 규제상의 정의가 필요해졌으며, 2011년에 처음으로 개수농도의 크기 분포에서 50% 이상의 입자에 대해 하나 이상의 외경이 1nm에서 100nm 크기 범위의 입자라는 정의가 정해졌다. 프랑스 등 일부국가에서는 매년 사업자에게 나노물질의 생산·수입량을 신고하게 하는 규제가 시행되고 있다.

　미국에서는 나노물질의 외형적인 정의를 정하지 않고 크기에 따른 기능성의 유무로 판단해서 기존의 법규제 틀을 상황에 따라서 적용하고 있다. 환경보호청은 탄소나노튜브 등을 탄소의 동소체로써 신규화학물질로 간주하고 신규제조신청에 대해 래트(실험용 쥐)를 사용한 90일간의 흡입과 노출시험을 의무화하고 있다. 또한, 2016년 12월에는 나노스케일 재료로서 제조·수입·가공되는 화학물질에 대해 사업자가 환경보호청에 그 양이나 관련 데이터 등을 보고하고 기록을 보관하는 규정이 공포되었다.

3. 리스크 커뮤니케이션 실천

(1) 「상향식 참여」 시도

　영국에서는 유전자변형작물에 대해 반대하는 운동이 격화되고 있으며 신규기술의 연구개발의 이른 단계부터 시민을 포함한 다양한 이해관계자를 논의에 참여시켜 진행하는 「상향식 참여(upstream engagement)」의 필요성이 강하게 인식되고 있었다. 앞서 인용한 2004년 왕립협회와 왕립공학아카데미 보고서에서 제7장 「이해관계자와 시민과의 대화」에서 권고되기도 했으며, 2000년대 후반 영국

8. 신규기술과 리스크 커뮤니케이션: 나노테크놀로지의 예

에서는 다양한 리스크 커뮤니케이션 활동이 있었다. 그중 하나로 「나노배심 (Nano Jury UK)」이라는 시민 패널이 있다. 시민 배심원단이라는 방식은 실제의 배심원제도를 본뜬 것으로, 이것은 2005년에 케임브리지 대학의 조직이 그린피스, UK 등과 공동개최하고 또한, 가디언지도 미디어로서 참가하였다. 프로젝트의 목적은 나노테크놀러지에 대한 일반적인 반응을 파악하는 것이 아니라, 일반적인 토론에서는 들을 수 없는 의견을 듣는 것이다. 16명의 시민배심원은 1회당 2시간 반의 세션에, 주 2회씩 5주간, 즉 10회 참가하고, 그 후 전문가를 초청해서 6회의 세션에 참가하고, 다시 3회 권고문을 작성했다. 권고의 23항목 중 13항목은 전반적인 것으로, 나머지 10항목은 ICT(정보기술), 에너지, 건강에 관한 것이었다. 감독패널의 일원으로 평가에 참여한 전문가는 나노물질이 노출되는 것에 대한 사전의 건강 리스크에 대해 논의는 쉽지만, 신규기술에 대한 「상향식」 참여만이 가능한 성과를 내려면 전통적인 리스크 커뮤니케이션에 근거한 대화를 넘어, 장래를 내다보는, 공공적인 가치관이나 기술 거버넌스 본연의 자세와 같은 보다 넓은 틀을 파고 들어갈 필요가 있다고 지적한다(Pidgeon and Rogers-Hayden, 2007). 그러나 이 경우, 동시에 권고내용이 너무 막연할 우려도 있다는 것을 주의해야 한다.

일본에서도 사회적 쟁점이 되지 않는 단계에서 시민참여형으로 과학기술을 평가한다는 취지 아래 나노테크놀러지를 대상으로 한 시민참여형 기술평가 사례가 있다(Mikami et al., 2009). 이것은 「나노트라이(NanoTRI)」라고 불리는 일련의 행사로 미니컨센서스 회의, 그룹인터뷰, 사이언스 카페라는 3종류의 기법으로 이루어진다. 2008년 9월부터 10월까지 진행되었으며 농업이나 식품에 대한 나노테크놀러지의 응용을 대상으로 한 것이었다. 미니컨센서스 회의는 3차례로 나눠 실시됐다. 첫째 날에는 전문가로부터 ①나노란 ②나노식품의 실례 소개, ③나노의 계측, ④나노식품의 안전성, ⑤나노식품의 연구프로젝트 등의 내용으로 정보제공이 이루어졌으며, 이에 따라 10명의 참가자 사이에 질문이 정리되었다. 둘째 날에는 5명의 전문가가 참가자로부터의 질문(나노로 할 필요성, 나노의 장점·단점, 인허가와 규제, 비즈니스의 측면, 음식문화의 측면, 장래전망 등)에 응답하고, 셋째 날에는 참가자끼리 논의가 이루어져 최종적으로 참가자 사이에 음식문화, 안전성에서 교육까지 다방면에 걸친 사항을 다룬 6페이지의 제언이 도출되었다.

(2) 시민과 커뮤니케이션의 어려움

나노테크놀러지에 대하여 시민과의 커뮤니케이션은 보홀름(Boholm)과 라슨(Larson)이 과거 20년간의 관련문헌을 리뷰한 후, 커뮤니케이션의 어려움을 시민측의 문제점 3점, 사회 측의 문제점 4점, 나노테크놀러지 자체의 문제점 4점으로 정리하고 있으므로 소개한다(Boholm and Larson, 2019). 우선 시민측의 문제로 첫째, 일반시민의 흥미·관심이 낮다는 것이다. 나노테크놀러지는 일반적으로 시민참여를 유도하는 문제가 아니므로 나노테크놀러지의 리스크 거버넌스에 대해 적극적으로 관심을 가지는 시민은 소수이다. 둘째, 시

8. 신규기술과 리스크 커뮤니케이션: 나노테크놀러지의 예

민은 획일적이지 않고 다양하다는 것이다. 따라서, 같은 정보라도 다른 이해로 이어질 수 있다. 셋째, 사람들이 사전에 가지고 있는 가치관과 감정에 의존한다는 것이다. 우리는 스스로의 가치관이나 감정과 일치하지 않는 정보를 받아들이지 않는 경향이 있다.

다음으로 사회측 문제점으로서 첫째, 매스미디어가 국민의 의식에 영향을 주는 것을 들 수 있다. 둘째, 매스미디어의 표현이 단편적이고 애매하다는 것이다. 셋째, 나노테크놀러지에 특화된 법률이 없고, 정책이나 규제가 분야마다 제각각인 것이다. 넷째, 나노테크놀러지나 나노물질이라고 하는 중요한 개념의 정의가 다양하다는 것이다.

마지막으로 나노테크놀러지 자체의 문제점으로서 첫째, 「두려움(dread)」리스크의 결여를 들 수 있다. 통상적으로 제어가 어렵거나 파국적이거나 치명적인 리스크는 「두려움(dread)」인자가 높아져 세상의 관심이 높아진다. 둘째, 너무 작아서 사람의 인식을 초월하는 것이다. 따라서 의사소통이 어려워진다. 셋째, 용도가 광범위하다는 점이다. 기초과학의 소통에 공통되는 어려움이다. 넷째, 나노테크놀러지의 리스크 자체에 불확실성이 크다는 것이다.

이를 근거로 하여 결론적으로 다음 사항을 권고하고 있다. 첫 번째는 커뮤니케이션의 목적을 명확히 하는 것이다. 그렇게 함으로써, 언제 누가 누구에게 어떠한 커뮤니케이션을 해야 하는지가 비로소 밝혀진다. 두 번째는 책임 있는 방법으로 선행연구를 활용하는 것이다. 일반 시민의 태도와 리스크 인지의 관계 등 선행연구는 비교적 많으며, 개별연구에만 근거하는 것이 아니라 선행연구의 체계적인 리뷰에 근거해야 한다. 세 번째는 상황에 맞는 커뮤니케이션을 전개하는 것이다. 네 번째는 커뮤니케이션을 위한 범용적인 체계를 개발하는 불필요한 노력을 하지 않는 것이다. 나노테크놀러지의 응용분야, 산업분야, 규제기관별로 다양한 커뮤니케이션 전략을 개발해야 한다.

(3) 산업계의 리스크 커뮤니케이션

공업적으로 생산된 나노물질에 많은 소비자가 노출되는 장면은 아직 그다지 상정되지 않았기 때문에 일반시민을 대상으로 한 리스크 커뮤니케이션은 「상향식 참여」가 되지 않을 수 없으며, 구체적인 노출장면을 전제로 한 리스크 커뮤니케이션을 하는 장면은 실제로는 그리 많지 않다. 진정한 의미에서의 리스크 커뮤니케이션은 일반시민으로부터는 잘 보이지 않는 부분, 즉, 사업자 내부, 사업자 간, 사업자와 행정기관에서 활발하게 진행되었다. 탄소나노튜브의 발암성이 문제가 된 2008년 이후 많은 사업자가 나노소재를 사용한 연구개발과 제품화에 신중히 대하고 있으며, 연구개발 부서는 경영진 또는 법무나 품질평가를 담당하는 부서로부터 작업환경이나 제품의 안전성에 대한 설명을 여러 차례 요구받게 되었다. 또한, 중간관리직은 부하직원들로부터 실험이나 작업의 안전성에 대한 질문을 받거나 불안을 호소하는 경우가 증가했다고 한다. 또한, 탄소나노튜브를 비롯한 나노소재의 용도 개발을 위해 샘플을 다른 회사에 제공할 때에도 상대방으로부터 안전성에 관한 추가적인 정보를 요구받는 일도 증가했다. 해외수출처로부터 안전성에 관한 설명을 요구받는 경우가 있음을 쉽게 예상할 수 있다. 이러한 장면은 외부에서는 쉽게 보이지 않지만, 문자 그대로 리스크 커뮤니케이션이 실천되어 온 것이다.

이와 같이 법규제에서 요구하는 리스크 평가가 아니라 자율적으로 실시하는 리스크 평가의 요구가 증가한 것에 대해서, 특히 탄소계 나노물질에 대해서는 산업기술종합연구소가 사업자의 자율적 안전관리를 위한 안전성시험종합절차서, 배출·노출평가 안내서, 그리고 물질별 사례연구보고서를 작성하고 있다(産業技術総合研究所, 2017). 그러나 이러한 상황에서 어떠한 리스크 커뮤니케이션이 필요한 것인지에 대해서는 아직 정리된 조사나 가이드라인이 없는 현실이다.

참고문헌

岸本充生, 高井亨, 若松弘子, ナノテクノロジーに対する認知·態度·行動についての定点観測 : 2005~2009年, 2010年6月.
https://researchmap.jp/kishimoto-atsuo/books_etc/36455771(accessed 2022-02-28)

岸本充生(2018) 「エマージング·リスクの早期発見と対応—公共政策の観点から—」保険学雑誌642, pp.37-60.

五島綾子著 『＜科学ブーム＞の構造 : 科学技術が神話を生み出すとき』 みすず書房, 2014年.

産業技術総合研究所(2011). ナノ材料リスク評価. 産業技術総合研究所 安全科学研究部門.

https://riss.aist.go.jp/results-and-dissemin/953/(accessed 2022-02-28)

産業技術総合研究所(2016). ナノ炭素材料の自主安全管理支援のためのケーススタディ報告書. 産業技術総合研究所 安全科学研究部門.

https://riss.aist.go.jp/results-and-dissemin/1626/(accessed 2022-02-28)

産業技術総合研究所(2017). ナノ炭素材料の安全性試験総合手順書, ナノ炭素材料（カーボンナノチューブ, グラフェン）の排出・暴露評価の手引き, ナノ炭素材料の自主安全管理支援のためのケーススタディ報告書.

https://riss.aist.go.jp/results-and-dissemin/861/(accessed 2022-02-28)

三上直之, 杉山滋郎, 高橋祐一郎, 山口富子, 立川雅司(2009).「上流での参加」にコンセンサス会議は使えるか：食品ナノテクに関する「ナノトライ」の実践事例から. 科学技術コミュニケーション6：pp.34-49.

エリック・ドレクスラー著『創造する機械』パーソナルメディア, 1992年.

マイケル・クライトン著『プレイ―獲物―(上)(下)』早川書房, 2003年.

Boholm, A. and Larson, S. (2019). What is the problem? A literature review on challenges facing the communication of nanotechnology to the public. Journal of Nanoparticle Research 21：p.86.

Braman, Donald；Kahan, Dan M.；Slovic, Paul；Gastil, John；and Cohen, Geoffrey L., "Affect, Values, and Nanotechnology Risk Perceptions：An Experimental Investigation" (2007). GW Law Faculty Publications & Other Works. 207.

ECHA (2020), Understanding the public's perception of nanomaterials and how their safety is perceived in the EU, Final report. European Chemical Agency.

8. 신규기술과 리스크 커뮤니케이션: 나노테크놀러지의 예

OECD (2013), Recommendation of the Council on the Safety Testing and Assessment of Manufactured Nanomaterials.19 September 2013-C(2013) p.107.

Pidgeon, N. and Rogers-Hayden, T.(2007). Opening up nanotechnology dialogue with the public : Risk communication or 'upstream engagement'. Health, Risk & Society 9 : 2, pp.191-210.

Takagi, A. et al. (2008). Induction of mesothelioma in p53+/- mouse by intraperitoneal application of multi-wall carbon nanotube. J Toxicol Sci. 33(1), pp.105-16.

U.S. National Science and Technology Council (2000). National Nanotechnology Initiative : The Initiative and Its Implementation Plan, NSTC/NSET Report, July 2000.

9 | 원자력과 리스크 커뮤니케이션
야기에코우(八木絵香)

《**학습포인트**》 이 장에서는 ①국내에서 원자력발전소의 입지·건설이 진행된 1960~70년대부터 체르노빌사고까지, ②몬주사고를 시작으로 1990년대부터 2000년대에 걸쳐 원자력시설의 사고나 불상사가 속발하고 있던 시기, ③후쿠시마 제1원자력발전소 사고 이후 등, 3단계로 구분하여 주로 국내의 원자력발전을 둘러싼 리스크 커뮤니케이션에 대해 개략적으로 설명한다. 원자력을 둘러싼 리스크 커뮤니케이션의 과제는 원자력발전에 한정되는 것이 아니다. 국내에서도 2000년대 이후 주목을 받았으며 높은 수준의 방사성폐기물처리문제나 사용 후에 연료의 중간저장시설을 둘러싼 문제도 있다. 또한, 후쿠시마 제1원자력발전소 사고 후에는 후쿠시마현산 농작물 등의 출하, 저선량피폭(低線量被曝), 오염수의 해양 방출, 지정폐기물(1킬로그램 당 8,000베크렐을 넘어 환경장관이 지정한 폐기물)의 처분 등을 둘러싼 리스크 커뮤니케이션의 필요성이 강하게 인식되어 있다. 이 장에서는 지면 관계상 원자력발전을 중심으로 원자력의 리스크 커뮤니케이션에 대해 개략적으로 설명하는데, 이러한 과제들이 원자력을 둘러싼 리스크 커뮤니케이션의 범위에 포함된다는 것도 부연해 둔다. 그 후 원자력의 리스크 커뮤니케이션이 이른바 이해 추진활동에서 본질적인 의미의 리스크 커뮤니케이션으로 이행하려고 노력해 온 경위와 그 과제에 대해 해설을 덧붙였다.

《**키워드**》 원자력과 리스크 인지, 신뢰, 원자력에 관한 여론, 후쿠시마 제1원자력 발전소 사고

9. 원자력과 리스크 커뮤니케이션

1. 리스크 심리학으로 본 원자력

(1) 리스크 심리학과 원자력

심리학 분야에서는 1960년대 후반부터 리스크 인식(Risk Perception) 연구가 주목을 받게 되었다. 이것은 1960년대 후반부터, 국내외를 막론하고 환경문제나 약물피해, 항공기사고 등으로 다양한 과학기술의 리스크가 표면화되면서 이에 대한 사회적 관심이 높아진 흐름과 무관하지 않다. 이러한 사회적 상황변화 속에서 과제가 된 것 가운데 하나는 전문가의 리스크 평가와 일반시민의 평가가 크게 다를 수도 있다는 것이었다. 전문가가 어떤 과학기술의 리스크가 낮다고 판단했을 때에도 일반시민이 그 리스크를 높다고 판단해 사회적 수용이 진행되지 않는 사례가 속출한 것이다. 이러한 배경에서 전문가와 시민의 리스크 인식이 다른 이유는 무엇인가를 탐구하는 연구가 시작되었다.

대표적인 연구는 슬로빅(Slovic) 등(1979, 1987)에 의한 연구이다. 일련의 연구에서 Slovic 등은 시민은 사망자수가 많고 적음에 관계없이「두려움 인자(Dread Risk)」와「미지성 인자(Unknown Risk)」의 존재를 높은 리스크로 평가하는 경향을 분명히 하고 있다. Slovic 등에 의한 이와 같은 연구는 사회를 전문가와 비전문가로 구분하고, 그 리스크 인식의 차이를 분명히 밝히는 동시에 시민의 리스크 인식에 영향을 주는 요인을 추출하는데 주안점을 두고 있다. 그 배경에는 시민의 인지적 편향을 개선하고 시민이 전문가와 동등

한 지식을 갖는 것이야말로 리스크에 관한 다양한 과제를 해결할 수 있다는 생각이 있었다.

Slovic은 「두려움 인자」와 「미지성 인자」의 2가지로 리스크 인식을 규정하고 있었는데 이때부터 그 2가지가 모두 높았지만, 대표적인 예로서 지적되고 있던 것이 원자력이다. 그리고 같은 내용으로 시대를 초월하여 일본에서도 재현되었다. 예를 들어 기타다(北田, 2004)의 연구에서는 10년간의 사망자수 데이터를 제시할 때에도 교통사고, 철도사고, 항공기사고, AIDS와 비교하여 원자력시설의 사고는 리스크가 높은 것으로 인식되고 있었음을 보여주고 있다.

(2) 원자력과 신뢰

또한, 원자력의 리스크가 높은 것으로 인지되어 온 배경에는 원자력 리스크를 관리하는 조직이나 사람에 대한 신뢰부족에 있다. Slovic(1993)은 「신뢰를 얻기 위해서는 많은 근거가 필요하지만, 신뢰할 수 없다고 인식되기 위해서는 한 가지 나쁜 사례만 있으면 된다. 한편 신뢰할 수 없다는 인상을 지우기 위해서는 많은 근거가 필요하지만 신뢰할 수 있다는 평가는 하나의 나쁜 사례만 있어도 상실된다」라고 하는 신뢰의 비대칭성 원리를 제시하며 리스크 인식에 있어서 정보를 보내는 사람과 내용에 대한 신뢰가 큰 영향을 미치고 있음을 시사했다.

같은 연구에서는 신뢰획득이 어려운 이유로서, ①신뢰를 무너뜨리는 사건은 눈에 띄기 쉽다, ②긍정적인 정보보다 부정적인 정보 쪽이 부각하기 쉽다, ③나쁜 정보(리스크를 나타내는 정보)는 신뢰받기 쉽다, ④신뢰할 수 없다고 하는 감정은 보다 강화되고 계속하기 쉽다는 4가지가 제기되고 있다.

1986년 체르노빌 원자력발전소 사고 이후, 국내에서도 고속증식로 몬주사고(1995), JCO임계사고(1999년), 도쿄전력주식회사의 부정문제·데이터조작문제(2002년) 등 실제로 피해도 있지만, 원자력 사업자로부터 올바른 정보가 제공되지 않는 사례나 정식 절차를 벗어난 방법으로 인한 사고, 또한 검사데이터의 조작 등이 발생해 왔다. 이와 같이 원자력분야에서 신뢰의 획득이 어려운 4가지 조건이 계속 갖춰진 것이 원자력에 대한 리스크 인식을 계속 높이는 배경이 되었다.

2. 후쿠시마 제1원자력발전소 사고 이전의 리스크 커뮤니케이션

(1) 원자력 여명기의 리스크 커뮤니케이션

일본에 원자력기술이 도입된 1950년대 후반부터 60년대에 걸쳐서는 지역을 양분하는 격렬한 논쟁 끝에 그 입지가 승인된 지역도 있었지만, 최종적으로 합의가 이루어지지 않는 상황은 거의 없었다. 원자력의 입지는 현재와 비교하면 오히려 전체적으로는 긍정적인 것으로 받아들여졌다고 할 수 있다. 1957년에 일본원자력연구소 동

해연구소(東海硏究所)의 연구용 원자로(JRR-1)가 일본 최초의 원자로로 가동되기 시작했을 때도 신문들은 긍정적인 주제로 보도하여 대다수 국민은 그것을 큰 의문 없이 받아들이고 있었다고 한다(柴田 ら, 1999a).

이러한 긍정적인 의견이 지배적인 상황에 변화가 보이기 시작한 것은 1970년대에 들어와서이다. 1970년대 이후에 입지계획이 발표되어 현재까지 신규로 원자력발전소가 건설(포함, 미운전)된 예는 3개소에 불과하여 입지계획 발표단계나 이전 입지준비 작업단계에서 계획이 중지되는 사례가 계속되고 있다.

이러한 상황 속에서 국회나 실제로 입지가 추진되는 지역 안에서도 다양한 논의가 이루어졌다. 그러나 이러한 논의는 추진을 주장하는 전문가와 반대를 주장하는 시민이라는 구도로, 논쟁은 반드시 맞물리지는 않았고, 시바타(柴田, 1999b)가 저서에서 「정말 안전한가라는 반대파에 몰려 추진파가 필요 이상으로 안전성을 지나치게 강조했다는 상황이 떠 오른다」고 지적한 것처럼 추진 주체가 반대하는 시민을 설득하기 위한 장소로서 기능하는 경우가 적지 않았다[1].

한편 1987년 8월(체르노빌사고 다음해)에 실시된 내각부의 여론조사에서는 원자력발전소의 필요성에 대해서는 「현상태로 유지해야 한다」는 여론이 지배적이고, 불안감을 느끼면서도 원자력시설에 대한 사회적 필요성은 인식되어야 하는 딜레마가 이 당시 원자력을 둘

---

1) 당시의 원자력전문가 입장에서 보면, 시민은 자본투자 등 다양한 수단을 이용해 설득하고 납득시키는 대상이었다고도 표현할 수 있다. 1974년에 전원3법(電源三法)이 제정되어, 「원자력발전소를 입지한 지자체의 부담금(吉岡 : 1999)」으로 전원입지촉진 대책교부금이 지급되는 구조가 만들어진 것도 이 무렵이다.

러싼 상황이었다.

(2) 몬주사고 이후 원자력에 대한 리스크 인지

나카타니우치(中谷內, 2003)는, 미국의 리스크 인지 연구결과로부터, 리스크 심리학의 초기 단계에서는, 리스크 인지 순위에서 원자력은 항상 최상위에 있었던 반면, 1990년대 이후 원자력에 대한 리스크 인지가 낮아지고 있다는 인상이 적지 않다고 지적하고 있다. 나카타니우치는 그 이유를 「미국에서는 TMI(Three Mile Island) 사고 이후, 원자력발전이 억제되는 경향이 있어, 눈에 띄는 사고도 보도되고 있지 않은 것이 영향을 줄 가능성이 있다」라고 설명하고 있다.

한편, 일본에서는 고속증식로 몬주사고(1995년), 구)동연동해사업소(旧)動燃東海事業所) 화재폭발사고(1997년), JCO임계사고(1999년)로 연달아 원자력시설의 사고나 불상사가 발생함으로써 원자력 리스크에 관한 관심이 여전히 높은 상황이 계속되고 있다고 나카타니우치는 지적하고 있다. 이 지적은 기타다(北田, 2004)의 조사결과와도 일치하며, 국내에서는 1990년대 이후에도 사람들의 원자력 리스크 인식이 높은 상황에 있었다.[2]

---

[2] 원자력발전에 대한 여론조사는 다양한 주체가 다른 각도에서 접근하고 있지만, 그 설문설계에 의한 응답의 경향에는 차이가 있다. 지속적이고 다양한 주체에 의한 여론조사결과를 개관하기 위해서는 기타다(北田, 2013, 2019)를 참고할 수 있다.

(3) 몬주사고 이후의 원자력에 관한 리스크 커뮤니케이션

이러한 여론 상황을 바탕으로 국가의 원자력관계기관에서 적극적인 리스크 커뮤니케이션 활동이 전개되었다.

1995년 12월 몬주사고 이후 여론조사에서 불안의 목소리가 강한 상황이 지속될 뿐만 아니라 1996년 1월에는 원자력 발전출력이 상위를 차지하고 있던 후쿠시마·니가타·후쿠이의 3개현 지사로부터 「3개현 지사 제언」이 내각총리, 당시 과학기술청 장관과 통상산업장관에게 제출되었다. 이는 지금까지 국가의 원자력발전정책을 지지하고 적극적으로 원자력발전소 건설을 추진해 온 지역에서도 국가에 대해 강한 불만이 표명된 상징적인 사건이었다. 이에 따라 국가(원자력위원회)는 국민 각층으로부터 폭넓은 참가를 요구하고 다양한 의견을 청취하여 앞으로 원자력정책에 반영시키는 것을 목표로 「원자력정책 원탁회의3)」를 설치했다.

제1기의 반성을 바탕으로 제2기째(1998년)부터는 의제의 선정이나 논의의 진행을 중립적으로 유지할 수 있도록 원자력위원회와는 독립적인 민간기관의 사무국에 의뢰해 의제, 참가자 선정 등의 회의 운영은 모두 사회자의 책임 아래 실시하는 형식으로 변경된 것 외에도 반대하는 주장 단체의 회원보다는 소비자에게 가까운 시각에서 논의할 수 있는 사람을 회원으로 추가하는 등 이해관계자 확대의 연구도 이루어졌다. 또한, 같은 시도는 원자력위원회의 「시민참여간담

---

3) 원자력정책원탁회의에 대해서는 아래를 참조할 것.
https://www.aec.go.jp/jicst/NC/iinkai/entaku/index.htm (2022년9월19일 현재)

9. 원자력과 리스크 커뮤니케이션

회」, 원자력안전위원회에 의한 「지방원자력안전위원회」 등에서도 전개되어 조금씩이나마 일방적인 정보제공이 아닌 양방향 시도와 시민의 목소리를 경청하는 수준까지 진행되기 시작했다.

이러한 시도는 원자력과 관련된 국가기관과 그곳에 소속된 원자력 전문가로부터 시민에게 정보전달이나 커뮤니케이션 방식은 사회적 수용(PA: Public Acceptance)이라 불리는 일방의 설득으로 정보전달이 되었던 시대와 비교하면, 보다 시민과의 대화를 중시하는 방향으로 이행했다는 의미에서 일정한 평가를 할 수 있다.

그러나 한편으로는 그러한 보고서에서, 「듣는 것만으로는 일방통행이지 대화도 없으며 의견교환도 없다. 일방적으로 이야기하고 끝나는 강연회」, 「시민이 주역이 아니라 패널과 옵저버가 주역이었다.」 등 대화를 목적으로 하면서도 일방적인 정보제공의 색채가 강해 충분한 대화가 성립되고 있지 않다는 등의 지적도 있었다. 또한, 원자력을 추진하는 주체인 원자력위원회가 주최하는 것에 대해 원자력위원회는 당연히 시민의 의견을 반영하여 향후 원자력정책을 전개해 나갈 각오가 있는지를 묻는 목소리나 「의견을 들었다고 하는 알리바이를 만드는 것에 그치지 않도록 방법을 잘 생각해 달라」며 그 실효성에 의문을 제기하는 목소리도 확인되고 있었다.

지금까지 살펴온 바와 같이 국가에 의한 원자력 커뮤니케이션 활동은 몬주사고 이후 조금씩 새로운 방향으로 전개되고 있지만, 실시 방법론이나 주체에 대한 신뢰성 확보에 대해 해결해야 할 과제가 남아 있는 상황이다.

(4) 도쿄전력 사건과 입지 지역에서의 리스크 커뮤니케이션

그러한 가운데 밝혀진 것이 2002년의 도쿄전력 주식회사에 의한 자율점검 작업기록 부정사건(이하, 「도쿄전력 사건」)이다. 원자력발전소는 정기점검을 하도록 하는 것이 법률로 정해져 있다. 그 정기점검에서 도쿄전력은 원자로 압력용기 내에 기기(슈라우드)의 균열 등을 발견했음에도 불구하고 그 기록과 국가에 보고하는 내용을 조작하고 있었다. 이 도쿄전력 사건에 의해 재차 사업주체의 신뢰성을 주목받게 되었다. 게다가 그 후, 다른 전력회사에서도 유사한 보고 누락 등이 발각되어, 사회는 재차 원자력발전소를 운영하는 전력회사에 대해서 강한 불신을 갖게 되었다.

이 사건을 계기로 특히 입지 지역의 커뮤니케이션을 목적으로 설치된 것이 2003년 2월에 설치된 「후쿠시마현 원자력발전소 소재 지역정보회의[4]」나, 같은 해 5월에 설치된 「가시와자키 가리와 원자력발전소의 투명성을 확보하는 지역모임[5]」이다. 이러한 조직은 유사한 불상사를 방지하기 위해서는 발전소의 투명성 확보에 역점을 두는 것이 필요하다는 관점으로부터 국가나 사업자에 대해서 정보공개를 강하게 요구해 가는 것을 목적으로 설립되었다.

이 두 조직은 프랑스의 원자력시설 입지지역에 설치된 사업자나

---

[4] 후쿠시마현 원자력발전소 소재 지역정보회의에 대해서는 아래를 참조할 것. 2011년 2월을 마지막으로 동 회의는 개최되고 있지 않다. https://www.tepco.co.jp/nu/f1-np/i_meet/index-j.html(2022년 9月19日 現在)

[5] 카시와자키 가리와 원자력발전소의 투명성을 확보하는 지역의 모임에 대해서는 아래를 참조할 것. https://www.tiikinokai.jp (2022년 9월19일 기준)

9. 원자력과 리스크 커뮤니케이션

주민대표와 관계 주체가 참가하는 「지역정보위원회(Commission Locale d'Information ; CLI)」를 참고하여 설립되었다. CLI는 스가와라(菅原, 2010)가 지적한 바와 같이 법률에 의한 「사업활동의 계속적 평가나 정보의 주지, 원자력 안전·방사선 방호·공중과 환경에 미치는 영향에 관한 협의」를 목적으로 설치되어 있다. 이러한 형태를 취함으로써 다양한 이해관계자가 모이는 CLI의 존재에 법적근거를 부여하고, CLI 자체에 시설운전에 관한 권한은 없지만, 예산의 절반을 국가가 부담하여 그 자유로운 활동을 보증하고 있다. 입지지역이 원자력사업의 투명성을 쉽게 확인할 수 있는 형태로 제도를 명확히 함으로써 민주적인 프로세스, 즉 본질적인 의미의 리스크 커뮤니케이션 기본방향을 제시하고 있다.

그러나 국내에서는 CLI가 수행하고 있는 사업자와 주민 사이 커뮤니케이션의 역할에만 주목하여 적극적인 정보의 발신체제를 일본의 사업자도 본받아야 한다는 주장이 주류였다(菅原, 2010). 앞에서 언급했듯이 CLI가 담당하는 기능은 단순한 정보의 공유나 규제·사업자와 주민과의 커뮤니케이션이 아니라 그 리스크 관리를 민주적인 프로세스 속에 위치시키는 것이다. 그 단계에까지 미치지 못한 채 2011년 후쿠시마 제1원자력발전소 사고가 발생한 것이다.

3. 후쿠시마 제1원자력발전소 사고를 둘러싼 리스크 커뮤니케이션

(1) 후쿠시마 제1원자력발전소 사고 당시

　이 책의 목표는 리스크 커뮤니케이션이다. 리스크 커뮤니케이션의 개념규정에는 다양성이 있는데, 그 정의를 제1장에서 제시한 바와 같이 「사회의 각층이 대화·협동·공론화를 통해서 리스크와 편익, 그러한 거버넌스 본연의 자세에 관해 다양한 정보와 의견의 공유, 신뢰 조성을 도모하는 활동」이라고 한다면, 리스크 커뮤니케이션은 사고나 재해의 와중에서도 사태가 진행되어 차례차례 대응이 요구되는 「유사(有事)」커뮤니케이션이 아니라, 그 유사를 막기 위해 혹은 그렇게 되었을 때 실질적 피해가 가능한대로 경감되고 또한, 사회의 각층이 각각 가치기준에 근거해서 자신의 행동을 선택할 수 있기 위한 「평상시」의 노력이라 할 수 있다.

　그런 의미에서 후쿠시마 제1원자력발전소 사고발생 시에, 가장 짧게 잡아도 2011년 3월 22일 4호기의 핵연료 저장소에 물을 주입하는 것이 가능해져, 핵연료가 녹아내릴 위기가 회피되는 단계까지는, 거기서 행해지고 있던 다양한 정보의 발신과 그로부터 파생된 커뮤니케이션은, 본 교재에서 목표로 하는 리스크 커뮤니케이션이 아니라 유사한 커뮤니케이션이었다고 평가할 수 있다.

　이러한 위기 커뮤니케이션의 상황에서는 리스크 커뮤니케이션에서 요구되는 「상호작용」, 「대화」, 「협동」, 「공론화」라고 하는 리스크에 대하여 일정한 커뮤니케이션보다 긴급사태의 대처를 위해서 「하향식」, 「일방향적」, 「정보나 대처방안」의 제공이 신속히 이루어져야 하는 것이 중요하다.

물론 그러한 위기 커뮤니케이션에 있어서 리스크 커뮤니케이션의 개별적인 인지가 전혀 무용지물인 것은 아니다. 그러나 원자력발전에 관한 리스크 커뮤니케이션이라는 관점에서 보면, 2000년대 초반까지 몇 차례 심각한 사고나 사건이 발생해서 입지 지역을 비롯해 국민으로부터 그에 대한 경종이 울렸음에도 불구하고 본질적인 의미의 리스크 커뮤니케이션, 즉 커뮤니케이션을 통해서 원자력정책의 방향성은 재검토하였으나, 리스크 관리의 방향성에 대해서는 재검토하지 못했다. 오히려 알기 쉬운 정보제공과 사회적 수용이라는 좁은 의미의 커뮤니케이션에서 그 해결책을 찾아내려고 했던 것이야말로 큰 과제였다[6].

(2) 에너지·환경에 관한 국민적 토론 2012[7]

그런 의미에서 후쿠시마 제1원자력발전소의 사고를 둘러싼 리스크 커뮤니케이션은 사고 이후의 원자력 정책형성에 있어서, 어떠한

---

6) 리스크 커뮤니케이션의 범위나 그 정의로 보면 사고 직후 혹은 와중에 직접적으로 유익한 시사점을 제시할 수는 없다. 그러나 한편으로는 사고로 인해 수많은 사람이 고향을 떠나고, 또 그 피난의 와중에 목숨을 잃은 사람들도 적지 않은 등, 그 피해의 심각성을 감안하면, 그렇다고 해서 그것을 허용할 수 없다는 지적도 존재할 것이다. 그 비판도 받아들이면서 리스크 커뮤니케이션의 본연의 자세를 재차 검토할 필요가 있다.
7) (2) (3)의 설명은 방송대학대학원 교재 「리스크 사회에 있어서 시민참가」의 4장에 상세히 기술되어 있으므로 참조할 것.

리스크 커뮤니케이션이 이루어졌는가 하는 관점에서 점검할 수밖에 없다. 후쿠시마 제1원자력발전소 사고를 계기로 사고대응을 진두지휘한 당시의 민주당 정권은 에너지정책의 근본적인 재검토를 강요받았다. 사고발생으로부터 2개월 후인 2011년 5월에는 에너지·환경회의가 설치되고, 같은 해 7월에는 「혁신적 에너지·환경전략을 향한 중간적인 정리」가 제시되었다. 이 중간적인 정리에서는 기본이념으로서 「새로운 베스트 믹스 실현을 위한 3원칙」, 「새로운 에너지시스템 실현을 위한 3원칙」, 「국민의 합의형성을 위한 3원칙」이 제시되고 있다. 이 세 번째 국민의 합의형성을 위한 3원칙이 본질적인 의미의 리스크 커뮤니케이션을 실행하기 위한 기반이 되었다.

 국민의 합의형성을 위한 3원칙은 ①「반원전」과「원전추진」의 두 가지 대립을 극복한 국민적 논의를 전개한다, ②객관적인 데이터에 근거해 전략을 검토한다, ③국민 각층과의 대화를 통해서 혁신적 에너지·환경 전략을 구축하는 것이며, 여기에 리스크 커뮤니케이션이라는 단어는 나오지 않는다. 그러나 이것이 바로 「사회 각층이 대화·협동·공론화를 통해 리스크와 편익, 그러한 거버넌스의 방향성에 관한 다양한 정보와 견해의 공유와 신뢰의 양성을 도모」하는 리스크 커뮤니케이션 활동 그 자체이다.

 2012년 여름에 실시된 에너지·환경에 관한 대국민 토론에서는, 기존의 퍼버릭코멘트(의견공모제도), 전국 11개소에서 행해진 의견청문회, 토론형 여론조사라고 하는 시민참여형 방식을 진행하여 다각적인 리스크 커뮤니케이션이 실시되었다. 특히 미국 정치학자 제임스 피시킨이 개발한 토론형 여론조사(Deliberative Opinion

Poll ; DP 「이하, DP」)를 활용하였다. DP는 토론형 여론조사인데 일반적인 여론조사와는 달리 참가하는 사람들에게 사전에 정보자료를 배부하고, 이를 바탕으로 참가자끼리 또는, 참가시민과 전문가가 토론하고, 그 토론 전후로 참가자의 의견이 어떻게 변화했는지를 가시화한다는 점이 특징이다.8)9)10)

이 DP를 포함한 국민적 논의결과는 「국민의 과반수 이상은 원전이 없는 사회를 원한다」는 형태로 표현되었으며, 2012년 9월에 제시된 혁신적 에너지·환경전략에서는 이 결과를 바탕으로 2030년대에 원자력 제로를 목표로 정책자원을 최대한 투입한다는 전략을 제시하였다. 그러나 이 전략은 정부의 정책으로 각료회의에서 결정은

---

8) 필자는 DP실행위원회 아래에 설치된 제3자 검증위원회의 전문조사원으로서 일련의 과정에 참여 관찰하고 그 검증을 했다. 결과 개요와 검증 결과에 대해서는 아래 자료와 같다.
https://www.cas.go.jp/jp/seisaku/npu/policy09/sentakushi/database/video/index.html
9) 국민적 논의에 관한 자료나 토론내용결과에 대해서는 아래 자료와 같다.
https://www.cas.go.jp/jp/seisaku/npu/policy09/sentakushi/index.html
또한, 이 국민적 논의의 상세한 내용과 그로부터 드러난 리스크 커뮤니케이션상의 과제에 대해서는, 야기에코우(八木絵香 : 2021)를 자세히 참조.
10) DP의 응답 방식에 대해 기본적인 설명을 덧붙인다. 이 DP의 결과는 「원자력 발전 제로 지지○%」와 같이 표현되는 경우가 적지 않지만, 실제로는 「제로 시나리오 ·15% 시나리오 · 20~25% 시나리오」의 3가지 가운데 하나를 선택하는 방식으로 조사는 되지 않았다. DP 참가자는 3가지 시나리오 각각에 대해서 11단계 (0: 강하게 반대한다, ~5: 중간, ~10: 강하게 찬성한다)로 응답한다. 또한, 각 시나리오에 대한 설명 문장은 다음과 같다.
제로 시나리오 : 모든 원자력발전소를 2030년까지 가급적 빨리 폐지한다.
15% 시나리오 : 원자력발전소를 서서히 줄여나간다(결과적으로 2030년에 전력량의 15% 정도로 된다).
20~25% 시나리오 : 원자력발전소를 지금보다 적은 수준으로 일정하게 유지해 나간다(결과적으로 2030년에 전력량의 20~25% 정도로 된다).

이루어지지 않고, 「혁신적 에너지·환경전략을 근거로 하여 관련된 지자체나 국제사회 등과 책임 있는 논의를 해서 국민의 이해를 얻으면서, 유연성을 갖고 부단한 검증과 재검토를 실행한다」라고 하는 한 문장만이 2012년 9월 19일에 각료회의에서 결정되게 되었다.

그 결과 2014년 4월에 국무회의(각)에서 결정된 에너지기본계획에서는 원자력발전은 중요한 베이스로드 전원(기저부하)으로 자리매김하여 어느 정도 원자력발전을 계속 유지할 방향성이 제시되어 현재에 이르고 있다.

(3) 에너지·환경에 관한 국민적 논의의 평가와 남겨진 과제

앞서 언급한 바와 같이 2012년에 실시된 에너지·환경에 관한 국민적 논의에 문제가 없었다고 할 수 없지만, 지금까지 정부나 행정기관이 실시해 온 원자력에 관한 리스크 커뮤니케이션 중에서도 가장 본질에 근접한 활동이었다고 할 수 있다.

물론 이것이 정책결정에 직접적으로 반영되지 않았던 것에 대해서는 비판도 있다. 한편, 리스크 커뮤니케이션의 결과는 리스크관리에 반영되어야 함과 동시에 국가 전체의 에너지 정책까지 범위를 넓히는 경우 고려해야 할 사항이 다방면에 걸쳐있으며 「원자력발전소의 리스크를 어떻게 파악할 것인가, 그것을 사회 속에서 어떻게 취급할 것인가」라는 한정적인 국민적 논의의 결과는 직접적으로 정책결정에 반영되어야 한다고 단언할 수는 없다.

이러한 과제나 검토사항이 남아 있지만, 이 국민적 논의의 내용은 원자력의 리스크 커뮤니케이션에 관한 대처로서 일정한 평가를 할 수 있을 것이다. 2000년대에 행해진 다양한 커뮤니케이션의 대처는, 「과학연구나 과학기술정책의 프로세스를 사회에 개방하고, 시민의 참여를 확대하여 그것을 민주화」하는 운영을 목표로 하는 방향은 아니었다. 스라쿠(寿楽, 2021)가 지적하는 것처럼 전문가와 시민 사이의 커뮤니케이션을 개선하는 방안으로 축소된 활동이었던데 반해, 국민적 논의의 대처는 그 근본을 재검토하고 본질적인 리스크 커뮤니케이션을 목표로 하는 방향으로 전환되었다고 할 수 있다.

4. 탈원전 의존을 바라는 여론에 어떻게 대처할 것인가

(1) 후쿠시마 제1원자력발전소 사고 이후 원자력 여론

후쿠시마 제1원자력발전소 사고 이후 원자력발전에 관한 여론을 면밀하게 조사하고 있는 히로세(広瀬, 2013)는 ①재가동은 인정하지 않고 즉시 중단해야 한다. ②재가동을 인정하고 단계적으로 축소해야 한다. ③현재 상태를 유지해야 한다. ④단계적으로 증가해야 한다. ⑤전면적으로 원자력발전에 의존해야 한다는 5가지 설문을 이용하여 원자력발전에 관한 향후의 여론을 관측하고 있다.

이 조사에 따르면, 시간경과에 따른 변화는 있지만 일관되게 지배적인(과반수를 차지하는) 답변은 ② 재가동을 인정하고 단계적으로 축소해야 한다. 즉시 탈원전을 강력하게 주장하기보다는 현실적인

해법으로서 연착륙, 최소한의 재가동은 어쩔 수 없다고 해도 단계적으로 원자력발전 비율을 줄여 주었으면 하는 소리가 지배적이다. 이 선택사항이 강하게 지지되는 경향은 2014년 이후에도 지속되고 있는 상황이다(原子力文化振興財団, 2021).

또한, 각 신문사의 여론조사결과는 사고 이후 일관되게 재가동 반대의 목소리가 우세11) 하며「재가동에 찬성인지 반대인지」의 양자택일을 강요받았을 경우,「재가동을 인정해 단계적으로 축소해야 한다」를 지향하는 사람들의 일정수가「재가동 반대」를 지지하는 것으로 나타내고 있다. 이를 통해 사람들은 재가동 그 자체에 불안을 느끼고 있다기보다는 한 번의 재가동으로 인해 기존의 원자력발전소가 무분별하게 재가동되어 버리는 세상, 즉「후쿠시마 제1원자력발전소 이전의 세상」으로 돌아가 버리는 것을 염려하고 있다고 해석할 수 있다.

이 책에서도 다양한 사례를 통해 소개되는 것처럼 과학기술과 사회의 관계가 재조명되는 가운데 발생한 몇 가지 사회적 문제에 대해 도출된 하나의 견해는 다음과 같다.

전문가가 아닌 사람들이 정보를 검토하고 논의한 후에 내리는 결론은 전문가들 사이에서도 첨단과학기술을 둘러싼 통일된「정답」은 존재하지 않으며, 이 문제의 해결방법에는 다양한 방법이 있을 수 있다는 것이다. 그리고 사람들은 전문지식만을 근거로 어떤 결론에

---

11) 다만, 당연한 일이지만 전국을 대상으로 하는 조사와 입지지역을 대상으로 하는 조사에서는 결과가 다르다. 입지지역(市町村:시읍면)에서는 전국조사와 비교해 반대의 목소리가 약한 경향이 확인되고 있다.

도달하는 것이 아니라, 자신의 생활지식에 비추어 자신은 원자력으로 대표되는 리스크가 보이기 쉬운 과학기술과 어떤 관계를 갖고 나갈 것인가를 생각하게 된다(八木, 2013). 전문가가 아닌, 이 문제에 대한 강한 관심이나 의사를 가지지 않는 사람들이, 스스로가 질문해야 할 것이라고 평가하는 것은, 우리가 어떤 사회에서 살고 싶은지, 어떤 사회를 미래세대에 물려주고 싶은지, 라는 가치 선택 그 자체이다.

(2) 다시 한번 중요한 포인트가 되는 「신뢰」

사회심리학자 나카타니우치(中谷内, 2012)는 원자력을 둘러싼 「신뢰」를 규정하는 리스크 인지 요인으로는 능력·경험·자격이라는 형태로 표현되는 「능력(competence)에 대한 인지」와 공정성·성실성·노력이라는 형태로 표현되는 「동기부여(motivation) 인지」의 두 가지 인지요인 외에 상대방이 주요한 가치를 자신과 공유하고 있다고 느끼지는 주요가치유사성(Salient Value Similarity)이 중요하다고 지적하고 있다.

또한, 나카타니우치는 원자력사업자를 예로 들어 사회로부터 신뢰가 낮은 조직일수록 능력이나 동기부여가 아니라 「가치를 공유하고 있는가 여부」라는 인식에 따라 신뢰수준을 결정한다고 한다(中谷内, 2013). 다시 말하면 이는 원자력 관계자가 반복적으로 강조하는 사회와의 신뢰관계구축을 위해서는 전문성이나 기술력 향상(능력)과 안전에 대한 자세(동기부여)에 호소하는 것이 아니라, 리스크를 관리하는 측(원자력사업과 관련된 측)과 사회가 가치를 공유하고 있다는 것을 서로 확인할 기회가 중요하다는 지적이다.

가능하면 원자력에 의존하지 않는 사회를 실현하고 싶다. 이것이 많은 국민의 가치 선택이라는 것은 이 장에서도 소개한 여러 여론조사결과에서 분명하다. 또한, DP와 같은 정중한 리스크 커뮤니케이션의 결과로 얻을 수 있는 견해도 역시 마찬가지다. 이러한 상황에서 원자력정책을 추진하는 측이 신뢰획득을 위해 필요한 것은 우선 원자력발전의 의존도를 낮추기 위한 구체적인 공정표를 제시하는 것 외에는 없다. 그럼에도 불구하고 「원자력발전 의존도를 낮춘다」는 집권 여당의 주장은 단순한 구호에 불과하다고 느껴질 정도로 원자력사업과 관련된 사람들의 앞뒤가 맞지 않는 주장이 후쿠시마 제1원자력발전소 사고 후에도 수시로 클로즈업되어 사회의 관심을 불러일으켜 왔다. 이러한 상황에서는 사회가 원자력사업과 관련된 사람들과 가치를 공유하고 있다고 느끼기란 쉽지 않다. 그리고 가치공유가 없고, 기본적인 신뢰가 손상된 상황에서는 리스크 커뮤니케이션의 어떠한 활동도 제대로 작동하기 어렵다.

(3) 마치며

이산화탄소 배출을 사실상 제로로 하는 탄소중립으로 전환이 주목을 받는 가운데 원자력발전을 재평가하는 움직임이 일어나고 있다. 2022년 여름에는 기시다(岸田)총리가 GX(Green Transformation) 실행회의에서 원자력발전소의 재가동이나 차세대원자로개발 등에

9. 원자력과 리스크 커뮤니케이션

대해서 지금까지 정부방침의 전환을 시사하는 발언을 하는 등 그 방향성이 강화되는 흐름이 있다. 또한, 원자력발전소의「즉시」철폐를 바라는 목소리는 10년 전과 비교하면 약화하고 있다(原子力文化振興財団, 2021).

또한, 원자력기술에 대해 우호적이지 않은 사람들도 특정기술(이 경우, 재생 가능 에너지)에 과도하게 의존하는 것도 바람직하지 않으며, 어느 정도 원자력발전을 허용할 필요가 있다는 주장이 제기되기 시작했다. 여건에 따라서는 신형원자로를 포함한 연구개발에 대해, 새로운 기술개발의 가능성도 포함하여 부정적이지 않은 의견제시 경우도 있다. 그런 의미에서 원자력발전의 존재의의는 일정한 정도로 부상하고 있다고 말할 수 있을 것이다(脱炭素化技術ELSIプロジェクト ; 2022).

한편 동시에 제시되는 관점은 원자력전문가들에게 강한 반성을 촉구하는 것이기도 하다. 그것을 간단히 말하면, 후쿠시마 제1원자력발전소의 피해에 대한 기억도 있지만, 그로 인해 잃어버린 그 지역의 문화와 전통, 그리고 언어화되어 있지 않기 때문에, 경우에 따라 잃어버린 것조차도 사회적 기억 속에서 사라져 버린 다양한「가치」를 빼앗을 수 있는 원자력기술에 대한 금기감(禁忌感: 불쾌감이나 혐오감)이다. 그러한 피해를 초래할 가능성이 가급적 적은 것을 선택하고 싶다는 생각(즉, 원자력발전을 이용하고 싶지 않다)도 사회 내에서는 뿌리 깊다는 것을 염두에 두면서, 본질적인 의미에서 리스크 커뮤니케이션 전개가 원자력 분야에서도 요구되고 있다.

참고문헌

一般社団法人原子力文化振興財団(2021)，2021年度原子力に関する世論調査報告書．

北田淳子(2004) 第 2 章 原子力発電に関する世論の現状 データが語る原子力の世論：10年にわたる継続調査，プレジデント社

北田淳子(2013)　継続調査でみる原子力発電に対する世論―過去30年と福島第一原子力発電所事故後の変化，日本原子力学会和文論文誌，pp.12，3，177-196．

北田淳子(2019) 原子力発電世論の力学―リスク・価値観・効率性のせめぎ合い，大阪大学出版会

柴田鐵治，友清裕昭，1999a，第 1 章 バラ色の50年代，60年代 原発国民世論―世論調査にみる原子力意識の変遷―，ERC 出版，pp.8-24

柴田鐵治，友清裕昭，1999b，第 2 章 反対が生まれた70年代 原発国民世論―世論調査にみる原子力意識の変遷―，ERC 出版，pp.25-60

寿楽浩太(2021) 原子力と社会―政策の構造的無知にどう切り込むか，科学技術社会論の挑戦 2 科学技術と社会―具体的課題群，pp.149-168．

菅原慎悦，城山英明(2010) フランス地域情報委員会の原子力規制ガバナンス上の役割，日本原子力学会和文論文誌，9，4，pp.638-383．

脱炭素化技術ELSI プロジェクト(2022) 脱炭素化技術のELSI とその評価枠組：TA レポート http://hdl.handle.net/2115/84398

中谷内一也(2003) CHAPTER6 リスク概念再考，環境リスク心理学，ナカニシヤ出版，pp.127-141．

中谷内一也(2013) リスク認知と信頼，総合資源エネルギー調査会原子力の自主的安全性向上に関するWG 第 5 回会合資料

中谷内一也，工藤大介，尾崎拓(2014) 東日本大震災のリスクに深く関連した組織への信頼，心理学研究(doi.org/10.4992/jjpsy.85.13014)

広瀬弘忠(2013) 福島第一原発災害を視る世論, 科学, vol.83, No.12, pp.1346-1353

八木絵香(2009) 対話の場をデザインする―科学技術と社会のあいだをつなぐということ―, 大阪大学出版会

八木絵香(2013) エネルギー政策における国民的議論とは何だったのか, 日本原子力学会誌, vol.55, No.1, pp.29-34

八木絵香(2021)「福島第一原子力発電所事故と市民参加」, 八木絵香, 三上直之(編) リスク社会と市民参加, 放送大学教育振興会, pp.72-92.

Slovic, P., Fischhoff, B., & Lictenstein, S. (1979) Rating risks. Environment, 21, 14-20, pp.36-39.

Slovic, P.(1987) Perception of Risk, Science, 236, 4799, pp.280-285

Slovic, P. (1993) Perceived Risk Trust, and Democracy, Risk analysis, 13, 6, pp.675-682

(칼럼) 소셜미디어 시대의 원자력 리스크 논의

다나카미키토 (田中幹人, 와세다대학 정치경제학술원 교수)

리스크관은 시대에 따라 변화한다. 그리고, 어느 시대·어떤 사회에서도 리스크관이 형성되는 곳에는 하나의 미디어 공간이 있다. 그중에서도 현대에는 소셜미디어가 중요한 리스크 논의의 장이 되고 있다.

소셜미디어가 리스크관 등을 만들어내는 「여론」의 장으로 널리 인식되게 된 계기는 나라마다 다르다. 일본에서 소셜미디어의 보급이 늘어나고, 또한 그 공과가 두드러진 사건은 2011년에 일어난 동일본 대지진, 특히 후쿠시마 원자력발전사고를 둘러싼 사회적 논의라고 말할 수 있을 것이다. 사고 발생 다음 초기에는, 소셜미디어를 통한 오·정보나 가짜 정보유통에 의한 혼란이 큰 문제였다. 그러나 동시에 소셜미디어에서는 공공기관이나 지자체에 의한 최신 정보가 유통되고, 그러한 1차 정보를 해설·정리하는데 활약한 과학자나 저널리스트 등의 매개로 원자력발전소에서 무슨 일이 일어나고 있는지, 어떠한 피해가 발생하고 있는지 등에 대해서, 사람들의 사태파악에 큰 역할도 완수했다.

그러나 사태가 당시의 크라이시스 상황을 벗어나 점차 본격적인 리스크 논의가 요구되게 됨에 따라 오히려 소셜미디어의 결점이 눈에 띄게 되었다. 예를 들면, 소셜미디어에서는 다른 사람과의 연결 방법을 규정하는 「신뢰」가 중요하다. 이 때문에, 사람들은 소셜미디어에서 「신뢰〈할 수 있는/할 수 없는〉 것은 누구인가」를 탐색한다. 이러한 지향성은 특정한 사람들이나 조직을 영웅시하거나, 혹은 반대로 누군가·무엇인가에 문제의 책임을 돌리는 논의를 유발했다. 결과적으로 소셜미디어에서는 각각의 집단에 「악역」이 만들어졌으며, 앞서 언급했듯이 처음에는 정보의 중개자였던 과학자나 저널리스트도, 이 대립하는 진영마다 기수의 역할이 되어 갔다. 또한, 사고 직후의 소셜미디어는, 평판훼손 피해나 이재민 차별이라고 하는 문제를 가시화해 이를 해결할 수 있는 계기를 제공했다. 그러나 이것도 시간이 지남에 따라, 오히려 평판훼손 피해나 차별문제 자체를 재확인해, 보존·강화하는 기능을 수행하게 되었다. 이제 소셜미디어 공간은 원자력 리스크에 관한 숙의의 장소가 아니라, 대립적 논의가 가시화되는 장소가 될 뿐이였다.

현대사회의 리스크는 복잡하고 원자력은 그 중 대표적이다. 지속 가능한 사회를

9. 원자력과 리스크 커뮤니케이션

향한 논의가 요구되는 가운데 원자력은 하나의 에너지 선택사항이 되고 있으며, 그 사회적 비용 등을 포함한 신중한 논의가 요구되고 있다. 그러나 현재는 찬성·반대의 양극을 이루는 다수파 의견만 눈에 띄어 소셜미디어 공간에 건설적인 숙의를 기대하는 것은 어렵다.

최근의 연구로, 소셜미디어는 매스미디어 만큼의 영향력을 갖고 있지 않으며 또한, 분극(양극화)·대립으로 왜곡된 논의를 참조해서는 안 된다고 지적하고 있다. 그러나 여기까지 침투한 「여론의 참조점」으로서 소셜미디어의 위상이 사라진다는 것도 상상하기 어렵다. 소셜미디어 공간의 사회적 기능은, 그 배경에서 작동하는 알고리즘만이 아니라, 그것을 구동하는 경제시스템, 그것에 대한 법적 규제, 그리고 이를 이용하는 사람들의 사회적 규범이라고 하는 여러 요소에 의해 결정되고 있다. 우리가 소셜미디어라고 하는 숙의의 가능성을 내포한 공간을 재차 이용할 수 있을지는, 앞으로의 대처에 달려 있다.

10 | 자연재해와 리스크 커뮤니케이션
나라유미코(奈良由美子)

《학습포인트》 자연재해에 관한 리스크 커뮤니케이션은 리스크에 대한 이해에 그치지 않고 행동변화를 촉진하는 것이어야 한다. 이 장에서는 자연재해를 둘러싸고 평상시, 비상시, 회복기에 실시하는 리스크 커뮤니케이션의 기본과 요점에 대해 생각한다.

《키워드》 리스크 커뮤니케이션, 크라이시스 커뮤니케이션, 리스크 정보, 리스크 인지 편향, 행동, 방재 교육, 피난지시, 리스크 커뮤니케이션의 역설, 계승

---

1. 자연재해를 둘러싼 리스크 커뮤니케이션의 특징

(1) 생사에 직결되어 실제의 행동변화를 지향하는 커뮤니케이션

자연재해를 둘러싼 리스크 커뮤니케이션에는 적어도 다음의 6가지 특징이 있다. 첫째, 자연재해의 리스크 커뮤니케이션은 생사와 직결되어 있다. 재해발생 시에 경보나 피난지시 등을 알리는 방법이나 받는 방법에 따라서 대피가 늦어져 목숨을 잃을 수도 있다.

둘째, 자연재해의 리스크 커뮤니케이션은 광범위하고, 다수의, 다양한 이해관계자가 연관돼 있다. 특히 재난이 빈번하게 광역적 재해

10. 자연재해와 리스크 커뮤니케이션

발생이 우려되는 일본에서 많은 사람은 미래의 피해자이면서 재난대응의 주체이기도 하다.

셋째, 자연재해의 리스크 커뮤니케이션은 리스크 관리와 매우 밀접하게 일체화되어 있다. 리스크를 저감하는 행동으로 연결하는 리스크 커뮤니케이션이어야 한다.

넷째, 자연재해의 리스크 커뮤니케이션은 주민, 행정, 대중매체 등 입장은 다르지만 이와 관련된 사람들이 자연적 외력에 의한 사회 시스템이나 개인에 대한 피해발생 가능성이라는 이른바 공통의 적과 대치하는 것이다. 어떤 방법으로 어떻게 자원을 동원할 것인가 하는 점에서 생각은 다양하겠지만, 자연재해로부터 생명과 사회를 지키는 것은 공유되기 쉬운 가치이다.

다섯째, 자연재해의 리스크 커뮤니케이션은 제1장에서 제시한 리스크 커뮤니케이션의 목적 중에서도 「교육·계발과 행동변화」를 주된 목적으로 행해진다. 다만, 리스크 커뮤니케이션을 수행하는데 신뢰와 상호이해의 조성이나, 문제의 발견과 의제설정, 논점의 가시화, 의사결정·합의형성·문제의 해결을 향한 대화·협동·공론화 또한 부차적인 목적으로서 이루어지며, 재난으로부터의 복구·재건 과정에서는 피해회복과 미래를 향한 화해도 따른다. 그리고 여섯째, 자연재해의 리스크 커뮤니케이션은 평상시, 비상시, 회복기라고 하는 시간 경과와 함께 그 양식(모드)이 바뀐다. 이 점에 대해서는 다음 항목에서 자세히 서술한다.

(2) 평상시, 비상시, 회복기에 걸친 커뮤니케이션

이미 제1장에서 말한 대로 리스크 커뮤니케이션은 커뮤니케이션의 양식에 따라 케어 커뮤니케이션, 컨센서스 커뮤니케이션, 크라이시스 커뮤니케이션의 3가지로 분류된다. 그 분류에는 상호작용성의 관점과 함께 단계(어느 시점, 어느 단계에 있어서 행해지는가)의 관점이 연관된다. 이러한 의미에서 자연재해를 둘러싼 리스크 커뮤니케이션은 3가지 양식을 모두 포함한 것이다.

우선 평상시에는 재난에 대한 대비를 주된 목적으로 하는 커뮤니케이션으로 케어 커뮤니케이션과 컨센서스 커뮤니케이션이 이루어진다. 케어 커뮤니케이션에서는 자연재해의 리스크나 그 저감방법에 관한 정보제공이 중심이 된다. 컨센서스 커뮤니케이션은 그 리스크에 대해서 집단이나 지역이나 국가 레벨에서 어떻게 대응할 것인지 혹은 허용할 것인지 등을 의사결정하기 위해서 행해진다. 비상시에는 임박한 리스크에 관한 커뮤니케이션인 크라이시스 커뮤니케이션이 이루어진다. 그 주된 목적은 신속한 대피나 구조를 하는 것이기 때문에, 이 시점에서 커뮤니케이션은 하향식에 의한 일방향의 정보전달이 이루어진다. 그리고 자연재해로부터 회복기에는 더 나은 복구·재건을 주된 목적으로 하는 커뮤니케이션으로 케어 커뮤니케이션과 컨센서스 커뮤니케이션이 행해진다.

자연재해에 있어서 시간축은 중요한 요소이다. 따라서 이 장에서는 평상시, 비상시, 회복기를 구별하면서 주로 평상시와 비상시의 리스크 커뮤니케이션 방법이나 문제를 생각해 보고자 한다. 그 전에 일본의 자연재해 리스크에 대한 일반인들의 인식과 실제대응에 대해 개괄적으로 살펴보기로 한다.

2. 일본의 자연재해 리스크와 사람들의 인식과 대응

(1) 자연재해에 대한 일반인들의 인식

일본은 세계유수의 자연재해 국가이다. 그 위치, 지형이나 지질, 기상 등의 조건에서 지진, 해일, 분화, 호우, 폭설, 해일, 홍수, 절벽의 붕괴, 토석류, 산사태 등에 의한 재해가 발생하기 쉬운 국토이다.

특히 일본열도가 활동기에 접어든 지금 대규모 지진의 발생이 우려되고 있다. 「전국지진동예측지도 2020년판」(政府地震調査研究推進本部)에 따르면, 향후 30년간 진도 6 이상의 흔들림(진동)이 발생할 확률은 도쿄도(東京都, 47%), 치바시(千葉市, 62%), 요코하마시(横浜市, 38%), 시즈오카시(静岡市, 70%), 나고야시(名古屋市, 46%), 쓰시(津市, 64%), 와카야마시(和歌山市, 68%), 오사카시(大阪市, 30%), 도쿠시마시(德島市, 75%), 고치시(高知市) 등 특히 태평양쪽 난카이트로프(南海海谷)의 지진의 진원지주변지역에서 높아지고 있다.

난카이트로프 거대지진은 스루가만(駿河湾)에서 시코쿠(四国沖) 앞바다를 거쳐 히나타나다(日向灘)에 이르는 난카이트로프를 따라 발생하는 대규모 지진이다. 지진조사연구추진본부에 따르면 난카이트로프를 따라 매그니튜드(magnitude) 8~9급의 지진이 발생할 확률은 향후 30년간 70% 정도이며 가까운 장래에 거대지진이 발생할 것으로 우려되고 있다. 피해상정에 대해서 중앙방재회의의 보고 (2019년 5월)에 의하면, 겨울철 심야에 M9 클래스의 초거대 지진이 발생, 스루가만에서 기이반도(紀伊半島) 앞바다를 중심으로 큰 쓰나미가 발생했을 경우, 최악으로 23만1,000명의 사망자가 발생할 가능성이 있다고 한다.

실제로 여론조사 등의 결과에 따르면 일본에 사는 사람의 상당수는 자연재해의 발생 가능성을 인식하고 있는 것으로 나타났다. 내각부가 실시한 「일상생활에서 방재에 관한 의식과 활동에 대한 조사」 (조사시기: 2016년 2월, 조사대상: 전국 15세 이상 남녀, 유효 응답수: 10,000명)에서는 「지금 당신이 거주하는 지역에 장래(향후 30년 정도), 대지진, 대홍수 등의 대재해가 발생할 것으로 생각하십니까」라는 질문에 「거의 확실하게 발생한다」 15.9%, 「발생 가능성이 크다고 생각한다」 47.1%, 「가능성이 적다고 생각한다」 30.2%, 「가능성이 거의 없다고 생각한다」 6.8% 로 응답했다. 「거의 확실하게」와 「가능성이 크다」를 합쳐 대재해가 발생할 가능성이 있다고 생각하는 사람이 60%가 넘는다는 결과가 나왔다.

(2) 평상시 자연재해에 대한 사람들의 대비

상술한 내각부의 조사에서는 「당신의 일상생활에서 재해에 대한 대비는 얼마나 중요한 것입니까」라는 질문으로 실제로 방재대응을 하고 있는지를 묻고 있다. 이 설문에 대해 「우선적으로 대처하는 중요한 사항이며, 충분히 임하고 있다」(3.4%), 「재난을 대비하는 것은 중요하다고 생각하지만, 일상생활 속에서 할 수 있는 범위에서 임하고 있다」(34.4%)를 합치면 임하고 있다는 사람은 40% 이하로 나타났다. 「재난에 대비하는 것은 중요하다고 생각하지만, 재난에 대한 대비는 거의 임하고 있지 않다」(50.9%), 「자신의 주위에서는 재난의 위험성이 없다고 생각하기 때문에, 특별히 임하고 있지 않다」(11.3%)의 소계 60%가 그것을 상회하고 있다. 대형 재난이 발생할 가능성은 인식하고 있지만, 적어도 스스로는 대처가 부족하다고 생각하는 사람들이 많다.

(3) 비상시의 구체적인 리스크 정보에 대한 반응

앞항에서 사람들은 평상시 자연재해에 대해서 전반적으로는 강한 인식을 가지면서도 반드시 방재행동으로 연결되고 있지 않다는 것을 보았다. 또한, 실제로 위험한 상황에서 행동의 변화를 요구하는 구체적인 리스크 정보를 접했을 때도 사람들이 반드시 그대로 반응하지 않는 경우가 있다.

쓰나미 재해에는 현상의 발생을 확인한 다음 대피하기에 늦어지는 경우가 많다. 따라서 지진 발생 직후, 또는 쓰나미 경보 발표 직후, 대피가 필요하다. 그러나 경보나 피난 지시 등이 발령되었음에도 주민이 대피하지 않거나 피난이 늦어지는 사례가 많이 보고되고 있다(Matsuo et al., 2004 등).

예를 들면, 2010년 2월 27일 칠레 중부에서 발생한 지진의 영향에 의한 쓰나미에 관해서 기상청은 다음 날인 28일 오전에 아오모리, 이와테, 미야기현에 대형 쓰나미 경보(높이 3m 이상)를 발령했다. 그런데 총무성 소방청에 의하면, 약 50만명에게 피난 지시가 내려졌음에도 불구하고, 대피소에서 확인할 수 있었던 것은 6.5%였다.

리스크 정보가 있었음에도 피난이 저조해진 것은 쓰나미에만 국한되지 않는다. 삿포로시(札幌市)에서는 2014년 9월 11일 호우와 호우경보 발표에 따라 시내 78만명을 대상으로 대피 권고를 발령하고 156개소에 대피소를 개설했다. 한편, 실제로 대피소로 대피한 주민의 수는 479명이었다(삿포로시 자료「2014년 9월 11일 호우에 따른 대응상황 등에 대하여(최종보)」). 또한, 2015년 9월 9일부터 11일까지의 호우로 미야기현 전역에 호우 특별경보가 발표되어 센다이시(仙台市)에서는 토사재해의 위험성이 있다고 하여 약 31만명, 강의 범람 우려가 있다고 하여 약 10만명 등 약 41만명에게 피난권고가 발령되었다. 그러나 대피소로 대피한 주민은 3,094명에 그쳤다. (센다이시 자료「2015년 9월 9일~11일 폭우로 인한 피해상황에 대하여(제2보)」). 또한, 2018년 7월 호우에서는 기후현(岐阜県) 전체의 대피정보 발령대상자가 약 42만명인데 비해 대피소로의 대피는 약 1만명이었다(기후현 2018년 7월 호우재해검증 위원회: 2018년 7월 호우재해 검증보고서).

이와 같이 경보가 발표되어 피난정보가 발령되어도 주민의 대피가 저조해지는 경우는 일일이 열거할 수 없다. 경보가 발표되었어도 주민의 피난이 저조해지는 이유는 재난정보나 재난현상에 대한 이해력 부족, 재난정보를 과소평가해 버리는 정상성 편향, 재난정보

오류에 따른 오보효과(늑대소년 효과) 등이 지적되고 있다(片田ら, 2005など).

3. 자연재해와 평상시의 리스크 커뮤니케이션

(1) 평상시 커뮤니케이션 포인트

자연재해의 리스크가 증가함에 따라 다양한 이해관계자 사이에 리스크 커뮤니케이션이 이루어지고 있다. 평상시 리스크 커뮤니케이션의 주된 목적은 자연재해와 재해대책에 대한 지식과 이해를 높이고 실제행동으로 연결시켜 대비를 촉진하는 것이다. 각 행위자(이해관계자)가 재난에 대한 인식을 높이고 유사시에 적절히 대응할 수 있도록 하는 것을 목표로 하며 그 방식은 케어 커뮤니케이션이 중심이 된다. 또한, 재해대책을 강구 할 때는 누가, 언제, 어떤 역할을 담당할 것인지, 그쪽에 소요되는 자원은 어떻게 할 것인지 등, 집단이나 지역, 혹은 국가에서 합의형성을 도모해야 하는 문제들이 발생한다. 여건에 따라서는 어느 정도 개인의 자유나 권리가 제한될 수도 있다. 이것들에 대해서는 평상시에 대화·협동적인 커뮤니케이션, 컨센서스 커뮤니케이션을 할 필요가 있다.

평상시 리스크 커뮤니케이션에서 중요포인트는 적어도 다음 세 가지를 들 수 있다. 첫째, 자연재해와 그 대처법에 대한 정보를 얼마나 적절하게 제공할 수 있는가이다. 둘째, 사람은 정상성 편향이나 동조성 편향으로 인해 리스크를 과소평가하는 특성이 있는 것을, 주민이나 행정부를 포함한 이해관계자가 이해하는 것이다. 그 이해를 바탕으로 그러한 편견을 없애기 위해서 혹은 그러한 편향의 존재를 전제로 하여 어떠한 노력이 필요한가를 염두에 두고 협력하는 것이 두 번째 포인트가 된다. 그리고 셋째, 자연재해나 방재에 관해 느끼기 쉬운 「억지감(感)」이나 「남의 일 의식(意識)」을 없애기 위해 어떻게 일상생활 속에 방재를 내재화시켜 주체적인 자세를 형성할 수 있느냐가 중요하다.

(2) 자연재해와 리스크정보

자연재해에 관한 리스크 커뮤니케이션에서 주고 받는 정보에는 언어에 의한 메시지, 지도, 일러스트, 사진, 영상, 연극, 유사체험 등도 포함된다. 사진이나 영상을 이용한 효과는 가시적이고 알기 쉽다는 것 뿐만이 아니다. 이미 제2장에서 언급한 바와 같이 감정은 리스크 인지의 중요한 요소이며 예를 들어, 하천의 범람이나 지진 등의 사진이나 영상을 제시하는 것은, 개인에게 공포 등의 더욱 강한 감정을 불러일으켜 리스크 인지를 높이는 효과가 있다.

각종 해저드맵(위험지도)은 해당지역에 예측되는 피해를 전달하는 동시에 피난을 포함한 대처기준을 전달하는 커뮤니케이션 체계(도구)가 된다. 다만 해저드맵은 어디까지나 과거의 재해데이터 등을 바탕으로 리스크를 평가한 것으로, 미래에는 그보다 훨씬 큰 자연적 외력과 피해가 발생할 가능성이 있다. 예를 들면 지진에 대해서도

10. 자연재해와 리스크 커뮤니케이션

앞서 언급한 「전국지진동예측지도」에 대해 지진조사연구추진본부의 예측자료에는 불확실성이 포함되어 있어 새로운 데이터로 확률이 바뀔 가능성이 있다고 말하고 있다. 해저드맵은 완벽하지 않다는 것을 리스크 메시지를 보내는 사람이나 받는 사람 모두 이해할 필요가 있다.

(3) 평상시 리스크 커뮤니케이션 사례-방재교육

평상시 자연재해에 관한 리스크 커뮤니케이션이 가장 잘 이루어지고 있는 활동으로 방재교육이 있다. 지금까지 보인 대처가 여러 가지 노력으로 이루어지고 있지만, 우수한 대처로 꼽히는 것은 좌담회나 전문가가 일방적으로 강의를 하는 것에 그치지 않고, 아이들이나 주민이 주체가 되어 자신들의 생활과 가족, 지역 안에서 재해를 파악하고 과제해결의 방책을 고민하는 것이 공통점이다.

예를 들면, 이른바 「가마이시(釜石)의 기적」이라고 불리는 성과로 이어진 가마이시의 방재교육이 그렇다. 이 대응에서는 재난에 대비하는 주체적 자세를 키우기 위한 「대피 3원칙」(「상정[想定]에 얽매이지 마라」, 「그 상황에서 최선을 다하라」, 「자발적 대피자」)이 기초가 된다. 「상정에 얽매이지 마라」는 비록 해저드맵에 침수 지역으로 표시되어 있지 않더라도 그것을 넘는 예상 밖의 재해는 일어날 수 있다는 것이며, 또한, 「최선을 다하라」는 것은 「여기는 괜찮다」, 「여기까지 오면 이제 괜찮다」고는 생각하지 않고 조금이라도 높게 조금이라도 멀리 피난해야 하는 것 등을 유도하고 있다. 그것들은 정상성(正常性) 편향과 낙관주의 편향의 불식으로 이어지고 있다. 또한 「자발적 대피자」는 「모두가 도망치지 않았으니 나도 도망치지 않겠다」고 하는 동조성 편향이 작용하는 것이다.

또한, 이 사례는 가족관계라고 하는 삶의 맥락에서 리스크 커뮤니케이션을 포함하는 것이기도 하다. 아이와 보호자의 가족 유대로서 아이의 의식도 바꾸는 것으로 부모 의식을 바꾸어, 해안 근처에서 지진의 큰 흔들림을 느꼈을 때는 「쓰나미는 제각기」(생명은 제각기. 목숨은 하나이므로, 큰 진동을 느꼈을 때, 제각기 지키는 것)이 가능한지 여부가 아니라, 「쓰나미는 제각기」 의식이 가능한 가족이라는 신뢰관계를 구축하는 등, 방재행동을 가족이나 지역의 신뢰 관계 형태로 구현해 나간다.

이러한 대처는 확실히 확산되고 있다. 방재 교육이나 교육콘텐츠에 대해서는 「방재교육 챌린지플랜」 홈페이지(防災教育チャレンジプラン実行委員会) 등에 다수 등록되어 있으므로 참조하기 바란다.

(4) 평상시 리스크 커뮤니케이션 사례 - 크로스로드 게임

재해를 구체적으로 대처하기 위해서는 리스크 정보에 대한 당사자 의식을 높일 필요가 있다. 그 방법이 되는 체계로서 「크로스로드」라는 모의 체험형의 양자택일식 게임이 개발되고 있다(矢守ら, 2005).

크로스로드 게임은 게임의 참가자가 주어진 입장을 역할연기하고 참가자 사이에 의견을 교환하면서 현실문제를 재현하는 방식이다.

참가자들은 커뮤니케이션을 통해 재난 시에 무슨 일이 일어나는지, 또한 각각의 입장에 의해서 어떠한 의견이 있는지를 실감함으로써, 다른 각도에서 문제에 대해 깊게 이해하거나 그러한 상황에 대한 대비를 서로 깨닫게 되는 등의 효과가 있다.

크로스로드 게임에서는 트레이드오프 관계에 있는 2개의 선택사항(Yes 혹은 No)이 제시되어 어느 쪽인가를 선택하고 그 선택의 이유나 의미부여 등에 대해 참가자들끼리 의견을 교환한다. 예를 들면 「당신은 바닷가 지역의 주민이고 지진에 의한 쓰나미가 최단 10분이면 도달할 수 있는 곳에 살고 있다. 지금 지진이 발생하여 즉시 피난을 시작하지만, 근처에 혼자 사는 할머니가 신경이 쓰인다. 우선 할머니를 보러 갑니까? (Yes 혹은 No)」 등의 카드가 제시된다. 재해 발생 시에 대처는 높은 불확실성 속에서 의사결정의 연속이다. 자신의 의사결정은 사회시스템 속에서 다른 사람과의 관계에 영향을 받고, 반대로 영향을 주기도 한다. 이 게임을 통해서 재해대응을 「자신의 일」로 생각하는 것과 동시에 게임의 다른 참가자와 다양한 의견이나 가치관을 공유할 수 있다.

(5) 자기효력감의 중요성

그런데 평상시 리스크 커뮤니케이션에서는 공포를 불러일으키는 커뮤니케이션이 자주 사용된다. 이는 상대방에게 공포의 감정을 일으킴으로써 해당 리스크에 대한 인지도를 높이고, 재난에 대한 대처 행동을 취하도록 하는 목적으로 실시되었다. 그러나 예를 들면 「남해트로프 거대지진으로 23만 명이 사망했다」거나 「여기에 30m의 해일이 온다」고 전하고 단지 겁을 주는 것만으로는 적절한 대처행동으로 이어지지 않는다. 재해대책으로서 구체적으로 무엇을 하면 좋을지에 대한 정보, 나아가 「자신도 그것을 할 수 있다」는 자기효력감을 높이는 정보도 함께 전달할 필요가 있다.

리스크 인식이 실제의 행동변화로 이어지기 위해서는 자신의 생활에 대한 자기 효력감뿐만 아니라 자신의 지역에 대한 자기효력감(자신지역의 과제해결에 영향을 미칠 수 있다는 신념)이나 자기유용감(자신이 집단이나 지역에서 도움이 되고 있다는 신념), 나아가 지역에서 집단효력감(구성원 사이에 공유된, 자신들이 집단으로서 과제에 임할 수 있다는 신념)을 갖는 것도 중요하다.

동일본 대지진의 피해지역이 된 가마이시시(釜石市)에서 당시의 아동·학생들에게 설문조사를 실시한 결과, 그들이 방재 교육을 통해서 자기효력감(자신은 도망갈 수 있다)과 자기유용감, 집단효력감을 높인 것이 방재에 대한 이해나 적극적인 대처행동의 요건이 되고 있었음을 알 수 있다(防災教育推進連絡協議会, 2016). 방재에 있어서 리스크 커뮤니케이션 활동의 평가항목으로 이러한 신념형성의 정도를 확인해 두는 것은 의의가 있다고 말할 수 있다.

4. 자연재해와 비상시의 리스크 커뮤니케이션

(1) 비상시 커뮤니케이션 포인트

재해발생 시에는 피난을 포함하여 긴급한 행위를 이끌어내는 것을 목적으로 하는 리스크 커뮤니케이션이 이루어진다. 이 단계의 리스크 커뮤니케이션 양식은 크라이시스 커뮤니케이션이 된다. 크라이시스 커뮤니케이션은 민주적인 프로세스가 중시되는 일반적인 리스크 커뮤니케이션과 비교하여 행동의 개입·간섭의 정도가 높아져, 톱다운식(하향식)으로 정보가 흐르게 된다. 대피 지시가 그 전형이다.

인간에게는 제2장에서 설명한 바와 같은 정상성 편향이나 낙관주의 편향, 동조성 편향이 있어 실제로 과거의 재난경보나 피난지시 등이 나와도 피난이 저조해질 수 있음을 이미 말했다. 크라이시스 커뮤니케이션에 있어서는 이러한 비상시 대응을 억제해 버리는 다양한 요인을 고려해서 적절한 행동을 촉구하는 커뮤니케이션이 요구된다. 이 단계에서 커뮤니케이션의 성패는 생사에 관계되기도 하며, 각 행위자에게 있어서 알기 쉽고 행동하기 쉬운 리스크 메시지 등 송수신되는 정보의 내용·타이밍·미디어가 적절히 선택되어야 한다.

(2) 크라이시스 커뮤니케이션 사례 – 언어를 활용한 리스크 메시지의 유효성

비상시의 크라이시스 커뮤니케이션에서는 위험이 임박했다는 것, 나아가 어떻게 행동해야 하는지에 대한 정보를 상대방에게 알기 쉽게 전달하는 것이 주된 내용이 된다. 따라서 표현이나 어조가 중요한 요소가 된다.

커뮤니케이션에 있어서는 상대에 대한 정중함이 일반적으로 요구되지만, 긴급한 상황에서는 직접적이고 경우에 따라서는 경어를 이용하지 않는 표현이 더 절박하게 전해지는 경우가 있다(吉川ほか, 2009). 또한, 해당 메시지에 사람들의 주의관심을 끌어내기 위해서는 표현이나 음성에 변화를 주는 것이 효과적이다. 예를 들면, 여성 아나운서와 남성 아나운서, 정중한 언어와 명령적 언어, 또 인간의 목소리와 사이렌을 각각 교대로 이용해서 메시지를 발신하는 것 등이다.

또한, 긴급상황에서는 사람들의 정보요구가 높아지기 때문에 상대방에게 어떤 대처 행동을 취했으면 할 때는 단지 「○○하여 주세요」라고만 전하는 것이 아니라, 「○○이므로 ○○하여 주세요」라고 이유와 상황 설명을 함께 전달할 필요가 있다.

크라이시스 커뮤니케이션의 대표적인 사례 가운데 하나로 동일본 대지진에 있어서 이바라키현 오아라이쵸 주민에 대한 대피 요청이 있다. 이 마을은 지진발생 후 주민에게 신속한 피난을 촉구하기 위해 방재행정무선을 이용해 「긴급 피난명령, 긴급 피난명령」, 「신속히 고지대로 피난하라」는 특징적인 방송을 실시했다.(井上. 2011). 행정용어에는 없는 「피난명령」이라는 표현이나 「피난하라」는 명령조를 이용함으로써 주민들에게 「이것은 그냥 넘어갈 일이 아니다」라는 긴박감을 갖게 했다. 또한, 「버스 도로보다 아래에 살고 계신 분은…」, 「메이진쵸(明神町)에서 오오누키 가쿠이치(大貫角一)의 나카도리(中通り) 아래쪽은 신속히 피난해 주세요」라는 메시지는 목표

지점을 구체화해서 행동하기 쉬운 정보가 되고 있다. 또한, 「오아라이(大洗) 앞바다 50킬로미터 지점에 대형 쓰나미가 발생하고 있습니다」, 「제2파 물결이 동사무소 앞까지 도달하고 있습니다.」와 같이 최신상황을 포함하거나 사이렌이나 음성, 명령어조와 정중한 말투를 이용해 정보에 변화를 주는 등의 연구도 볼 수 있다.

동일본 대지진을 계기로 크라이시스 커뮤니케이션의 재검토가 진행되고 있다. NHK나 민영방송 등의 방송국은 쓰나미 경보나 대형 쓰나미 경보발표 시에, 시청자에게 피난을 촉구할 때, 지금까지의 침착한 어조에서 절박감이 있는 강한 어조, 명령조, 단정조로 새롭게 하고 있다. 텔레비전 화면의 시각 정보도 마찬가지로 종래에는 사실관계(경보가 나와 있는 예보나 도달 예상시각 등)를 표시하고 있었지만, 지진 재해 이후 피난을 호소하는 「쓰나미! 피난!」과 같은 눈에 띄는 큰 텔롭(Telop)을 만들게 되었다. 지자체에서도 경보발표 시에 방재행정무선으로 「피난하라」고 명령조의 호소를 하도록 매뉴얼을 바꾼 곳도 있다.

(3) 위기 커뮤니케이션 사례 – 언어화되지 않은 리스크 메시지의 유효성

리스크 정보는 언어화된 정보에만 국한되지 않는다. 사람의 모습은 비상시에 유효한 리스크 메시지가 된다. 즉, 다른 사람이 뛰어서 대피하는 모습을 목격함으로써 리스크 인지가 높아져 뒤를 따라 자신도 달리기 시작하는 것이다.

이 현상은, 실제 예를 들면 기이반도 남동쪽 해역 지진(2004년 9월 5일)의 오와시 나카이마치(尾鷲市中井町) 지구를 비롯해 다양한 재해현장이나 집단행동에 관한 실험연구에서 관찰되고 있다(片田, 2005 ; 片田ら, 2006 ; Sugiman & Misumi, 1998). 또한, 동일본 대지진 이후 중앙방재회의(2011)가 실시한 피난실태조사에서도「최초에 피난한 계기(복수응답 가능)」로는 역시「큰 진동으로 인해 쓰나미가 올 것 같아서」(48%)가 가장 많았으며, 그 다음으로「가족 또는 이웃이 피난하려고 했기 때문」(20%),「해일경보를 보고 들었기 때문」(16%),「이웃 사람이 피난하고 있었기 때문」(15%)으로 나타났다. 즉, 지역에 있어서 다른 사람의 피난권유나 자발적 피난의 모습이 피난을 유도하는 요인이 되고 있었음을 알 수 있다.

이런 의미에서 가마이시시의 방재교육에 있어서 3원칙 중 하나에「자발적 대피자」가 포함되어 있다는 점은 주목할 만하다. 실제로 그 교육을 받고 있던 가마이시 히가시 중학교의 학생들이 지진발생 후 곧바로 고지대를 목표로 달리기 시작하고, 그들의 모습이나 외침에 의해서 인근 주민들이 피난을 시작한 것이 증언되고 있다(片田, 2014).

(4) 리스크 커뮤니케이션의 역설

일반적으로 재해의 리스크 커뮤니케이션은 행정당국과 주민 사이에서 이루어지는 경우가 많다. 양측은 다음에 기술하는 리스크 커뮤니케이션 파라독스(역설)의 존재에 유의할 필요가 있다.

재해대책이 진행되는 가운데 재해정보가 질적으로 모두 충실해지고 있다. 그러나 이에 따라 일반주민들 사이에는 「정보대기(대피에 관한 정보취득을 기다리기 때문에 오히려 피난이 늦어진다)」거나, 「행정·전문가 의존」(재난정보의 취급을 포함한 방재활동을 행정이나 전문가에게 맡겨 버린다)경향이 강해진다. 즉, 리스크 정보가 충실할수록 정보에 의해 해소하려고 했던 당초의 문제(조기의 자발적인 대피(피난) 등)의 해결이 오히려 늦어지는 문제가 생긴다(矢守, 2013).

또한, 리스크의 2차·3차 정보가 충실할수록, 1차 정보를 이해하고 활용하는 개인 능력은 저하되기도 한다. 리스크 정보에는 발신자로서 타인의 유무와 가공수준에 따라 1차 정보(개인이 주로 자신의 오감으로 리스크 정보를 수신. 자극적인 기미에 반응. 지반 흔들림을 느끼는 지각·체감 등), 2차 정보(1차 정보를 바탕으로 주로 전문가에 의한 분석·평가가 더해져 작성·발신되는 직접적인 리스크 메시지, 행정, 각종 연구기관 등에 의한 상황보고·경보 등), 3차 정보(1차·2차 정보를 바탕으로 독자적인 해석과 정보가 더해져 작성·발신되는 리스크 메시지. 매스미디어나 개인미디어를 통해 전달되는 보도·해설·이야기 등)가 있다. 2차 정보·3차 정보가 넘치는 가운데, 개인이 비용을 들여 1차 정보를 수집하거나 검증할 필요성은 희박해지고, 이를 위한 리터러시도 저하된다. 그러나 리스크나 상황에 따라서는 항상 다른 사람으로부터 리스크 정보를 받을 수 있는 것은 아니다. 만일의 경우 1차 정보를 활용하지 못하고 적절한 대응을 할 수 없는 일이 발생할 수 있다.

비상시 이러한 역설적 현상에 의한 피해가 발생 않도록 하기 위해서는 평상시부터의 리스크 커뮤니케이션이 중요하다. 즉, 리스크 커뮤니케이션 사례에서 살펴본 것과 같은 대응으로, 재해에 주체적으로 마주하는 자세를 갖는 것이다.

5. 회복기의 커뮤니케이션

마지막으로 회복기의 리스크 커뮤니케이션에 대해서도 언급해 둔다. 이 단계의 커뮤니케이션은 향후 재해대책을 포함해 복구·재건을 어떻게 진행시킬 것인가에 대한 합의형성이 주된 내용이다. 리스크 문제는 가끔 균형점을 수반하는 경우가 많은데 자연재해로부터 복구·재건도 마찬가지다. 예를 들면 구획정리는 분명히 복수의 주체들 사이에 이해관계가 발생하고 또한, 고지대 이전이나 방조제 건설을 통한 안전확보는 지금까지의 생활·생업의 변경, 커뮤니티(지역사회)나 경관에 미치는 영향, 비용증대라는 또 다른 문제를 발생시킨다. 해당지역의 향후 자연재해 리스크를 평가하는 동시에 전체적으로 어떤 지역으로 만들어 가고 싶은지를 고민하면서, 어느 수준에서 안전을 확보해야 하는지에 대해 관계자들이 함께 검토하기 위한 커뮤니케이션이, 이 단계에 있어서 리스크 커뮤니케이션이 된다.

회복기의 커뮤니케이션에는 아무래도 시간이 걸린다. 실제로 동일본 대지진에서도 주민의 공감대 형성에 시간이 필요하여, 재해 후의 빠른 복구·재건이 늦어지는 지자체도 볼 수 있었다. 그래서 현재 주목받고 있는 것이 사전복구이다. 사전복구란 가까운 미래에 대규모 자연재해가 일어나 괴멸적인 피해가 발생할 가능성이 크다고 예측

10. 자연재해와 리스크 커뮤니케이션

되는 지역에서, 그것을 전제로 사전에 재건도시를 조성하는 것이다. 이에 관한 컨센서스 커뮤니케이션은 회복기를 가정하여 평상시에 실시하는 리스크 커뮤니케이션이라고 할 수 있다.

그리고 회복기의 리스크 커뮤니케이션으로, 재난이 있었음을 전하는 다양한 리스크 정보가 있다는 것도 언급하고 싶다. 지진재해기념비 등의 기념물, 지진재해의 유무, 박물관, 그리고 수기(手記)나 이야기부 활동도 거기에 해당한다. 「여기보다 아래에 집을 짓지 말라」고 후손들에게 전하는 이와테현(岩手県) 미야코시(宮古市) 시게모(重茂) 아네요시지구(姉吉地区)의 대쓰나미기념비(大津浪記念碑)는 유명하다. 그 가르침을 지키는 것으로, 해당지구는 동일본 대지진을 당해도 건물피해가 없었다. 2016년 쿠마모토(熊本)지진의 전승(伝承)에 관해서도 지진재해의 유무, 보고서, 사진, 그림책, 이야기부 활동, 디지털 아카이브(디지털화한 데이터) 등 많은 대응이 이루어지고 있다. 그 중 회랑 형식의 야외박물관 「쿠마모토(熊本) 지진 기억의 회랑」에서는 지면을 가로지르는 단층을 실제로 육안으로 확인하는 등, 지진재해의 심대함을 실감할 수 있다. 그밖에도 재해에 대해 전해지는 내용은 전국에서 볼 수 있으며 소방청 홈페이지에는 전국의 재해전승정보가 게재되어 있다.

자연재해 이후 사람들은 다음 재난에 대비하여 후손들의 안전을 위해 리스크 커뮤니케이션을 실시한다. 그리고 그것이 평상시의 리스크 커뮤니케이션으로 다음 세대로 계승되어 간다. 자연재해의 리스크 커뮤니케이션은 시간의 흐름과 함께 끊임없이 행해짐으로써, 현재와 미래의 생명과 생활을 지키는 데 이바지한다.

참고문헌

井上裕之(2011)「大洗町はなぜ「避難せよ」と呼びかけたのか：東日本大震災で防災行政無線放送に使われた呼びかけ表現の事例報告」『放送研究と調査』2011年9月号, pp.32-53.

片田敏孝・児玉真・桑沢敬行・越村俊一(2005)「住民の避難行動にみる津波防災の現状と課題—2003年宮城県沖の地震・気仙沼市民意識調査から—」『土木学会論文集』No.789, Ⅱ-71, pp.93-104

片田敏孝・桑沢敬行・金井昌信・細井教平(2006) 「災害調査とその成果の基づく Social Co-learning のあり方に関する研究(地域防災力の向上を目的とした継続的地域研究の実践—三重県尾鷲市における津波防災を事例として—)，土木学会調査研究部会平成17年度重点研究課題(研究助成金) 成果報告書」
http://www.jsce.or.jp/committee/jyuten/files/H17j_04.pdf

片田敏孝(2014)「災害に備える主体的姿勢を育む防災教育」堀井秀之・奈良由美子『安全・安心と地域マネジメント』放送大学教育振興会

吉川肇子・釘原直樹・岡本真一郎・中川和之(2009)『危機管理マニュアル—どう伝え合うクライシスコミュニケーション』イマジン出版

消防庁「全国災害伝承情報(ホームページ)」http://www.fdma.go.jp/html/life/saigai_densyo/

政府地震調査研究推進本部(2016)「全国地震動予測地図2016年版」http://www.jishin.go.jp/evaluation/seismic_hazard_map/shm_report/shm_report_2016/

中央防災会議(2011) 東北地方太平洋沖地震を教訓とした地震・津波対策に関する専門調査会第7回会合 「平成23年東日本大震災における避難行動等に関する面接調査(住民) 分析結果」http://www.bousai.go.jp/kaigirep/chousakai/tohokukyokun/7/pdf/1.pdf

内閣府(2016)「日常生活における防災に関する意識や活動についての調査」
　http://www.bousai.go.jp/kohou/oshirase/pdf/20160531_02kisya.pdf
奈良由美子(2022)「伝承からレジリエンスへ」鈴木康弘・奈良由美子・竹内裕希子編著『熊本地震の真実：語られなかった8つの誤解』明石書店
防災教育チャレンジプラン実行委員会「防災教育チャレンジプラン(ホームページ)」
　http://www.bosai-study.net/top.html
防災教育推進連絡協議会(2016)「成果報告シンポジウム資料」(2016年8月21日)
松尾一郎・三上俊治・中森広道・中村功・関谷直也・田中淳・宇田川真之・吉井博明(2004)「2003年十勝沖地震時の津波避難行動」『災害情報』No.2, pp.12-23
矢守克也・吉川肇子・網代剛(2005)『防災ゲームで学ぶリスク・コミュニケーション－クロスロードへの招待』ナカニシヤ出版
矢守克也(2013)『巨大災害のリスク・コミュニケーション―災害情報の新しいかたち』ミネルヴァ書房
Sugiman, T., & Misumi, J. (1988) Development of a new evacuation method for emergencies : Control of collective behavior by emergent small groups. *Journal of Applied Psychology*, Vol 73(1), pp.3-10.

11 | 감염증과 리스크 커뮤니케이션

| 호리구치이츠코(堀口逸子)

《학습포인트》 이 장에서는 감염증에 대한 리스크 커뮤니케이션을 이해한다. 이를 위한 기초로 감염증과 그 예방법의 특징을 파악한다. 사례로서 신형 코로나바이러스 감염증에 대한 트위터 계정의 정보발신을 제시한다. 신형 코로나바이러스 감염증의 대유행(팬데믹)을 떠올리며, 감염증의 리스크 커뮤니케이션을 어떻게 진행할 것인지 생각해 보자.

《키워드》 팬데믹, 코로나19, 신형 인플루엔자, 예방법, 성(性)감염증, 인권, 고위험군, 주노시스, 크라이시스 커뮤니케이션

 2020년부터 시작된 신형 코로나바이러스 감염증(코로나19)의 세계적 팬데믹은 (당시에는) 아직 진정될 기미가 보이지 않았다. TV나 신문뿐만 아니라 SNS를 통해 다양한 정보가 쏟아져 나오고 있다. 일본에서 코로나19의 1차 유행이 시작된 2020년 3월은 그야말로 「긴급시의 리스크 커뮤니케이션」이었다. 신형 코로나바이러스 감염증의 유행이 장기화되는 가운데, 시시각각으로 제공해야 할 정보가 달라진다. 리스크 커뮤니케이션은 대화, 공론, 협동의 활동이다. 1차 유행 같은 긴급상황과는 다른 상황 속에서 정보수용자의 이해와 지식은 확인되고 있는가? 또한, 대화의 장은 확보되어있는가? 신형

11. 감염증과 리스크 커뮤니케이션

코로나바이러스 감염증의 유행 상황을 상상하며, 리스크 커뮤니케이션에 관한 여러 가지 문제에 대해 생각해 보았으면 한다.

1. 리스크 커뮤니케이션에서 본 「감염증」의 특징

(1) 미지의, 그리고 일본에서 확인되지 않은 병원체가 있다.

감염되어 질병을 일으키는 생물을 「병원체」라고 하며, 기생충, 진균(곰팡이), 원충, 세균, 리케치아(발진티푸스 등의 병원체), 바이러스로 분류되며, 기생충을 제외한 병원균을 「병원성 미생물」이라고 한다. 이 지구상에는 너무 많은 병원균이 있기에 아직까지 알려지지 않은 병원체도 있고, 일본에서 확인되지 않은 병원체도 있다. 또한, 일본에서 확인되지 않은 병원체도 있다. 확인되지 않은 병원체에 감염된 사례가 발생하면 「최초」라는 이유로 언론 등에 선정적으로 보도될 수밖에 없다. 국내에서 미확인된 병원체가 해외에서 감염되거나, 과거에 국내에서 감염과 유행이 있었으나 최근 국내에서 발생한 사례가 없는 감염증이 발병한 사례도 거의 비슷하게 다루어진다.

예를 들어, 2006년 11월 17일 일본경제신문 조간에는 「일본에서 광견병, 36년 만에 발병, 교토의 60대 남성」이라는 제목으로 기사가 실렸다. 그리고 18일에는 환자가 사망한 사건, 같은 달 22일에는 두 번째 환자 발생에 대해 보도되었다. 기사의 내용은 처음에는 발병한 환자에 대해 쓰였고, 그다음에는 백신에 대해, 그리고 첫 번

247

째 환자 발생 후 약 5개월 뒤인 황금연휴를 앞두고 해외여행 시기에 광견병 예방에 대한 주의가 환기되었다. 이처럼 언론의 보도 시간이 지남에 따라 선정적인 내용에서 예방법 등으로 변화한다.

(2) 과학적으로 밝혀지지 않았거나 효과적인 치료법이 없는 감염증도 적지 않다.

감염은 사람에서 사람뿐만 아니라 동물에서 사람으로 감염되는 경우도 있다. 또한, 모기 등이 매개하기도 한다. 병원체가 포함된 티끌이나 먼지의 흡입을 통해 감염되는 「공기감염」, 병원체를 포함한 비말을 흡입함으로써 감염되는 「비말감염」, 병원체에 오염된 물건을 만져 입이나 점막을 통해 병원체가 침입해 감염되는 「접촉감염」이 있다.

또한, 신형 코로나바이러스 감염증에서는 공기 중에 떠다니는 미립자(에어로졸)에 의한 「에어로졸 감염」이 2021년 10월 29일부터 후생노동성 홈페이지에 기재되어 감염경로에 추가되었다.

과학적으로 감염경로 등이 밝혀지지 않아 치료법이 없어 대증요법(対症療法)으로 버티고 있는 감염병도 적지 않다. 또한, 모든 감염병에 백신이 있는 것은 아니다. 신형 코로나바이러스 감염증의 대유행은 전문가들의 클러스터(집단) 분석을 통해 감염 리스크가 큰 상황을 파악하기까지 어느 정도 시간이 걸렸다. 이른바 「3밀(밀폐공간·밀집장소·밀접장면[密閉空間·密集場所·密接場面])」이다(그림 11-1). 또한, 백신도 일본에서는 2021년 2월 14일에 처음으로 약사승인을 받기까지 유행이 시작되고 1년이 지났다. 백신이나 치료

11. 감염증과 리스크 커뮤니케이션

법이 없다는 것은 평소와 다른 방식으로 죽음에 이르는, 돌이킬 수 없는 피해를 줄 수 있다는 것을 쉽게 생각할 수 있고, 무섭고 두려운 감정을 일으킨다(Bennett et al., 1999)(표 11-1).

그림 11-1. 세 가지의 밀(密)

표 11-1. 「무섭다」, 「두렵다」라고 느끼는 현상

비자발적으로 노출됨
불공평하게 분배되고 있음
개인적 예방행동으로는 피할 수 없음
잘 모르는 것, 신기한 것
인공적인 것
숨겨진, 돌이킬 수 없는 피해가 있음
어린아이와 임산부에게 영향을 미치고, 후손에게 영향을 미침
평소와 다른 방식으로 죽음을 맞이함
피해자를 알 수 있음
과학적으로 밝혀지지 않음
신뢰할 수 있는 여러 소식통에서 모순된 정보가 전달됨

(3) 감염증은 다르지만 기본적인 예방법은 별로 변하지 않는다.

바이러스나 원충 등의 병원체를 가진 모기가 사람을 흡혈함으로써(매개로) 감염이 발생한다. 모기를 매개로 발병하는 감염증은 말라리아, 일본뇌염, 뎅기열, 웨스트나일열[역주1] 등 다양하다. 예방은 모기에 물리지 않도록(흡혈되지 않도록) 하는 것이며, 발병하는 감염증은 다르나 예방법은 같다. 일반적인 감염증의 개인예방법은 「손씻기」, 「마스크 착용」, 「양치질」이다.

(역주1) 주로 모기나 조류에 의하여 전파되어 사람과 동물에 치명적인 뇌염을 일으키는 바이러스로 1937년 우간다의 웨스트나일 지역에서 처음 발견됨(출처 : 두산백과에서 부분 발췌).

11. 감염증과 리스크 커뮤니케이션

신형 코로나바이러스 감염증에서는 「양치질」이 아닌 에어로졸 감염을 막기 위해 「환기」에 대한 계몽을 하고 있다. 이는 델타주(역주2) 감염으로 인한 제5차 유행의 영향을 받은 대책으로 보인다. 그러나 새로운 변이주가 나타났다고 해서 매번 새로운 예방법이 추가되는 것은 아니다. 유행이 장기화되는 가운데 예방법이 바뀌지 않으면 적극적으로 정보를 수집하려는 노력도, 또한 예방행동도 소홀해지기 쉽다. 그러한 상황 속에서 어떤 메시지가 효과적인지 리스크 관리자와 함께 고민하고 전달해야 한다.

(4) 감염증의 명칭은 다양하다

감염증의 명칭은 일상용어로도 전문용어로도 같은 명칭이지만, 질환명으로 일본 고유의 명칭을 사용한다. 예를 들어, 「광견병(狂犬病)」은 개의 병이라고 쉽게 상상할 수 있지만, 결코 개뿐만 아니라 포유류가 감염되며, 감염된 동물에서 인간에게 감염된다. 증상은 「미치는(狂)」 것이 아니라, 물을 무서워하는 특징이 있어서 공수증(hydrophobia)이라고 부른다. 해외에서는 공수증 이외의 명칭은 사용되지 않는다. 실제로 감염되면 100% 사망에 이르기 때문에 「광견병」이라는 질환의 명칭에서 공포를 느끼게 한다. 즉 공포유발 커뮤니케이션이라고 볼 수 있다. 그러나 개에게서만 감염되는 질병이라는 오해를 불러일으킨다. 법률명도 「광견병 예방법」이며, 공공기

(역주2) 2020년 10월 인도에서 처음 발견된 코로나19 변이 바이러스로 당초 「인도 변이」로 불리다가 「델타 변이」로 명칭이 변경됨 (출처 : 시사상식사전에서 부분 발췌)

관의 정보제공에서 이 명칭 외에는 사용할 수 없다. 따라서 감염되는 경로와 증상 등에 대한 신중한 정보제공이 필수다.

질환명으로 「신형○○」이라는 사용방식은 일본의 독자적인 표현이다. 인플루엔자는 다른 나라에서 일반 독감과 같은 「인플루엔자」를 사용하며, 유형(예를 들면 H1N1)을 함께 전달한다. 다양한 유형의 독감이 발생할 가능성을 부정할 수 없는 상황 속에 여러 번 「신형 인플루엔자」라는 명칭을 사용하는 것은 지금까지의 「신형 인플루엔자」와의 차이점을 알 수 없어 혼란을 초래할 가능성이 크다. 일본 후생노동성 홈페이지(https://www.mhlw.go.jp/bunya/kenkou/kekkaku-kansenshou04/inful_01.htm)에도 『이 사이트 내에서 「신형 인플루엔자」라고 기재된 것은 기본적으로 신형 인플루엔자(A/H1N1)를 가리키며, 게재된 정보는 주로 발생 당시부터 2011년 3월 31일까지의 정보임을 유의해주시기 바랍니다.』라고 붉은 글씨로 주의문구가 적혀 있다. 또한, 인플루엔자 유형을 나타내는 알파벳과 숫자에 대해 숫자의 크기가 중독정도의 순위를 나타내는 것으로 오인될 수 있음을 인지해야 한다.

신형 코로나바이러스 감염증은 일본 이외에서는 「코로나19」가 명칭이다. 일본프라이머리케어연합학회(https://www.pc-covid19.jp/article.php?ckbn=1)에도 바이러스명과 질환명에 대해 설명하고 있다. 호칭은 전문가가 결정한다기보다는 보도하는 언론이 신문제목 등에서 사용한 것을 그대로 사용하는 경우가 대부분이다. 리스크 정보를 정확하게 제공하고 오해를 받지 않도록, 미래까지를 염두에 두고 전문가들과 함께 어떤 호칭을 사용할지 결정해야 한다. 이번 신

11. 감염증과 리스크 커뮤니케이션

형 코로나바이러스 감염증의 유행은 변이「종(種)」인지「주(株)」인지 혼재한 시기가 있었지만, 후에「변이주」로 통일되었다.

숫자로 인해 오해를 불러일으킬 수 있는 예로는「3가지 밀(密[밀폐·밀집·밀접])을 피합시다」라는 포스터(그림 11-1)가 있다. 이 포스터에는 3가지의 밀 앞에 숫자가 기재되어 있어, 예를 들면 ①은 감염 가능성이 가장 높은 밀로 읽힐 수 있다. 또한, 작성된 연월의 기재가 누락되어 있다. 이후 정보가 업데이트되어(그림 11-2), 3가지 밀은 3개가 겹치는 부분이 아니라「어느 하나라도」감염될 가능성이 있으므로「제로 밀(密)」을 목표로 하고 있다.「밀」의 설명에 숫자가 없고, 2022년도 버전이라고 기재되어 있어 어느 시점의 정보인지 알 수 있다. 정보가 갱신되었다는 것이 충분히 전달되고 있는가? 정보가 리뉴얼 되었다는 것은 디자인이나 색을 바꾸는 등의 방법으로 쉽게 알아차릴 수 있다.

「Zoonosis(주노시스)」는 일본에서는「인수공통감염증」,「동물유래감염증」,「사람과 동물의 공통감염증」이라는 용어로 사용되고 있다. 부처별로는 농림수산성, 후생노동성, 환경성이 차례로 사용하고 있다. 주노시스는 1958년 개최된 WHO(세계보건기구)와 FAO(유엔식량농업기구) 합동전문가회의에서「사람과 사람 이외의 척추동물 사이에서 자연적으로 이행하는 질병 또는 감염」으로 정의되어 있지만, 각 부처의 입장에 따라 생각이 다르고, 이에 따라 사용하는 용어가 다르다. 이는 일반인들에게 다른 질병군을 나타내는 것으로 오인될 가능성이 있다.

그림 11-2. 제로 밀(密)

(5) 성감염증은 커뮤니케이션에서 주저하는 용어이다

성행위에 의해 감염되는 「성감염증」은 감염에 관련된 행위나 콘돔사용 등의 예방법을 말하거나, 대화하는 것이 부끄러워 주저하게 되고, 또 남의 일로 인식하기 쉽다. 따라서 공론화를 위한 리스크 커뮤니케이션에 있어서 뭔가 다른 궁리가 필요하다.

(6) 감염증 전문가는 누구인가

리스크 커뮤니케이션 대화의 장에 등장하는 전문가는 사람을 치료하는 임상의사만 있는 것은 아니다. 감염증 관련 전문가는 병원체 연구자, 약품이나 백신, 검사약이나 검사법개발자, 예방대책을 담당하는 공중위생실무자 등 다양하다. 동물과 관련된 수의사도 있다. 또한, 국가자격증을 가진 사람도 있고 그렇지 않은 사람도 있다. 공중위생실무자는 주로 지역 등 집단에 대해 생각하고, 임상의사는 개별 환자를 진료한다. 병원체 연구자가 사람에 대해 잘 안다고 한정할 수 없다. 전문가로서 자신의 일상 업무나 연구와 별로 관련이 없는 내용에 대해 자신의 입장을 이용해 논평하는 장면을 볼 수 있다. 전문분야는 한정적이고 결코 넓지 않기 때문에, 전문가 간에도 협동이 이루어져야 한다. 의견교환모임이나 심포지엄을 기획하거나 심의회의 구성위원 후보를 선정할 입장이 되는 경우라면, 그 주제와 목적에 상응하는 전문가를 찾아야 한다. 그리고 리스크 커뮤니케이션의 정보제공 역할을 담당하는 전문가는 어디까지나 객관적인 사실을 전달하는 중립적인 입장의 인물이어야 하며, 자신의 생각이나 신념 등으로 타인에게 영향을 미치려는 것이 목적이 되어서는 안 된다. 전문가의 의견을 받아들이게 하는 것이 리스크 커뮤니케이션이 아니다.

(7) 인권을 배려해야 한다

개인이 특정되지 않는 등 인권에 대한 배려가 필요하다. 나병으로 불리는 한센병은 예로부터 알려진 감염성 질환 중 하나다. 메이지

(明治) 시대에 한센(노르웨이 의사)에 의해 그 원인균(나균)이 발견되었다. 일본에서는 1931년 「나병 예방법」이 제정되어 환자를 강제적으로 요양소에 수용하여 일반사회와 격리하는 「격리정책」이 시행되었다. 이 정책으로 인해 본래 감염력이 약하고 사람에서 사람으로 감염되기 쉽지 않음에도 불구하고 사람에게 감염되기 쉽다는 이미지가 굳어졌고, 잘못된 정보가 퍼져 국민의 이해는 진전되지 않았다. 또한, 조기 발견과 치료가 이루어지지 않는 경우 얼굴, 팔다리 등에 피부발진이나 말초신경장애 등이 남게 되어 외형적인 문제와 함께 손발이 불편하므로 편견이 더욱 심해졌다.

필요 이상으로 감염자를 기피하고, 개인이 얻은 정보가 정확한지 확인하기도 전에 기피행동이 발생하여 최신 정보(지식)로 갱신되기 어렵다. 감염증의 유행은 감염된 특정 개인을 찾아낸다고 해서 해결될 수 없으며, 나 혼자만 완벽한 예방조치를 취한다고 해도 다른 사람과 관계를 맺는다면 감염 리스크를 낮출 수 없다. 감염증은 사회 전체가 대응하지 않으면 해결되지 않는다. 자신의 문제로 받아들이고, 사회의 일원으로서 행동을 촉구하는 정보제공에 힘써야 한다.

(8) 지구규모의 문제가 되다

감염은 도로건설이나 삼림벌채 등의 개발로 인해 동물이 인간과 접촉할 기회가 많아지고, 도시화로 인해 인구가 증가하며, 사람이 국경을 넘어 이동하기 때문에 경계 없는 상태로 확산하여 전 세계적인 유행을 일으킨다. 이는 감염증 대책이 지구규모의 문제가 된 것임을 보여준다. 비행기 이동으로 해외에서 유행하는 감염증이 십여 시간 만에 국내로 유입될 가능성이 있다. 2019년 말부터 우한(武漢)에서 유행하기 시작한 신형 코로나바이러스 감염증은 순식간에 세계 각국에서 대유행을 일으켰다. 따라서, 자국의 감염자나 유행이 눈에 보이지 않더라도 리스크 커뮤니케이션을 시작해야 한다는 것은 자명하다.

(9) 감염증을 다룬다고 감염증의 리스크 커뮤니케이션이 되는 것은 아니다.

WHO가 지침으로 정한 병원체 취급시설 기준을 Bio Safety Level(BSL)이라고 한다. 에볼라 바이러스나 라사 바이러스 등 감염력이 강하고 치사율이 높은 병원체의 배양이나 보관, 실험이나 연구를 하는 시설은 가장 엄격한 기준인 BSL4로 운영되어야 한다. 일본 내에서 BSL4 시설을 운영하려면 후생노동장관의 지정이 필요하다. 일본 내에는 그 요건을 충족하는 시설은 2곳이며, 모두 주변주민의 반대로 BSL3 시설로 가동되고 있다. 그러나 국내에서 에볼라 출혈열 감염이 의심되는 사례의 확정진단을 위해 2015년 8월 국립감염증연구소 무라야마(村山)청사 BSL4 시설은 후생노동장관으로부터 특정병원체 등 보유시설로 지정되어 BSL4 시설로 운영되었다. 주변주민과의 리스크 커뮤니케이션이 계속되고 있지만, 이는 「감염증」에 대한 리스크 커뮤니케이션이 아니다. 쓰레기 처리장이나 산폐(産廢) 처리장 등의 건설 시에 리스크 커뮤니케이션과 같은 이른바 「혐오시설」의 리스크 커뮤니케이션이다. 감염증을 다룬다고 해서 감염증의 리스크 커뮤니케이션으로 오인하는 것은 감염증 전문가들이다.

2. 일상(평시)의 리스크 커뮤니케이션

감염증은 1년 365일 생존하는 동안 감염 리스크가 있다. 사람들이 무서워하고 두려워하는 현상은 표 11-1에서 제시한 11개 항목이며, 감염증은 그 대부분에 해당한다. 무엇보다도 원인이 되는 병원체가 우리 눈에 보이지 않는다.

리스크 커뮤니케이션에서 다루는 내용은 (감염증) 리스크의 성질과 리스크 관리(예방방법, 감염확산 방지대책, 백신정책 등)에 관한 것이다. 병원체는 무수히 많고, 감염되는 사람의 나이, 생활습관, 행동, 거주지역, 계절 등에 따라 리스크나 유행의 정도가 다르다. 앞서 언급했듯이 다른 감염증에서도 예방방법은 거의 변하지 않기 때문에 감염증별 정보제공뿐만 아니라 예방방법에 맞춘 정보제공도 생각할 수 있다. 또한, 독감처럼 겨울에 유행이 많이 나타나는 시기에 따른 정보제공도 생각할 수 있다.

(1) 어떤 감염증에 대해 우선적으로 정보를 제공해야만 하는가

일상의 수많은 감염증 중에서 우리가 어떤 감염증에 대해 우선적으로 그 리스크나 예방방법을 알고 있어야 하는가? 연구자나 공중위생대책에 종사하는 행정직원(堀口他, 2008), 임상의사(柏木他, 2009) 등 직종(군)에 따라 생각하는 감염증과 그 우선순위가 다르다(堀口他, 2011). 세계적인 유행의 조짐이나 새로운 병원체의 발견 등 최신정보는 임상 현장이나 학술논문 등을 통해 전문가들로부터 수집되고 있다. 전문가들은 지금까지의 지식과 경험을 바탕으로 리스크의 정도나 유행을 예측할 수 있다. 그러나 각 전문가의 전문분야는 넓지 않고, 개별 전문가가 얻는 정보도 단편적이다. 감염증 대책이 전 지구적 문제가 되는 점에서도, 각 전문가들의 국가를 초월한 의견 수렴과 그에 따른 정보제공이 요망된다.

(2) 리스크 커뮤니케이션 훈련

감염 확산방지에는 다양한 사람들, 이해관계자가 관여한다. 대유행 시에는 일반인들에게는 상상할 수 없는 일들이 동시다발적으로 일어난다. 그것이 사회전반에 걸쳐 복잡하게 얽혀 있다는 것을 감염증 전문가들은 쉽게 상상할 수 있다. 신형 코로나바이러스 감염증인 오미크론균의 유행에서는 많은 사람들이 감염되지 않아도 밀접접촉자가 되어 직장에 출근할 수 없게 되었다. 기업 등에서는 그러한 상황을 상정해서 사업연속성계획 BCP(Business Continuity Plan)을 준비했었을까?

팬데믹을 시뮬레이션할 수 있는 수단으로써 한신아와지 대지진을 계기로 개발된 크로스로드 게임(등록상표 2004-83439)(矢守他, 2005)의 신형 인플루엔자 편이 있다. 공익재단법인 일본공중위생협회(http://www.jpha. or.jp/sub/menu05_2.html)에서 입수할 수 있다. 표 11-2에 그중 일부를 발췌해 보았다. 각 문항에 대해 당신은 Yes 또는 No 중 어느 쪽을 선택할까? 연구결과(堀口他, 2008)에서는 「주변 사람의 결단으로 의외였다」고 느낀 문제가 18문항 중 13문항이 있었다. 카드에 쓰여진 문항만의 한정적인 정보 속에서 개개인이 시뮬레이션한 결과 도출된 회답은, 입장이 다르면 달라진다는 것이다. 크로스로드 게임을 통해 이해관계자 각자의 다른 세계관을 실감하고, 상호이해로 이어질 수 있을 것으로 생각된다. 또한, 대부분 질문에 「그렇다」고 감탄하며 「도움이 되는 의견을 들을 수 있었다」고 느끼고 있었다. 참가자 각자로부터 다양한 의견과 정보가 제공되어 그것을 공유할 수 있었던 것으로 생각된다. 리스크 커뮤니케이션의 진행방법(제6장 그림6-1)중 상호이해까지이다.

  표 11-2에 제시된 문제의 문장내용을 보면, 신형 코로나바이러스 감염증 유행에서도 유사한 상황이 발생하고 있다. 전문가들은 유사성이 있다고 하더라도 감염확산의 정도나 위독한 정도 등의 차이에 따라 정보제공에 있어 정확성을 추구하는 경향이 있다. 그러나 일어날 수 있는 사회상황이 유사하다면, 일상에서 이미지화하여 전문가가 아니라도 어떻게 대처해야 할지 생각해 볼 수 있다. 조직에서 일어나는 가능성에 대처하기 위해, 대책을 준비하는 것은 위기관리 그 자체이다. 리스크 커뮤니케이션은 위기관리의 일익을 담당하고 있으며, 단순한 정보제공이 아니라 정보를 수집, 공유하며, 상호이해로부터 결단으로 나아가는 것을 알 수 있을 것이다(제 6장 그림 6-1).

11. 감염증과 리스크 커뮤니케이션

표 11-2. 크로스로드 게임 문항(발췌)

입장 (당신은…)	문 항	답변 YES	답변 NO
감염증 연구자	신형 감염증 발생. 해당 분야의 전문가는 적고, 언론 취재가 쇄도. 대응하다 보면 상황 해명이 늦어진다. 한편, 일반에 대한 정보제공도 책임감을 느낀다. 언론에 대응할 것인가?	대응함	대응하지 않음
호텔 경영자	신형 인플루엔자 환자가 발생했다고 연일 언론이 보도하고 있다. 때마침 인근 병원의 간호사들 몇 명으로부터 숙박 예약이 들어왔다. 예약을 거절할 것인가?	거절함	예약 받음
슈퍼마켓 점장	신형 인플루엔자가 대유행이다. 감염을 우려해서일까 파트타임 직원이 출근하지 않아 정상적인 영업을 할 수 없을 것 같다. 판매를 식품과 주요 생필품으로 한정해서 영업을 계속할 것인가?	계속함	계속하지 않음
전력회사 유지보수 부문 과장	신형 인플루엔자 발생. 전선 정비 담당 직원들도 많이 감염되어 절반이 출근하지 않고 있다. 전선 정비가 제대로 이루어지지 않아 정전 지역이 여기저기 속출하고 있다. 직원을 재우지 않고 쉼 없이 일을 시킬 것인가?	불면 불휴 근무 시킴	일반 교대 근무 시킴
면장 (읍장)	신형 인플루엔자가 발생. 집회를 하면 감염자가 늘어날 가능성이 있다고 보건소로부터 조언. 면장(읍장) 주최의 성년식이 다가왔는데, 개최할 것인가?	개최함	중단함
노인요양 시설 원장	신형 인플루엔자 발생. 외부로부터의 바이러스 침입을 막기 위해 입소자의 가족이라도 당분간은 면회 등을 거절할 것인가?	거절함	거절하지 않음
학원 경영자	신형 인플루엔자 유행. 수험 시즌이 다가오면서 수험대책강습회 수강생 모집을 종료했다. 인근 중학교에서 휴교령이 내려졌다는 소문. 수강생 보호자들로부터 학교가 휴교해도 예정대로 강습회를 열어달라는 요청 전화가 아침부터 걸려오고 있음. 당신은 강습회를 이대로 개설할 것인가?	개강함	개강하지 않음
내과의원 원장	신형 인플루엔자 유행 조짐. 의사협회에서 백신 접종에 대한 연락 있었음. 이 백신은 개발된 지 얼마 되지 않아 안전성이 불분명하다는 것. 당신은 이 백신을 접종할 것인가?	접종함	접종하지 않음

3. 긴급시의 리스크 커뮤니케이션

긴급상황의 리스크 커뮤니케이션을 위기 커뮤니케이션이라고도 한다. 그러나 굳이 구분할 필요도 없다.

여기서는 긴급시의 리스크 커뮤니케이션으로 소셜네트워크(이하 SNS)를 이용한 정보제공 사례를 소개한다. 2020년 3월부터 후생노동성 클러스터 대책반의 입장에서 관여한 리스크 커뮤니케이션 활동의 일부분인 트위터 계정「신형 코로나 클러스터 대책 전문가」의 운영사례이다(Horiguchi at el., 2022).

(1) 리스크 커뮤니케이션에서의 SNS 활용

세계보건기구(WHO)는 리스크 커뮤니케이션에 사용하는 방법으로 소셜미디어도 있다(WHO, 2020).

총무성의 2000년도 통신이용 실태조사에 따르면, 모바일 단말기 보유자는 81.8%, 스마트폰 보유자는 67.6%로 나타났다. 우리는 모바일 단말기를 이용하여 언제 어디서나 쉽게 정보를 얻을 수 있는 환경에 있다. 2021년도 모바일 사회백서에 따르면, 각종 SNS의 인지도와 이용률은 LINE이 가장 높은 94.1%, 77.8%로 나타났다. 이어서 트위터 85.7%, 39.8% 순이다. 또한, 각 SNS에서 이용률이 발신률의 두 배 이상이라는 점에서 정보수집에 활용되고 있는 것으로 생각된다. SNS는 비교적 쉽고 저렴하게 정보를 제공할 수 있고, 확산이 용이하다. 앞으로의 리스크 커뮤니케이션에서는 평시를 포함하여 SNS의 활용은 필수다.

(2) 이용할 도구의 결정과 운영

2020년 3월 연휴가 끝난 후, 수학적 모델에 의한 유행 시뮬레이션을 담당하고 후생노동성 클러스터 대책반에 소속되어 있던 니시우라 히로시(西浦博) 교수(당시 홋카이도대학, 현 교토대학)의 자문을 받았다. 그곳에서 심리학자, 사회학자, 과학 커뮤니케이터, 광고대행사 직원, 위기관리 컨설턴트에게 연락해 커뮤니케이션 팀을 구성했다.

일본에서 이용되고 있는 SNS 중에서 비용이 들지 않고 이용률이나 확산성이 높다는 점에서 트위터를 이용하기로 했다. 트위터는 텍스트뿐만 아니라 이미지나 동영상도 첨부할 수 있다. 그리고 클릭 한 번으로 설정된 링크로 이동할 수 있다.

후생노동성에는 몇 개의 공식 트위터 계정이 있다. 그 계정은 후생노동성 전체의 정보제공에 이용되고 있으며, 신형 코로나바이러스 감염증에 특화된 계정은 아니다. 공식계정을 사용하여 발신하기 위해서는 많은 후생노동성 담당자의 확인을 받을 필요가 있다. 그 때문에 정보제공 속도가 느려져 긴급한 대응을 충분히 할 수 있을 것 같지 않았다.

후생노동성 클러스터 대책반에 소속된 전문가가 발신하는 계정임을 후생노동성의 인증 없이 「클러스터 대책반」이라는 용어를 사용하지 않고 어떻게 하면 일반인들에게 인식시킬 수 있을까? 「신형 코로나 감염증 클러스터 대책 전문가」라는 계정명은 일본 특유의 「애매모호함」을 이용한, 한마디로 오해를 불러일으킬 수 있는 명칭이다. 리스크 커뮤니케이션에서는 무엇보다「정확하게」전달하는 것이 최우선이다. 그러나 정확한 명칭을 붙이면 긴급대응을 할 수 없다는 딜레마에 빠졌다. 명칭을 고민하면서 후생노동성과의 조정 등 계정 개설까지 1주일이 걸렸다(그림 11-3).

SNS 계정을 운영하기 전에 반드시 명확히 해야 할 점은 다음의 3가지다.

- 정보를 전달하는 대상은 누구인가?
- 전달하고 싶은 정보, 전달할 수 있는 정보는 무엇인가?
- 운영 관련 자원(직원과 예산)

니시우라히로시 교수의 의뢰는, 젊은이들에게 정보를 제공하는 것이었다. 여러 정보원으로부터 서로 다른 정보가 전달되는 것은 혼란을 초래한다. 이 트위터 계정에서 어떤 정보를 제공할지, 클러스터 대책반이기에 전달할 수 있는 정보로 한정했다. 클러스터 분석이나 유행 시뮬레이션 등 과학적인 정보에 중점을 두었다.「손 씻기」나「마스크」에 대해서는 일절 언급하지 않았다. 또한, 인권을 고려하여 클러스터 발생 지역 등의 정보는 제공하지 않았다. 발신한 정보내용을 그림 11-4와 같이 나타냈다.「긴급사태 선언」의 해설 등 일부 리스크 관리에 대해 언급하고 있다. 정보내용이「처음」인 일이라면 발신했다.

11. 감염증과 리스크 커뮤니케이션

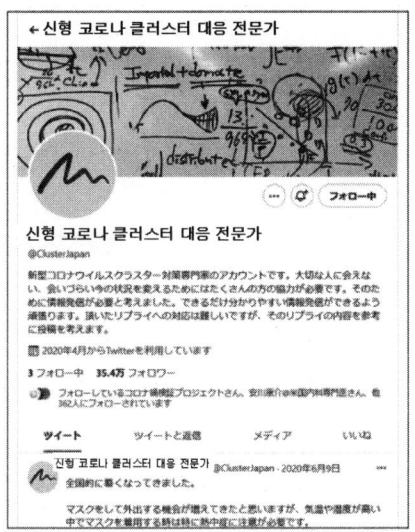

그림 11-3. 신형 코로나 클러스터 대응 전문가 트위터 계정

실제로 운영을 담당한 직원은 필자를 포함한 연구원 3명과 광고 대행사 직원 1명 등 총 4명이다. 텍스트, 이미지와 동영상은 수학적 모델연구자 2명이 만들었다. 아이콘만 디자이너에게 의뢰했다. 정보 내용의 클러스터 대책이나 유행 시뮬레이션 등에 대해 초보인 디자이너에게 설명하고 이해시켜서 일러스트로 만들어 달라고 하려면 상당한 노력과 시간이 필요하다. 긴급시에는 그런 시간적 여유가 없다. 이미지는 연구자가 파워포인트로 작성하고, 동영상도 모바일 단말기로 촬영한 것이다.

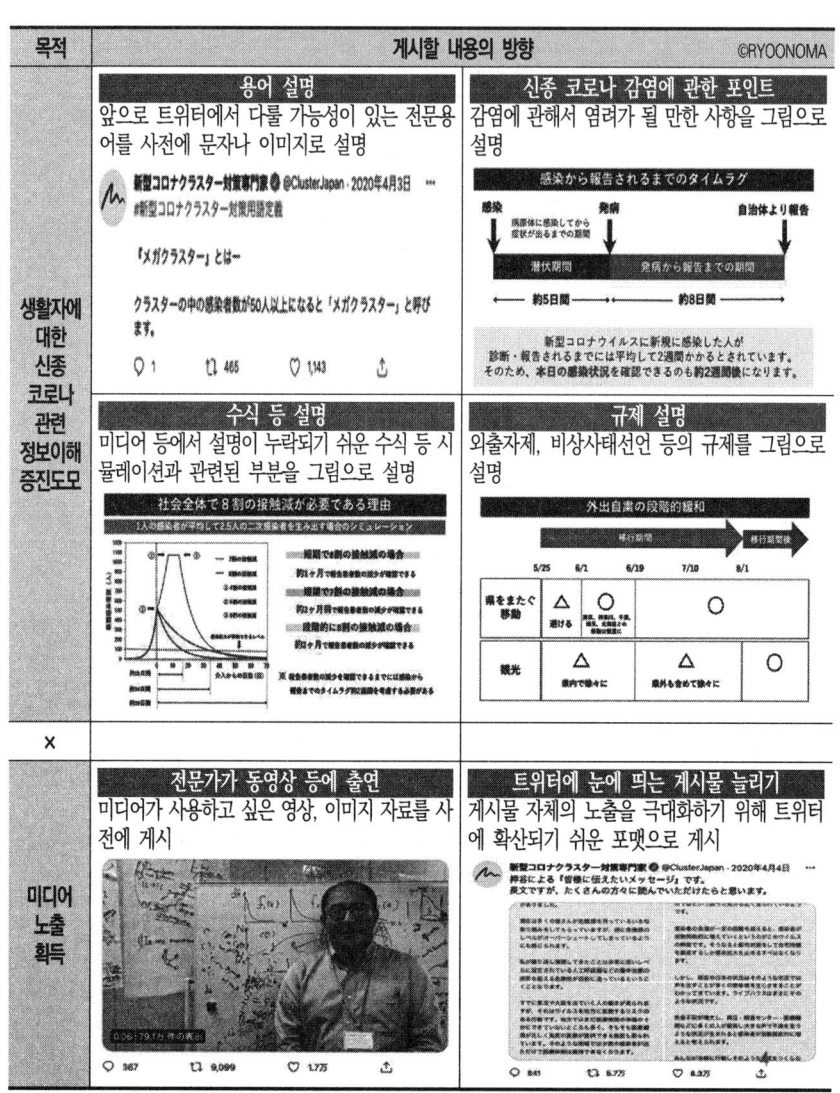

그림 11-4. 투고 내용

(역주) 옮긴이가 가독성을 높이기 위해 가로와 세로의 내용을 변경하여 재작성함

11. 감염증과 리스크 커뮤니케이션

정보를 확산하기 위해서는 미디어 노출확보도 염두에 두고 운영되었다. 이는 SNS를 활용한 홍보를 기업에 제안해 온 광고대행사 직원들의 공로다. 그 결과, 뉴스 프로그램이나 정보 프로그램에서 계정이 소개될 뿐만 아니라, 트윗된 동영상과 이미지가 해설에 활용되기도 했다.

나아가, 클러스터 분석을 통해 새로운 과학적 정보가 자주 나오지 않는 상황이기 때문에, 트위터 계정에는 2020년 6월 9일 이후 트윗이 없다.

(3) 리스크 커뮤니케이션의 평가

리스크 커뮤니케이션은 PDCA 사이클로 운영된다. 지금까지 실시해 온 리스크 커뮤니케이션을 평가하고 개선점을 찾아서 다음 사이클에 활용하게 된다.

이 과정의 평가(Horiguchi at el., 2022)로, 게시된 트윗을 시간순으로 그림 11-5에 나타냈다. 트윗수는 처음 2일 동안 눈에 띄게 많았다. 이것은 트윗이 많은 사람의 눈에 띄는 이른바 노출횟수(impression)를 높이기 위한 것이다. 계정에 트위터사의 인증마크는 좀처럼 부여되지 않았지만, 최대 44만 8천명의 팔로워를 확보했다. 인증마크의 요건은 트위터사에 문의했지만 알 수 없었다.

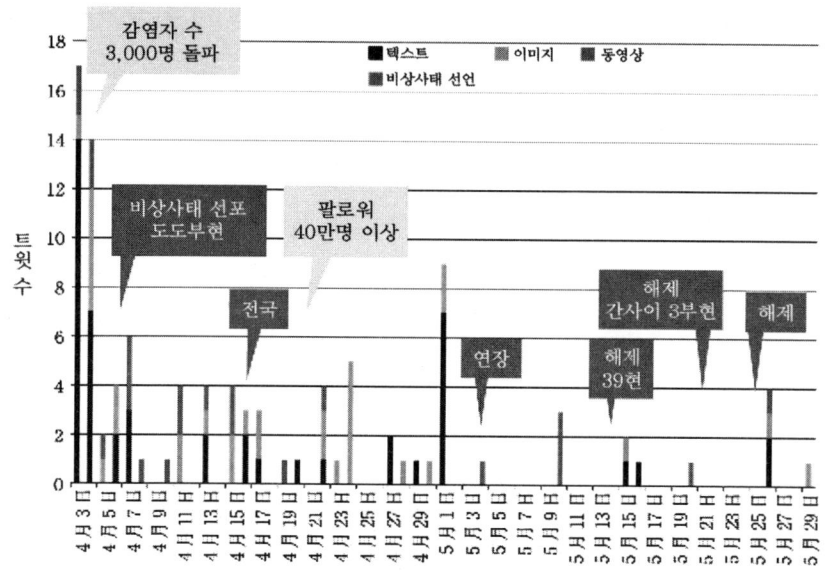

그림 11-5. 트윗 수(시계열)

출처: 日本健康教育学会 2020 ; 30(1)
A report on the operation of the Twitter account "Experts of the COVID-19 Cluster Taskforce"

 노출횟수가 많았던 상위 5개 트윗에 대한 순위는 표 11-3에 나타냈다. 이미지나 동영상을 첨부한 트윗의 노출수가 많아지는 것은 기존의 논문(Jackson at el., 2018)과 동일했다. 계정을 개설한 당일에 가짜계정이 아니냐는 회신이 있어 급하게 TV에 출연하여 얼굴이 알려진 전문가를 몇 명을 동영상으로 촬영하여 투고했다. 그 중 하나가 제5위의 트윗이다. 제1위의 1,000만 건을 넘긴 게시물은 토호쿠대학 오시타니히토시(押谷仁) 교수의 열정적인 메시지를 장문으로 게재한 것이었다. 강렬한 메시지는 확산되기 쉽다는 광고대행사 직

11. 감염증과 리스크 커뮤니케이션

원의 조언이 있었다. 열성적인 메시지를 게시할 때 주의해야 할 점은 누구의 메시지인가 하는 점이다. 당시 클러스터 대책반의 대응이 여러 차례 보도된 TV 프로그램 특집의 영향을 받은 것으로 생각된다.

표 11-3. 노출 횟수(impression) 상위 트윗 2020.6.10. 취득

	노출횟수	리트윗 횟수	날짜	트윗	콘텐츠	해설
제1위	1,280만	57,648	4/4		사진 4장	신중하지 않으면 「단지 반응을 얻으려고 하는」 것으로 여겨져, 부정적인 반응이 증가한다.
제2위	457만	20,199	4/7		동영상	너무 많이 만들지 않은 화이드보드나 디스프레이 앞에서 전문가가 설명을 하는 스타일로 통일감을 연출했다.
제3위	456만	15,608	4/5		사진 3장	열성적인 마음을 담은 문자 이미지. 사진은 가급적이면 1, 2, 4장으로 정돈된 형태가 바람직하다.
제4위	316만	12,508	4/17		사진 설명	파워포인트로 작성하여, 트위터 타임라인에 깔끔하게 표시된 사이즈. 같은 프레젠테이션 시트의 연장선 상에 있는 것처럼 통일감을 주고 있다.
제5위	302만	8,980	4/3		동영상	가짜 계정이 아님을 알리기 위해서, 미디어에 노출된 전문가를 급히 동영상으로 촬영하여 직접메시지를 전달했다.

©ItsukoHoriguchi
(역주) 옮긴이가 가독성을 높이기 위해 가로와 세로의 내용을 변경하여 재작성함

게시된 트윗의 텍스트 본문에서 출현횟수가 5회 이상인 단어를 소프트웨어로 분석한 결과는 그림 11-6과 같다(古口ら, 2022). 이는 클러스터 대책을 중심으로 정보제공이 이루어졌음을 알 수 있다.

(4) 사이언스 커뮤니케이션과의 관련

문부과학성은 키즈페이지(https://www.mext.go.jp/kids/find/kagaku/mext_0005.html)에서「사이언스 커뮤니케이션은 과학의 재미와 과학기술을 둘러싼 과제를 사람들에게 전달하고, 함께 생각하며, 의식을 높이는 것을 목표로 하는 활동이다. 연구성과를 사람들에게 소개하는 것뿐만 아니라, 그 과제와 연구가 사회에 미치는 영향을 함께 생각하고 이해도를 높이는 것이 중요하다」고 말했다. 사이언스 커뮤니케이션과 리스크 커뮤니케이션을 명확하게 구분하기는 어렵다.

앞서 언급한 트위터 계정에서 발신된 정보는 과학적인 정보가 많았다(古口ら, 2022). 백신 정책은 리스크 커뮤니케이션의 영역이라고 생각하지만, 백신이나 약품이 어떻게 개발되고 승인까지 어떤 과정을 거치는지, 규제과학 등은 사이언스 커뮤니케이션의 요소가 크지 않을까. 지금까지 백신이나 약품개발에 관한 과제 등에 대한 정보전달이 충분했을까. 평상시에는 커뮤니케이션에 대한 관심은 크지 않지만, 사회적 혼란에 대하여 효과적으로 활용할 수 있는 매체가 준비되어 있어 혼란을 피하거나 조기진정으로 이어질 수 있다. 평시에 할 수 없는 것을 긴급시에 할 수 있다고는 생각하기 어렵다.

11. 감염증과 리스크 커뮤니케이션

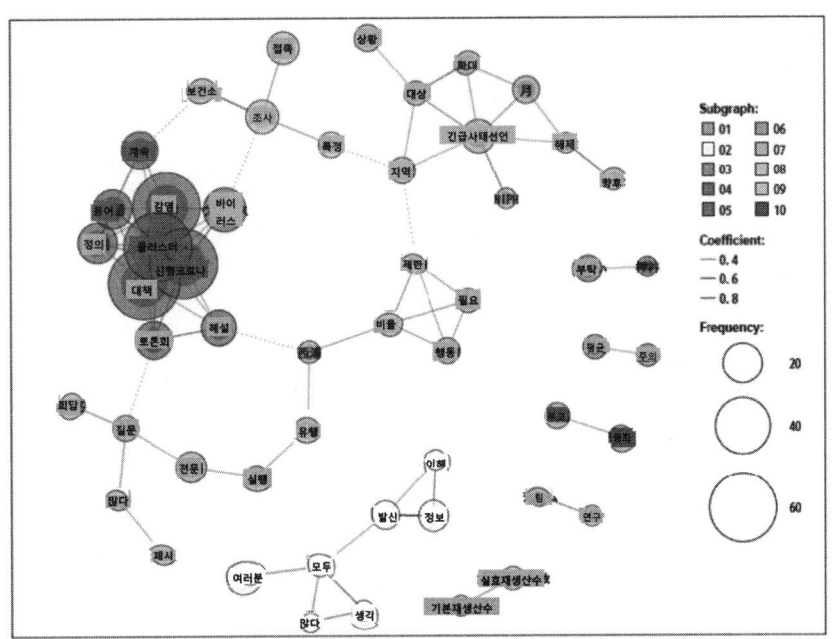

그림 11-6. 텍스트 분석결과[동시발생(共起) 네트워크]
「신형 코로나 대책 전문가 트위터 계정의 트윗 특징과 정보 발신 내용」
출처: 古口凌太郎 他 日本リスク学会 2022 vol.31 No.3 게재

(5) 마치며

SNS의 보급으로 특히 의료관계자의 개인정보 발신이 활발하다. 감염증은 일상진료의 기본이기 때문에 발신하기 쉬울 것이다. 도쿄전력 후쿠시마 원자력발전소 사고로 인한 건강관련정보의 발신은 SNS의 보급이 지금만큼 없었다고는 하지만, 크게 다른 상황이다. 또한, 젊은 의사들 중심으로 한 자원봉사단체로서 트위터를 통해 발

신(https://twitter.com/covnavi)한 것도 볼 수 있다. 그러나 리스크 커뮤니케이션은 전문가들의 의견을 받아들이도록 하는 것이 아니라는 점을 거듭 강조하고 싶다. 전문가들 사이에 의견 차이가 있다는 것은 지금까지도 지적되어 왔다. 따라서 정보 수용자의 리터러시(literacy, 문해력과 활용/이해능력)가 중요해진다. 일본에서는 리터러시 교육이 아직 충분하다고 말할 수 없다.

  TV나 신문을 비롯한 미디어를 통한 리스크 정보제공은 정보가 제3자에 의해 가공된다. 정부를 비롯한 행정기관, 그리고 학회나 직능단체 등의 기관은 정보를 가공하지 않고 직접 전달할 수 있는 수단을 확보하는 것이 중요하다. 이에 대해서도 SNS는 위력을 발휘한다. 그것을 이용하여 일상에서 과학이나 연구(개발) 관련 정보를 제공하는 것도 중요하다. 그 운용에 익숙해지면 긴급 시에 도움이 된다.

  기자회견이 유튜브 등을 통해 누구나 실시간으로, 몇 번이고, 동시에 일부가 아닌 전체를 볼 수 있게 되었다. 즉, 회견을 본 한 개인이 실시간으로 SNS를 통해 마음대로 발신할 수 있게 된 것이다. 마이크 앞에 전 국민이 있다고 상상할 수밖에 없다. 누구나 대변인으로 적임자인 것은 아니다. 미디어 트레이닝을 경험하지 않고 대응하는 것은 리스크가 존재한다.

  전문가가 연구성과 등 리스크가 아닌 정보를 어떤 특정 미디어에 대해 우선적으로 제공하고 있는 경우가 있다. 그러나 리스크 정보에 관해서는 정보제공자는 4가지 의무(Stallenet et al., 1987)가 있다(표 11-4). 모든 사람들에게 정보가 전달될 수 있도록 모든 수단을 이용해야 한다. 즉, 미디어를 공평하게 다루어야 한다.

11. 감염증과 리스크 커뮤니케이션

표 11-4. 리스크 커뮤니케이션의 4가지 의무

실용적 의무	위험에 직면한 사람들이 그 피해를 피할 수 있도록 정보를 제공한다.
도덕적 의무	사람들이 선택을 할 수 있도록, 정보에 대해 권리를 가지고 있다는 것을 보장한다.
심리적 의무	사람들이 정보를 원한다는 것을 전제로 한다.
제도적 의무	사람들은, 정부가 리스크를 효과적(리스크 삭감)이고 효율적인 방법(비용대비 효과)으로 규제할 것을 기대하며, 이 책임이 정부에 의해 적절히 수행되고 있다는 정보가 전달된다.

앞으로, 신형 코로나바이러스 감염증 팬데믹의 리스크 커뮤니케이션이 평가되어, 장래의 감염증, 그리고 위기시의 리스크 커뮤니케이션에 도움이 되기를 바란다.

참고문헌

柏木知子他(2009) 住民に普及啓発すべき感染症 感染症診療に従事する臨床医を対象にしたデルファイ調査. 感染症学雑誌, 83(1), pp.12-18

古口凌太郎他(2022) 新型コロナ対策専門家twitter アカウントにおける ツイートの特徴と情報発信内容. 日本リスク学会, 31(3), pp.219-229

堀口逸子他(2008) 住民への普及啓発が必要な感染症は何か 行政機関感染症対策担当者を対象とした質的調査. 感染症学雑誌, 82(2), pp.67-72

堀口逸子他(2008) 新型インフルエンザ大流行に備えた危機管理研修教材の開発とその有用性の検討 ゲーミング・シミュレーションを利用して. 厚生の指標, 55, pp.11-15

堀口逸子他(2011) 一般住民への普及啓発が必要な動物由来感染症は何か 獣医師を対象とした質的調査. 日本衛生学雑誌, 66, pp.741-745

矢守克也他(2005) 防災ゲームで学ぶリスク・コミュニケーション―クロスロードへの招待. ナカニシヤ出版

Bennett P et al. (1999) Understanding responses to risk - Some Basic findings. Risk communication and Public Health. Oxford University Pres.

Horiguchi I, et al (2022) A report on the operation of the Twitter account "Experts of the COVID-19 Cluster Taskforce" The Japanese. Society of Health Education and Promotion, 30(1), pp.37-45.

Jackson AM et al. (2018) #CDCGrandRounds and #VitalSigns：A Twitter analysis. Ann Glob Health, 84, pp.710-716.

Stallen,P.J.& Coppock,R. (1987) About risk communication and risky communication. Risk Analysis, 1987；7：p.413-414.

WHO (2020) Emergencies：Risk communication.
https://www.who.int/newsroom/questions-and-answers/item/emergencies-risk-communication

12 | 기후변화와 리스크 커뮤니케이션

야기에코우(八木絵香)

《학습포인트》 기후변화 문제는 다른 과학기술의 문제와 비교해도 복잡하고 불확실성을 수반하며, 시간적, 공간적 범위도 넓다. 따라서 시민(특히 일본 국내)이 그 현상과 문제를 이해하고, 자신 삶의 맥락에 비추어 실감하고, 그 견해표명의 과정을 구축하는 데는 큰 어려움이 따른다. 이 장에서는 기후변화 문제에 대한 리스크 커뮤니케이션과 관련하여 ①기후변화 문제의 리스크나 대처방법은 사람들에게 어떻게 인식되고 있는가, ②기후변화 문제에 관해서는 어떤 리스크 커뮤니케이션이 필요한지, 두 가지 점에 대해 강의를 진행한다.

《키워드》 기후변화 문제의 리스크 인식, 전문가에 대한 신뢰, 시민의 주체적 참여의 한계, 온디맨드 정보제공의 중요성

1. 시작하며

기후변화 문제에 대한 리스크 커뮤니케이션, 즉 시민들이 기후변화 문제를 인지하며, 그 복잡성을 이해하고, 대처해야 할 방향성과 구체적 방안을 판단하기 위해 전문가나 전문적인 정보와의 상호작용은 중요한 과제이다. 이 넓은 의미의 리스크 커뮤니케이션을 통한 세계규모의 정책 결정은, 이 지구에 사는 우리가 새로운 기술에 투

자하거나, 새로운 소비의 형태로 전환하여 생활방식 자체를 바꾸는 것을 포함한다는 의미에서 큰 영향력을 가지는 것이다. 그러나 그러한 인식은 진정한 의미에서 시민들 사이에까지 성숙되어 있다고 단언할 수 없다.

또한, 서로 다른 관심과 이해관계를 가진 세계 각국이 공동으로 구속력 있는 정책을 결정하는 것의 어려움은 지난 COP[1] 협상을 통해서도 제시되어 있으며, 그 자체가 시민들이 기후변화 문제에 주체적으로 관여하는 것을 방해하는 하나의 요인이 되고 있다고 할 수 있다. 기후변화 리스크 문제는 다른 과학기술 문제와 비교해도 복잡하고 불확실성을 수반하는 문제이며, 시간적, 공간적 범위가 넓어 시민(특히 일본 국민)이 그런 현상과 문제를 체감하는 기회가 극히 적다는 점도 이러한 경향에 힘을 실어주고 있다.

이 장에서는 기후변화 문제에 대한 리스크 커뮤니케이션에 대해 ①기후변화 문제의 리스크와 대처방법은 사람들에게 어떻게 인식되고 있는가, ②기후변화 문제에 관해서는 어떤 리스크 커뮤니케이션이 필요한지, 두 가지 점에 대해 강의를 진행한다.

---

1) 유엔기후변화협약 당사국 총회 (COP; Conference of the Parties - Framework Convention on Climate Change)

2. 기후변화 문제의 리스크는 사람들에게 어떻게 인식되고 있는가

(1) 기후변화 문제의 현재

기후변화 문제에 대해서는 1992년 채택된 유엔기후변화기본협약에 따라 1995년부터 COP가 개최되어 온실가스 배출량 감축을 위한 논의가 지속되어 왔다. 최근에는 2015년 파리에서 개최된 COP21에서 2020년 이후 온실가스 배출감축 등을 위한 새로운 국제적인 프레임워크로서 파리협정이 채택(2016년 발효)됨에 따라 추가적인 온실가스 감축 움직임이 가속화되고 있다.

일본 내에서는 2020년에 스가(菅) 총리(당시)가 「2050년까지는 온실가스 배출을 전체적으로 제로화, 즉 2050년 탄소중립, 탈탄소 사회 실현을 목표로 한다」고 선언하고, 온실가스 배출을 21세기 후반에 실질적인 제로로 만들겠다는 국제목표를 향해 탈탄소사회로의 전환을 시작했다.

그렇지만 외국과 비교해 일본 국내에서는 탈탄소사회로의 전환에 따른 사회생활의 변화에 저항하는 경향이 확인되고 있다. 여기서는 일본 내에서 실시된 몇 가지 기후변화 문제를 둘러싼 무작위 추출형 시민패널 (미니퍼블릭)의 사례를 소재로 하여, 기후변화 문제의 리스크나 대처방법이 사람들에게 어떻게 인식되고 있는지에 대한 해설을 한다.

(2) 기후변화 문제를 둘러싼 World Wide Views라는 대응[2]

기후변화 문제를 둘러싼 국제교섭의 장(COP)에 정치인이나 정책담당자, NPO나 NGO 등의 이해관계자가 아닌 시민들의 목소리를 전달하기 위해 기획된 World Wide Views(WWViews)라는 대응이 있다. 최초의 WWViews는 2009년에 개최되었으며, 파트너가 되는 세계 각국의 주최단체가 각 100명의 시민을 모아「공통의 정보」를 바탕으로「공통의 프로그램」에서 토론하고「공통의 설문」에 회답하는 형식으로 세계시민의 목소리를 COP15의 장에 직접 전달했다[3]. 기후변화 문제에 관한 WWViews는 2009년과 2015년[4]에 두 차례 개최되었는데, 그 결과 일본의 참가자들은 다음과 같은 특징을 가지고 있는 것으로 시사되고 있다(日本科学未来館: 2019).

① 기후변화에 대한 체감도가 낮거나, 과학적으로 해명이 안 된 부분이 있다는 점을 이유로, 기후변화의 영향에 대한 위기의식이 낮은 점.

② 세계 각국의 참가자들은 기후변화 대책으로「삶의 질이 높아진다」고 인식하고 있는 반면, 많은 일본 참가자들은「불편」,「참음」,「경제적 부담」이라는 표현으로 기후변화 대책의 시행이 생활수준을 낮추고 국민 개개인에게 경제적 부담을 강요하는

---

[2] 여기서 서술은 방송대 대학원 교재『리스크 사회에서의 시민참가』의 13장에 자세히 나와 있으니 참고할 것.
[3] WWViews 2009(일본 개최) 결과에 대해서는 다음을 참조할 것. http://wwv-japan.net
[4] 기후변화 문제 이외를 포함함. 세계에 전개된 WWViews의 결과에 대해서는 다음을 참고할 것. http://wwviews.org

것이라고 생각하는 점.

③ 금세기 말에 온실가스 배출량을 제로화 하겠다는 장기목표와 2030년까지의 단기목표는 구속력을 가져야 한다는 세계의 흐름에 대해 일본 참가자들이 소극적인 자세를 보이는 점.

(3) 탈석탄 사회로의 전환을 향한 시민패널의 대응5)

이러한 경향을 보다 심층적으로 분석하기 위해 2020년에는 「탈탄소사회로의 전환과 삶의 질에 관한 시민패널」6)이 실시되었다. 이 시민패널에서는 사회전체의 축소판이 될 수 있도록 연령·성별 등의 균형을 고려해 선정된 18명의 시민이 전문가의 정보제공을 받아 주체적이고 신중한 토론을 거쳐 탈탄소사회의 실현 가능성이나 그 구체적 방안에 대한 의견을 수렴하고 있다.

시민패널의 결론에서는 기후변화 문제는 「방치하면 지구규모에서 생태계를 파괴」하고 결과적으로 「인류, 특히 미래세대의 생존권마저 침해할 수 있는」 큰 문제라는 점을 명시하고 있다. 게다가 사회적 약자가 피해를 심각하게 입을 가능성에 대해서도 언급되어 「원인에 대한 책임이 작은 사람이 피해를 심각하게 입는 불공평한 구조가 있다」는 점도 지적하고 있다. 나아가 파리협정에서 제시된 탈탄소사회로의 전환은 「반드시 해야 한다」는 인식이 제시되었으며, 「그 허들은 매우 높다」면서도 「대응 여하에 따라 파리협정의 배출목표는 달

---

5) 여기서 서술은 방송대학 대학원 교재 『리스크 사회에서의 시민참가』의 14장에 자세히 나와 있으니 참고할 것.
6) https://citizensassembly.jp

성할 가능성도 있다」는 방향으로 의견이 일치하고 있다.

또한, 과거 2회의 WWViews와는 달리, 결론에서는 「우리에게 있어서 가장 중요한 것은 우리가 안심하고 안전하게 살 수 있는 지구, 환경, 자연을 지키는 것」이며, 「그렇게 하는 것이 우리 삶의 질 향상으로 이어진다」는 주장이 명쾌하게 서술되어 있다. 삶의 질을 「향상 대 위협」이라는 대립축으로 보는 것이 아니라, 안전·안심하고 살 수 있는 환경보전(=기후변화 문제에 대한 대책을 추진하는 사회)이야말로 삶의 질 향상의 기반에 있음을 명시하고 있으며, 파리협정 이후 탈탄소화를 향한 국내외의 움직임에 따라 새로운 변화에 순응하는 모습도 엿볼 수 있다.

그 이유로는 몇 가지를 들 수 있지만, 2010년대 사회의 다양한 움직임 속에서 안전·안심하고 살 수 있는 환경보전이야말로 삶의 질을 지탱하는 기반이라는 인식이 사회적으로 공유될 수 있는 토양이 조성된 것이 적지 않은 영향을 미쳤다고 할 수 있다. 게다가 기후변화의 영향이 심각하고, 탈탄소사회로의 전환은 미래세대와 개발도상국을 생각한다면 피할 수 없다는 인식이 공유된 것도 영향을 미친 것으로 보인다.

한편, 참가자 설문에서는 21세기 후반의 실질적 배출량 목표를 제로화하는 가능성은 「희박하다」는 응답이 44%, 「중간(가능성은 있지만 희박하다고도 말할 수 없다)」이라는 응답이 38%로, 앞서 언급한 「달성할 가능성이 있다」는 결론의 표현은 적극적인 주장이라기보다는 가능성을 부정하지 않겠다는 유보로 해석하는 것이 타당할 것이다. 또한, 탈탄소사회로의 전환이 삶의 질에 어떤 영향을 미칠 것인가에 대한 질문에는 「일상생활의 부자유·불편함」, 「가계 압박, 경제적 부담 증가」, 「경제성장에 대한 제약, 경제활동의 침체·혼란」에 대한 언급도 있어, 그 실현 가능성에 대해서는 회의적인 상황이 보이거나 숨겨져 있다.

(4) 기후변화 문제에 관련된 리스크 커뮤니케이션이 안고 있는 과제

 탈탄소사회로의 이행을 요구하는 목소리와 그로 인한 자신의 생활에 미치는 영향을 불안해하는 목소리, 이 긴장감 속에서 일반사회의 기후변화 문제에 대한 인식은 진자처럼 흔들리고 있다. 또 한 가지 유의해야 할 점은, 매우 복잡한 정보를 읽어내야만 하는 기후변화 문제와 관련된 과제에 대해 시민들이 정말 「충분히」 이해한 후에 판단하는 것이 가능하냐는 것이다.
 에모리(江守, 2010)는 기후변화 문제와 관련한 과학적 전문가 입장에서 구체적인 과제를 지적하고 있다. 에모리는 2009년 WWViews의 대응을 예로 들며, 숙의를 통해 형성된 시민의 견해가 국내외를 막론하고 엄격한 기후변화 대책 목표를 지향하는 것으로 거의 일치하는 점에 착안하여, 과학적 정보를 충분히 이해한 후의 견해라는 지적을 하고 있다. 가장 상징적으로 드러나는 불일치는 물리적으로 가능하다고 생각되는 온실가스 감축량과 참가자들이 「유지해야 할 기온」으로 제시하는 수치와의 부정합이다. 엄격한 정책목표로 일치한다는 것은 달리 말하면, 자신에게 미치는 영향을 일단 제쳐두고 이상적인 방향을 총론으로 선택했을 가능성을 내포하고 있다.

거기에서 표명된 견해는 자신의 금전적 부담을 어느 정도까지 고려한 것인가. 자신의 부담도 감수할 수 있는 답변인가? 또한, 엄격한 목표치를 선택하지 않는 사람은 미래세대가 겪을 수 있는 악영향을 어떻게 추정하고, 그에 대해 어느 정도 책임을 질 것인가? 자신이 거주하는 지역에는 악영향이 없더라도 그 외에 심각한 악영향을 받는 지역에 대해 어느 정도 배려를 하고 있는가? 에모리의 지적은 다시 말하면, 기후변화 문제와 같이 불확실성이 높고 전문지식이 필요한 과학기술 문제에 대해, 시민들이 다양한 정보를 「충분히」 이해하고 숙고를 거듭한 의사를 표명하기 위해서는 어떤 방법이 적절한가에 대한 물음이라고 할 수 있다.

3. 「충분히」 이해하기 위한 방법은 무엇인가

(1) 기후변화 문제에 관한 상호작용 과정과 시민 참가의 유형

「충분히」 이해하고 생각하는 것을 전제로 하는 것은 그 정의와 측정방법에 대한 논의는 물론이고, 그 과정의 구현 가능성 측면에서도 과제가 남는다. 가장 이상적인 방법은 개개인의 지식수준이나 관심의 정도에 따라 온디맨드(on-demand) 방식으로 프로세스를 쌓아가는 것이지만(木下, 2016), 당연한 일이지만 그 방법에도 경제적, 시간적 제약이라는 한계가 있다. 즉, 「충분함」을 담보하기 위한 신중한 과정과 그 실현 가능성은 일종의 트레이드오프의 관계에 있다.

개별 사회과제에 대해 시민 참가로 대응하는 경우, 그 방법론은 크게 분류하면 ① 정보를 제공하고 설문지 조사 등을 통해 시민의 의견을 파악하는 방법, ② WWviwes나 컨센서스 회의, 토론형 여론조사와 같이 제한적이기는 하지만 서로 다른 의견과 전문성을 가진 사람들끼리 숙고과정을 거쳐 의견을 표출하는 방법, ③ 소규모로 온디맨드성을 보장하고 다양한 주체들이 소통하며 의견을 표출하는 방법 등으로 분류할 수 있다. 규모나 구체적인 실시 방법에 따라 그 비용이 달라지기 때문에 일률적 비교는 할 수는 없지만, 대상 인원 비율로 보면 ① 〈 ② 〈 ③의 순서로 프로세스가 신중한 만큼 비용이 많이 든다고 할 수 있다.

(2) 어떤 정보가 공유되어야만 하는가

다만 ①~③의 어느 방법을 사용하는 경우라도 전제로서 논의해야만 할 것은, 시민의 견해가 표명되기 전에 어떤 정보가 공유(이해)되어야만 하는가이다. 시민이 「충분히」 기후변화 문제에 관한 전제조건이나 과학적 지식을 이해했다는 것은 어떤 상황일까? 이 장에서는 이 점에 대해 앞서 언급한 ③의 방법으로 기후변화 문제에 대해 극도로 높은 관심이나 전문지식을 가지고 있지 않은 시민들을 대상으로 조사한 연구결과[7]를 중심으로 해설을 더 하고자 한다.

---

[7] 이 장에서 참조한 조사결과는 환경부 환경연구종합추진비 전략적 연구개발사업 S-10 「지구규모의 기후변화 리스크 관리전략의 구축에 관한 종합적 연구(5)기후변화 리스크 관리에서 과학적 합리성과 사회적 합리성의 상호작용에 관한 연

당연하지만 가장 중요한 것은 기본적인 과학적 정보가 전문가와 시민들 사이에 공유되는 것이다. 이때, 신중한 커뮤니케이션을 통해 전문가와 시민들 사이에 공유되어야만 하는 기본정보는 크게 나누어 ① 지구 레벨에서 기온이 상승하고 있다는 사실(관측된 세계 평균기온의 상승 경향, 과거 1,000년의 기온변동 상황의 시뮬레이션 결과, 해수면 수위 변동 등), ② 그 온도 상승이 인간의 활동에 기인한다고 추정되는 이유(온실가스 농도와 세계 평균기온의 관계, 빙하기 주기 등과의 관계), ③ 목표 수치를 달성하지 못할 경우 일어날 수 있는 일의 예상, ④ 목표를 달성하는 배출량 감축방안의 선택사항과 그 부담의 형태 등 네 가지로 분류할 수 있다.

(3) 리스크 커뮤니케이션의 기본이 되는 예절

또한, 중요한 것은 기후변화 문제 관련 전문가들 스스로가 ⑤대책을 세웠을 때와 세우지 않았을 때의 장단점에 대해서도 적극적으로 언급하고 있다는 점이다.

시민들은 기후변화 대책 추진론과 기후변화 회의론 중 어느 한쪽에 치우친 정보를 독립적인 경로로 취득하는 경우가 적지 않으며,

---

구」에 따른 것이다. 이 조사에서는 여러 가지 패턴의 기후변화 문제에 관한 리스크 커뮤니케이션 방법의 실효성을 검토하는 동시에, 그러한 리스크 커뮤니케이션이 시민들의 리스크 인식을 어떻게 변화시키는지에 대해 검토하고 있다. 이 장에서 소개한 조사결과는 온디맨드 방식으로 각자의 직업이나 관심 등에 따라 전문가와 신중하게 대응하는 방식이었다. 따라서 전문가-시민 양측이 서로 「같은 전제 상황을 공유했다」는 인식에 도달하는 것이 어느 정도 가능했다. http://www.nies.go.jp/ica-rus/index.html

12. 기후변화와 리스크 커뮤니케이션

양자를 균형 있게 입수한 후 자신의 의견을 검증할 기회가 많지 않다. 또한, 기후변화 문제에 관한 전문가=기후변화 대책 추진론자라는 프레임으로 인식하는 경향이 있으므로, 전문가 스스로가 과학적 불확실성을 성실하게 제시하거나 양론 병기형으로 정보를 제시하는 것(과학자 측에서도 대책을 세우지 않을 경우의 장점을 제시하는 것)은 정보 발신자인 과학자들에 대해 신뢰가 향상된다.

또한, 과학적 지식이 생성되는 과정이 공유되는 것도, 과학자들에 대한 신뢰향상으로 이어지는 효과도 시사되고 있다. 예를 들어, IPCC 보고서 작성에 어떤 전문가들이 몇 명이나 관여하고 있고, 얼마나 많은 시간을 투자하는가? 어떤 것을 데이터라고 부르고, 어느 범위까지를 검토대상으로 삼고 있는가? 실측치가 남아 있지 않은 과거 기온은 어떻게 추정되고 있는가?

이처럼 시민들이 소박하게 느끼는 의문, 과학적 지식의 생성과정이나 그 정교함에 대해 느끼는 의문에 응답받을 기회는 그리 많지 않다. 이러한 소박한 궁금증에 응답할 수 있는 것은 온디맨드형의 커뮤니케이션이 그 특징을 효과적으로 발휘할 수 있는 부분이라 할 수 있다. 시민들은 전문적인 정보를 신중하고, 시민이 이해할 수 있도록 설명해 줄 뿐만 아니라 결과를 도출해내는 과정에 대한 소통을 원하고 있다.

거기에 더해, 전문가와의 긴밀한 소통을 통해 현실감을 갖고 기후변화 문제의 영향에 대해 고민함으로써 시민들이 더 구체적으로 기후변화 문제에 관심을 가지며, 전문가와 같이 의견과 관심이 다른 시민들 간의 숙의를 촉진하는 것으로 이어지는 결과를 얻을 수 있다.

4. 기후변화 문제는 어떻게 이해되고 있는가

(1) 기후변화 문제는 시민들에게 어떻게 이해되고 있는가

숙고과정 이전에 시민이 제시하는 기후변화 문제에 대한 인식은 ① 기후변화 현상이 존재하는지, 문제의 소재에 대한 논점(인식수준의 이해), ② 불확실성을 수반하는 기후변화 문제의 대책 방향성에 대한 논의(대책의 필요성에 대한 이해), ③ 금전적, 인적, 시간적 비용이 한정된 상황에서 기후변화 문제의 우선순위와 배분할 비용에 대한 논의(자신의 부담과 대책의 우선순위에 대한 이해)를 세 가지로 분류할 수 있다.

① 인식 수준의 이해

기후변화의 위기인식이 사회의 주류가 되어가고 있는 현재, 그 문제의 인지도는 매우 높다. 2020년도 여론조사(内閣府, 2020)에 의하면 농작물 품질저하, 야생동물 서식지 변화, 잦은 폭우로 인한 수해 리스크 증가, 열사병환자 증가라는 형태로 기후변화가 우리 생활의 다양한 곳에 영향을 미치고 있다. 그 인지도는 90%를 넘는다. 또한 2000년대와 비교해 노골적인 온난화 회의론을 접할 기회는, 적어도 일본 내에서는 줄어들고 있으며, 그 문제의 소재와 해결책에 대한 필요성의 인식은 높아졌다고 할 수 있다. 한편, 특히 미국의 논의 영향을 받는 온난화 회의론이 사라진 것은 아니다. 그 전형적인 의견 유형 중 하나는 기후변화 문제를 부각하여 이득을 얻는 사람들이「기후변화가 일어나고 있는 것처럼 강조하는 것은 아닌가」라는 회의론이다.

또 다른 유형의 회의론은 일본 내 생활에서 온난화현상을 체감할 수 없거나 전형적인 예시로 거론되는 사례(투발루 제도 사례나 가뭄, 해빙지역 감소 등)는 친숙하게 느껴지지 않아 기후변화에 대한 인식이 체감 수준의 과제까지 이르지 못한다는 것이었다. 그러나 이러한 회의론에 대해서는「여름의 더위」,「비 내리는 강도」,「벚꽃의 개화시기 등 주변 식물의 변화」,「겨울의 추위나 눈의 내리는 정도」등을 예로 들어, 어떤 식으로든 가까운 변화를 느끼는 국민이 약 35%(内閣府, 2020)를 차지하는 등, 친숙한 환경변화로 인해 기후변화 문제에 대한 인식 비율도 증가하고 있다.

② 대책의 필요성에 대한 이해

기후변화의 경향에 의심의 여지가 없다면, 많은 시민은 총론적으로 기후변화 대책의 필요성에 동의한다[8]. 한편, 기후변화가 발생하고 있고 그것이 인간의 활동에서 유래할 가능성이 크다는 것을 인정하더라도 기후변화 대책에 중점을 둘 필요가 없다는 주장도 존재한다. 그 이유는 몇 가지가 있다.

대표적인 이유 중 하나는「1~2℃의 온도 상승이면 인류는 적응할 수 있다」는 지구 평균기온 상승의 영향에 대한 지식부족에 기인하는

---

8) 내각부의 2020년도 기후변화에 관한 여론조사에서도「탈탄소 사회」실현을 향해 개개인이 이산화탄소 등의 배출을 줄이는 대응에 대해 어떻게 생각하느냐는 질문에 대해「노력하겠다」는 비율이 91.9%(「적극적으로 노력하겠다」24.8% +「어느 정도 노력하겠다」67.1%)로 높은 비율을 보였다.

것이다. 그 외에도 기술 낙관론(미래에 획기적인 기술이 개발되어 문제가 해결될 것이라는 희망)이나 자연선택론에 근거하여 인류를 포함한 생물은 어느 정도 큰 흐름에서 도태될 수밖에 없는 숙명이며, 만약 기후변화로 인해 인류가 리스크를 감수하더라도 인류 전체로서는 허용되어야만 한다는 주장이다.

또한, 기후변화로 인한 영향의 중대성을 인식하고 기후변화 대책의 필요성을 느끼는 경우라도, 그 대책이 「기후변화 문제」라는 키워드 하에 포괄적으로 설명되는 것에 대한 위화감·부정감의 존재도 시사되고 있다. 구체적으로는 에너지 절약형 가전제품이나 건물, 전기자동차 보급, 식품유통경로 개선(식품 손실 감소) 등의 대응은 개별적인 대책으로는 시민들로서 공감도가 높은(부담을 감내할 수 있는) 선택이지만, 그것이 기후변화 문제 대책과 표현되는 것이 허용되지 않는 경우가 있다. 이는 기후변화 문제를 더욱 강조하는 형태의 대책 실시는 반대로 그 대책의 적절성에 대한 불신감, 즉 모종의 이익을 유도하기 위한 대책일 가능성을 엿보게 한다는 것을 보여주고 있으며, 여기서도 정보발신 측의 「신뢰」 문제가 다시 부각 되고 있다.

③ 자신의 부담과 대책의 우선순위에 대한 이해

다만, 총론에서 기후변화 대책에 대해 긍정적인 평가를 하는 사람들도 구체적인 부담이나 우선순위라는 관점에서 그 대책을 논의하는 장면에서는 그 판단을 유보하는 경향이 강하다. 유보패턴은 크게 두 가지로 분류된다. 첫 번째는 여러 외국(특히 신흥국)과의 관계성을 둘러싸고 일본이 어느 정도 진취적으로 이 문제에 대처해야만 하

12. 기후변화와 리스크 커뮤니케이션

는가 하는 관점으로부터 적극적으로 대책을 강구하는 자세를 유보할 수밖에 없다는 것이다. 두 번째는 일상적으로 접점이 있는 사회적 과제, 구체적으로 사회보장문제나 육아문제, 간병문제 등에 비교해 「자신들에게 있어서」 기후변화 문제대응은 우선순위가 높다고 말할 수 없는 견해이다. 이것은 후술하는 바와 같이 기후변화 문제에 관한 리스크 커뮤니케이션의 관여에 대한 시민들의 소극적인 자세와도 연계되어 있다.

즉, 시민들은 ① 기후변화 문제를 체감하고 있지만, 경우에 따라서는 이 현상의 존재를 회의적으로 받아들이고 있으며, ② 나아가 그 대책에 대해서는 총론적으로는 찬성하지만, ③ 부담방식에 대해서는 소극적인 경향이 확인되고 있다. 이는 과거에 실시된 미니퍼블릭의 논의결과와 대체로 일치한다.

(2) 커뮤니케이션을 통해 견해는 어떻게 변화하는가

그렇다면 온디맨드형 커뮤니케이션 과정을 거치면서 그런 인식은 어떻게 변화하는 것일까?

결론부터 말하자면 최종적으로 기후변화 현상과 그 대책의 찬반에 대한 의견 차이를 모두 해소할 수는 없다. 그러나 신중한 소통과정을 통해 기후변화의 과제는 대책을 세우지 않을 경우 미래에 미치는 영향이 심각하다는 것을 시민이 전문가와 공유할 수 있게 된다.

또한, 어느 시점을 넘어서면 영향이 가속적으로 나타나는 티핑포인트(tipping point)를 넘어서면 돌이킬 수 없는 가능성이 있는 것 등 기후변화 문제를 판단할 때 중요한 사실인식을 공유할 수 있다. 나아가 시민들의 인식은 사회전반의 여러 과제 상황과 비용과의 균형을 감안한 후, 사회구조와 생활양식의 변화라는 큰 부담까지 염두에 두고 그에 상응하는 부담을 지는 것이 바람직하다는 형태에 대체로 수렴해 나간다. 그런 과정에서 미래세대나 다른 나라의 상황도 고려한 윤리적 문제가 언급되는 경우도 적지 않으며, 에모리(江守, 2010)가 지적한「충분히」이해한 후, 자신의 견해를 다듬는 과정을 한정적인 상황이지만 만들어내는 것은 가능하다.

한편 그러한 이해를 하고 나서도 시민들은 전문가에 비교해 기후변화 문제대응의 총론에는 찬성하면서도 다른 사회문제와 비교해 그 대책의 우선순위가 낮다는 견해에 대체로 동의하고 있다. 이러한 배경에는 어떠한 논의를 거듭해도 생활체감으로, 이 문제의 공간적, 시간적 확산을 인식하기 어렵다는 기후변화 문제의 특징이 크게 영향을 미치고 있다.

또한, 주목해야 할 것은 자신이 할 수 있는 일(절전 등)에는 관심을 보이지만, 근본적이고 영향력이 강한 대책에는 판단을 유보(또는 전문가 집단에 맡기고자 하는)하는 자세이다. 시민들은 사회보장문제나 어린이집 입학문제, 자녀의 교육문제 등 중요하고 문제의 구체적 모습과 해결해야 할 방향성이 잘 보이는 문제에 대해서는 주체적으로 문제해결과 소통에 관여하고 싶다는 방향이 강하다. 그러면서도, 기후변화 문제처럼 문제의 소재에 대한 인식, 중요성 판단, 구체적 대처방법의 선택이라는 어느 수준에서도 판단이 곤란한 경우에는 포괄적으로 그 모든 것에 관여하는 리스크 커뮤니케이션이 아닌 한정적으로 관여하고자 하는 경향이 있다.

이러한 상황에서 전문가 측에 속한 사람들이 시민의 이해부족이나 윤리관에서 기후문제의 우선순위 판단이 낮은 원인을 찾기 위해서는 일정한 유보가 필요하다. 여기에는 기후변화 문제뿐만 아니라, 리스크 커뮤니케이션에서 전문가에게 향하는 의심, 즉 전문가라 불리는 사람들은 시민에 비교해 자신의 전문분야의 중요성에 가치를 높게 두는 사람들(이해관계자)이라는 점이 영향을 미친다. 조사결과로부터, 시민들은, 기후변화 문제 전문가들이 기후변화 대책을 중요하다고 생각하기 때문이야말로 그 문제를 다루는 것이며, 「기후변화 문제는 다른 문제보다 우선할 필요가 없다」고 스스로 인정하는 것은 자신의 연구영역을 부정하는 것으로도 이어질 수 있다. 그런 의미에서 전문가는 중립적으로 정보를 제공하는 사람이라기보다는 이해관계자의 일부로 간주 될 가능성이 있다는 것이다. 앞서 언급한 온난화 회의론에 대한 인식의 배경에는 이러한 전문가=이해관계자라는 인식도 영향을 미치고 있다고 추측할 수 있다.

(3) 기후변화 문제에 대해 시민들이 「집착하는」 논점

또한, 커뮤니케이션을 통한 이해가 깊어진 후에도 시민들이 고집하는 몇 가지 금기사항을 지적할 수 있다. 미래세대나 영향을 강하게 받는 다른 나라에 대한 과도한 부담은 물론, 돌이킬 수 없는 영향은 강력하게 피해야 한다는 견해가 대표적인 사례이다. 특히 기후나 날씨, 바다 등 지구시스템을 인위적으로 조작하려는 기후공학에 대해서는 인류활동의 결과로 기후변화에 대해 더욱 인위적인 행위로 대책을 마련하는 것에 대한 금기를 포함하여 그 운용에 신중해야 한다는 견해가 강조된다.

추가로 말하자면 적극적으로 기후변화 문제에 관여하지 않는 시민들도 「기온상승을 억제하기 위해 어떠한 장기적인 목표를 세워야 한다고 생각하십니까」라는 질문에 답하기 위해서는 「사회의 미래상에 있어야 할 모습」에 대한 논의가 필요하며, 그야말로 시민만이 다양한 타인과의 커뮤니케이션을 통해 비전을 제시해 나가야 할 질문이라는 경향도 확인되었다. 불확실성이 높은 과학기술을 둘러싼 논쟁은 좁은 의미의 안전논쟁이나 리스크 커뮤니케이션이 아니라 우리사회의 모습을 근본부터 되묻는 쪽으로 수렴해 나갈 수밖에 없다.

표 12-1. 커뮤니케이션의 방식(모드)

방식(모드)	개요	상호작용성
케어 커뮤니케이션	위험성과 그 관리방법이 대부분의 청중에게 받아들여지고 있는 과학적 연구에 의해 이미 잘 정립된 리스크에 관한 것이다.	하향식, 일방향적 지식과 정보 제공
컨센서스 커뮤니케이션	리스크 관리방법에 대한 의사결정을 위해 함께 일할 수 있도록 집단에게 지식을 제공하고 격려를 하기 위한 것이다.	상호작용적 대화-공론-협동
크라이시스 커뮤니케이션	극단적이고 갑작스러운 위험에 직면했을 때의 것으로 긴급사태 발생 중 또는 그 이후에 행해진다.	하향식, 일방향적 지식과 정보 제공

5. 마치며

이러한 결론으로부터 룽그렌과 무크마킨(Lungren & Mucmakin, 2013)의 분류에 비추어 기후변화 문제에 대한 리스크 커뮤니케이션을 다시 한 번 재검토해 본다 (표 12 -1).

이 장의 서두에서 소개한 미니퍼블릭의 시도는 ② 컨센서스 커뮤니케이션(이해관계자 참가의 일부이며, 분쟁해결이나 이를 위한 교섭이라는 리스크 커뮤니케이션의 범위를 넘은 커뮤니케이션도 포함)의 프레임워크 안으로 시민을 이끌려는 대책이라고 정리할 수 있다. 최근 기후변화 문제를 둘러싼 리스크 커뮤니케이션의 대응은 COP에서의 협상이 중요한 국면을 맞이하면서 이 컨센서스 커뮤니케이션을 중심으로 다루어지고, 그 중요한 이해관계자 중 하나로 시민을 평가해 왔다.

그러나 이 장에서 제시한 조사결과에서 다시 한 번 ②에 대해서는 전문가들의 레벨에서 일정한 방향성을 제시한 후, ① 케어 커뮤니케이션 수준의 대응이 중요하다는 지적을 할 수 있다. 즉, 현 상태에 있어서 기후변화 문제의 중요성이나 그 대책 방법은 시민들에게 반드시 충분하게 이해되고 수용되고 있는 것은 아니다. 그 때문에 대화적·공론적·협동적인 커뮤니케이션(컨센서스 커뮤니케이션)과 더불어 그 행동변화를 촉진하기 위한 지식·정보의 제공(케어 커뮤니케이션)이 현재로서도 중요하다고 생각된다.

무엇보다 앞서 언급했듯이, 이것은 과학자 측에 앞으로 나아가야 할 방향을 전적으로 위임한 것은 아니다. 전문가(과학자나 정책담당자)와 시민들 간의 합의된 커뮤니케이션이 아니라 오히려 전문가들(자연과학자와 인문사회계 연구자) 간의 기후변화 문제를 둘러싼 윤리에 대한 숙의가 필요하다는 결론이며, 거기서 진지한 토론을 더욱 사회를 향해 전개해가는 것이야말로 그 다음의 리스크 커뮤니케이션의 활성화로 이어질 수 있을 것으로 생각된다.

참고문헌

江守正多(2010) 温暖化リスクの専門家の視点から見たWWViews へのコメント, 科学技術コミュニケーション, 7, pp.49-54.

木下富雄(2016) 第二章情報の提供の仕方, リスク・コミュニケーションの思想と技術, ナカニシヤ出版

脱炭素社会への転換と生活の質に関する市民パネル実行委員会(2019) 「脱炭素社会への転換と生活の質に関する市民パネル報告書」
https://eprints.lib.hokudai.ac.jp/dspace/handle/2115/73624

内閣府(2020) 気候変動に関する世論調査

日本科学未来館(2019) 日本科学未来館・展示活動報告書vol.11 「世界市民会議『気候変動とエネルギー』ミニ・パブリックスのつくる市民の声」

八木絵香(2010) グローバルな市民参加型テクノロジーアセスメントの可能性:地球温暖化に関する世界市民会議(World Wide Views) を事例として, 科学技術コミュニケーション, 7, 3-17.

八木絵香(2021) 小特集 変化への抵抗, 気候変動問題をめぐる変化への抵抗—ミニ・パブリックスを通じた検討, 心理学ワールド, 92, pp.27-28

12. 기후변화와 리스크 커뮤니케이션

Select Committee on Science and Technology Third Report http://www.publications.parliament.uk/pa/ld199900/ldselect/ldstech/38/3801.htm

Lundgren, Regina E. and McMakin, Andrea H. (2013) Risk Communication : A Handbook for Communicating Environmental, Safety, and Health Risk, 5th edition, Wiley.

13 | 디지털화에 따른 ELSI와 리스크 커뮤니케이션

| 키시모토아츠오(岸本充生)

《**학습포인트**》 디지털화의 진전과 함께 개인데이터가 수집되고, 이를 인공지능(AI)에 의해 분석된 결과가 다양한 상황에서 활용되면서, 기존과는 다른 리스크가 드러나거나 예상된다. 이러한 과제들은 윤리적-법적-사회적 과제(ELSI)라고 불리며, 30여년 전부터 의학·생명과학 분야에서 다루어져 왔으나, 최근에는 모든 신규과학기술에 적용해 왔다. ELSI에 대한 리스크 평가기법은 프라이버시 영향평가라고 불리며, 구미(歐美)에서는 공적기관에 의한 프로젝트 등이 사회에 구현되기 전에 실시·공표되어 왔지만, 일본에서는 아직 실천사례가 적다. 리스크에 기반한 접근은 이제 막 시작되었고, 그런 리스크의 커뮤니케이션에 관한 노하우는 아직 부족하다.

《**키워드**》 프라이버시, ELSI, 개인데이터, 프라이버시 영향평가, 인종 영향평가, 알고리즘 영향평가

---

1. 시작하며

디지털화의 진전과 함께 개인데이터(여기서는 개인에 관한 정보로서 넓은 의미로 사용[1])의 이용·활용이나 인공지능(AI) 기술에 의한

---

[1] 개인정보보호법에서 정의한 「개인정보」에 포함되지 않지만, 개인과 연결되는 정보도 포함한다는 의미에서 개인데이터라는 용어를 사용하고 있다.

13. 디지털화에 따른 ELSI와 리스크 커뮤니케이션

분석과 활용이 발전하면서 고려해야 하는 「리스크」의 범위도 넓어졌다. 구체적으로는 프라이버시가 침해될 리스크나 차별적 대우를 받을 리스크, 나아가 정보가 조작됨으로써 민주주의의 기반이 무너질 리스크 등도 우려되는 상황이 되었다.

이러한 과제군은 비단 디지털기술에만 국한되지 않고, 일반적으로 신흥기술(이머징·테크놀로지)이 사회에 도입될 때에 생기는 것으로 알려져 윤리적·법적·사회적 과제(ELSI)라고도 불린다. ELSI라는 용어는 후술하는 것처럼, 이전부터 의학, 생명과학 분야에서 사용해 왔는데, 최근에는 디지털기술을 포함한 다양한 신기술에 대해서도 사용되기 시작했다. ELSI의 범위는 안전성과 보안을 포함하여 폭넓게 다루는 경우와 기술적 측면을 제외한 인문·사회과학적 측면을 중심으로 파악하기도 한다. 리스크로서 고려해야 할 범위가 확대됨에 따라 리스크 커뮤니케이션의 대상도 당연히 환경·건강·안전 측면에 국한되지 않고, 인권에 미치는 영향 등을 포함한 정량적 평가에 익숙하지 않은 분야도 다룰 필요가 생긴다. 그러나 ELSI에 관한 리스크에 대해서는 그 평가방법도 정립되어 있지 않고, 커뮤니케이션에 관한 연구와 실천은 아직 시작단계에 불과하다.

이 장에서는 새로운 기술, 특히 AI를 포함한 디지털기술의 사회적 구현에 따른 리스크에 초점을 맞추고, 이러한 새로운 유형의 리스크를 거론하여, 리스크 관리방법에 대해 해설한 후, 마지막으로 커뮤니케이션의 방식에 대해서도 살펴본다. 먼저, ELSI라는 관점을 역사적 배경과 함께 소개한다. 다음으로 빅데이터의 이용·활용과 AI의 구현에 있어서 리스크 평가가 요구되게 된 경위에 대해 해설한다. 그다음에는 일반적으로 프라이버시영향평가(PIA)라고 불리는 정성적 리스크 평가와 관리방법을 소개한다. 마지막으로 이러한 새로운 유형의 리스크에 대한 리스크 커뮤니케이션의 방식에 대해 살펴본다.

2. ELSI라는 개념

(1) ELSI란 무엇인가

ELSI란 윤리적, 법적, 사회적 과제 (Ethical, Legal and Social Issues)의 머리글자를 딴 것으로, 엘시라고 읽힌다. ELSI라는 단어가 처음 사용된 것은 1990년 미국에서 시작된 인간게놈을 해독하는 국가 프로젝트 중 「ELSI 연구 프로그램」이 탄생했을 때이다. 당시 I는 Issues가 아니라 Implications 즉 영향/함의를 의미하고 있었다. 국립위생연구소(NIH) 등이 대학 등 외부 연구기관에 제공하는 연구예산의 3% (후속 법률로 「적어도 5%」로 규정됨)가 ELSI 관련 연구에 할당받게 되어, 그 후 몇몇 대학에 ELSI를 다루는 연구거점이 설치되었다(岸本, 2021). 이러한 접근법은 그 후 나노테크놀러지나 뇌과학과 같은 국가 프로젝트에도 적용되었다. 유럽에서는 비슷한 연구가 ELSA(A는 aspects의 머리글자, 즉 측면)라고 불리며, 이 개념은 2010년대 중반, 연구 공정성도 포함한 「책임감 있는 연구 & 혁신(Responsible Research and Innovation: RRI)」으로 불리는 보다 넓은 개념으로 발전했다. 일본에서는 의학·생명과학 분야에서 ELSI가 정착되어 있고, 과학기술기본계획에서도 「윤리적, 법적(법·제도적), 사회적 과제」가 지속적으로 거론되어 왔지만, 독립적인 연구분야로 간주하지 않았다. 최근에서야 비로소 하나의 연구분야로 연구예산이 책정되기 시작했다. 2021년 3월 말에 각료회의에서 결정된 제6기 과학기술혁신기본계획에도 「새로운 기술을 사회에서 활용하는 데 있어 발생하는 ELSI에 대응하기 위해서는 조감적인 시각으로 사물을 바라볼 필요가 있으며, 자연과학뿐만 아니라 인문사회과학을 포함한 「종합지식」을 활용할 수 있는 시스템 구축이 요구되고 있다.」라고 서술되어 있다.

(2) ELSI에 대응하기 위해

ELSI라는 개념이 등장한 배경에는 새로운 기술을 사회에 구현하는 데 있어 다양한 사건·사고, 나아가 「비방댓글(악플)」이 쇄도하는 사태가 다수 발생한 것을 들 수 있다. 안전성과 보안의 문제뿐만 아니라 프라이버시, 개인정보 보호, 차별, 공정성 문제, 사회수용성 문제 등 다방면에 걸친다. 이는 기술적으로 우수한 것을 만들기만 하면 사회적으로 구현될 것이라는 소박한 사고방식이 통하지 않는다는 것, 즉 기술과 사회 사이에 큰 간극이 존재한다는 것을 보여준다. 특히 최근 데이터 비즈니스나 AI 기술 적용에서는 기술서비스 혹은 기획단계부터 사회구현까지 걸리는 시간이 점점 짧아지고 있어 이러한 다양한 문제들이 더욱 쉽게 드러나고 있다.

ELSI라는 단어에는 윤리(E), 법(L), 사회(S)라는 3요소가 포함되어 있음에도 불구하고, 일괄적으로 이야기되는 경우가 많아 E와 S와 L을 구분하여 검토되는 경우는 지금까지 거의 없었다. 그림 13-1과 같이 3자를 구분해 보면 새로운 관점을 얻을 수 있다. 사회(S)는 여론이나 SNS에서 볼 수 있듯이 불안정하고 변화하기 쉽다. 이에 대해 윤리(E)는 사람들이 지켜야 할 규범이며, 단기적으로는 변화하기 어렵다. 그러나 중장기적으로는 변화할 수 있다. 그리고 이상적으로는 법(L)의 기반이 되어야만 한다. 예를 들어, 사형제도나 동성결혼 등과 같이 최종적으로 법률 개정이 따르는 문제도 그 배경에는 어떤 윤리 규범이 있고, 그리고 사람들이 얼마나 수용하고 있는가라는 문제가 존재하고 있다. 새로운 기술이 사회에 도입되면, 윤리(E), 법(L), 사회(S), 각각에서 기존의 것이 맞지 않는 사태가 발생하기 쉽다.

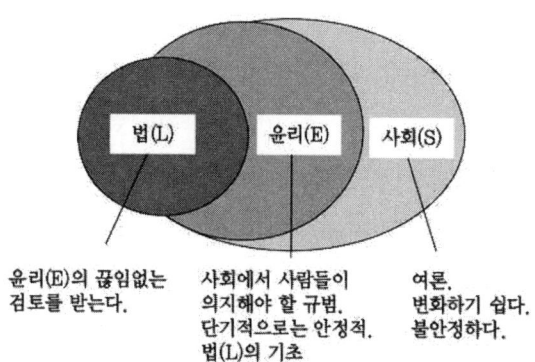

그림 13-1. 윤리(E)·법(L)·사회(S)의 관계성(저자 작성)

기업활동에서는 컴플라이언스가 「준법경영」으로 번역될 만큼 법(L)이 가장 중시되어 왔다. 사회(S)는 오로지 마케팅과 홍보의 범주였다. 윤리(E)는 기업의 사회적 책임(CSR)이라는 형태로 이전부터 다루어졌지만, 기업활동에서 반드시 우선순위가 높은 것은 아니었다. 그러나 최근 들어 새로운 기술의 사회적 구현이라는 맥락에서 윤리(E)-법(L)-사회(S)의 관계는 더욱 복잡해지고 있다. 예를 들어, 법(L)을 준수하고도 사회로부터 받아들여지지 않거나「비방댓글」이 쇄도하는 사태가 종종 관찰되었다. 사회에 대한 설명이 부족하거나, 절차가 투명하지 않거나, 이익상충이나 차별적 대우가 보이는 등의 이유를 들 수 있다. 또 다른 사례는 현행법(L)으로는 위법이 되거나 애초에 대응하지 않기도 하지만, 새로운 기술이나 서비스가 사회(S)에서 요구되는 경우이다. 언뜻 보면 양자는 정반대로 보이지만, 모두 법(L)의 개정속도가 기술혁신의 속도에 항상 뒤처진다는 것은 피할 수 없는 사실이다. 이러한 상황에서 과학기술 혁신을 추진하기 위해서는 확고한 윤리(E)가 없으면 상황판단이 어려운 장면이 많아질 것으로 생각된다. 더구나 현행법(L)을 개정하도록 적극적으로 로비하거나 사업자 단체가 주도하여 자발적으로 가이드라인을 만들거나 사회적 수용성을 높일 수 있는 활동 등의 대응이 요구된다.

3. 정보기술의 ELSI 리스크

(1) 리스크의 발견

미국에서 1990년에 시작된 ELSI 연구 프로그램은 인간게놈이 해독되었을 때 사회에 어떤 영향을 미칠지 미리 검토하여 그 과제에 대비하는 것을 목적으로 하고 있으며, 그 성과로 유전자정보차별금지법을 들 수 있다. 이처럼 새로운 기술이 사회적으로 구현될 때 발생할 수 있는 ELSI를 예상하고, 현행법(L), 윤리(E), 사회(S)와의 간극을 메우는 방안이 사전에 검토되어야 한다. 이를 위한 방법으로는 호라이즌 스캐닝과 기술평가가 알려져 있다(Matsuo, Kishimoto, 2017). 호라이즌 스캐닝은 넓은 의미에서 미래를 전망하는 활동 전반을 의미하지만, 특히 새로운 과학기술을 포함하여 미래에 큰 영향을 미칠 수 있는 변화의 조짐을 조기에 포착하는 것을 목적으로 하는 활동이다. 정부주도의 호라이즌 스캐닝도 영국, 네덜란드, 캐나다, 싱가포르 등에서 시행되고 있다. 호라이즌 스캐닝은 과학기술을 대상으로 하는 경우 그 시작단계에서 실시되는 반면, 기술평가는 특정기술의 사회구현이 현실화되는 시점에 실시되는 경우가 많다. 기술평가는 과학기술의 연구개발에서 사회구현에 이르는 과정에서 발생할 수 있는 다양한 긍정적, 부정적 영향을 예측하여 과제를 조기에 발견하고, 법적규제를 포함한 대응책 검토를 지원하는 활동이다. 방법은 전문가 분석을 중심으로 하는 전통적 방식부터 일반시민을 포함한 다양한 이해관계자의 참가를 통해 다양한 시각과 사회적 요소를 반영하는 참가형 방식까지 폭이 넓다. 후자는 컨센서스 회의, 시나리오 워크숍, 시민배심원단 등으로 불리기도 한다.

(2) 개인정보 이용과 프라이버시 보호

디지털화, 온라인화에 따라 개인에 관한 데이터, 즉 퍼스널데이터가 대량으로 생성되고, 동시에 컴퓨터의 성능향상으로 매우 큰 데이터셋, 즉 빅데이터를 생성, 관리, 분석할 수 있게 되었다. 이러한 데이터는 인공지능 (AI)에 의해 분석되어 다양한 상관관계와 패턴을 인식할 수 있게 된다. 그림 13-2는 AI를 사용한 데이터 활용에서 ELSI가 발생할 수 있는 부분을 나타낸 것이다.

일본의 개인정보보호법에서는 병원 이력 등을 포함해서 배려가 필요한 개인정보의 취득에는 본인의 동의가 필수적이지만, 일반적인 개인정보 취득의 경우에는 반드시 개별동의가 필요하지 않고, 그 이용목적의 통지나 공표로 충분하다고 되어 있다. 그러나 무엇이 충분한 「통지나 공표」가 되는지는 명확하지 않으며, 이해관계자와의 협의나 적절한 홍보 등이 부족할 경우 비판을 받거나 「비방댓글」이 쇄도할 가능성은 항상 경계해야 할 필요가 있다. 또한, 학습(교사) 데이터에 편향이 있으면 학습된 모델의 알고리즘도 편향되고, 즉 편향이 포함된 알고리즘이 될 수 있다는 점에 주의해야 한다. 예를 들어, 남성들만의 데이터를 기반으로 만들어진 알고리즘은 여성 차별적인 행동을 할 가능성이 있다. 마지막으로, 서비스 자체가 애초에 데이터 제공자에게 도움이 되는지, 데이터를 제공했을 때 예상했던 범위 내에 있는지, 즉 공정하게 활용되고 있는지 대해서도 다시 검증해야만 한다.

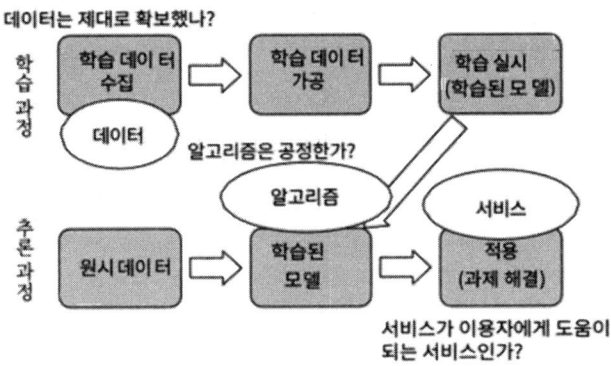

그림 13-2. 데이터 활용에서 ELSI가 발생할 것 같은 부분(저자 작성)

 개인데이터를 이용하여 본인의 취미와 기호, 건강상태, 신뢰도, 직무 수행능력 등 개인적 측면을 예측하고 평가하는 것을 특히 「(데이터 기반) 프로파일링」이라고 불린다. 이를 마케팅에 활용하면 「개인화」된 광고를 보낼 수 있고, 이미 플랫폼 사업자들이 이를 이용하고 있다. 인터넷 뉴스에서도 열람이력에 기반한 개인화가 이루어지고 있다. 그러나 프로파일링에는 요주의 개인정보에 해당하는 민감한 정보를 추정하거나 추정의 근거와 정확성이 불분명하다는 문제가 이미 지적되고 있다(山本, 2017). 나아가, 프로파일링 자체의 문제와 더불어 프로파일링의 결과가 인간의 판단을 거치지 않고 그대로 의사결정에 채택되어 버리는 문제도 지적되고 있다. 특히, 채용이나 인사, 재판, 융자 등 사람의 인생과 관련된 중대한 결정이 데이터 처리만으로 이루어질 수 있다는 것에 대해 강한 우려가 나타나고 있다. 그 때문에 유럽에서는 EU 역내의 개인정보 보호를 규정하

13. 디지털화에 따른 ELSI와 리스크 커뮤니케이션

는 법으로 2018년 5월부터 시행된「일반데이터 보호규정(GDPR)」에서 프로파일링에 기반한 자동화된 의사결정에 대해 알 권리(제13, 14조), 이의를 제기할 권리(제21조), 자동화된 처리만을 근거로 한 결정에 복종하지 않을 권리(제22조)가 규정되어 있다.

일본 내에서는 (2022년 2월 시점에서는) 프로파일링은 아직 법규의 대상이 되지 않았다. 그러나 2021년 8월 개정된 가이드라인에는 이용목적의 특정(3-1-1)에「예를 들어, 본인에게 얻은 정보로부터 본인에 관한 행동·관심 등의 정보를 분석하는 경우, 개인정보 취급사업자는 어떤 취급이 이루어지고 있는지를 본인이 예측·상정할 수 있는 정도로 이용목적을 특정해야 한다.」라는 문구가 추가되었다(個人情報保護委員会, 2021a). 또한, 개인정보보호법 2020년도 개정에서는「부적절한 이용의 금지」로서「개인정보 취급사업자는 위법 또는 부당한 행위를 조장하거나 유발할 우려가 있는 방법으로 개인정보를 이용해서는 안 된다」(제19조)는 문구가 추가되었다.「부적절한 이용」이나「부당한 행위」에는 무엇이 해당하는지는 향후 가이드라인 등을 통해 명확해지는 부분도 있을 것으로 예상하지만, 비교형량에 근거한 사례별 판단이 필요하게 될 것이다. 이는「절차」론에서「실체」론으로의 전환을 꾀한 것이라 할 수 있다(宮下, 2021). 그러기 위해서는 개인정보를 이용하는 당사자들이 어떤 이용이 적절한지 스스로 판단할 필요가 있다는 것을 보여준다. 이를 위한 도구가 다음 절에서 소개하는 리스크에 기반한 접근법이다.

(3) 리스크에 기반한 접근법

 개인정보 이용이나 AI의 사회구현에 있어서 체크리스트에 기반한 기계적 판단이 아닌 실질적인 판단을 위해 「리스크에 기반한 접근법(risk based approach)」이 필요하다고 여겨지고 있다. 리스크에 기반한 접근법에는 2가지 측면이 있다. 하나는 위험의 크기에 따라 구분하는 측면이 있다. 리스크가 높고 낮은 이용방법으로 구분하는 경우도 있다면, 리스크의 크기에 따라 몇 단계로 구분하는 방식도 있다. 또 다른 하나는 리스크 항목의 검출, 리스크 평가, 리스크 감소대책을 통해 잔여 리스크가 사회적으로 수용할 수 있을 정도로 낮은 것을 나타내는 일련의 작업을 가리키는 경우이다. 이것은 일반적으로 리스크가 크다고 판단되는 이용방법에 대해 실시된다. 전자의 경우만 「리스크에 기반한 접근법」이라고 부르기도 하지만, 「리스크에 기반한 접근법」의 보다 본질적인 측면은 후자에 있다. 후자는 일반적인 리스크 관리 과정이지만, 개인정보 보호 차원에서 적용될 경우 지금까지는 프라이버시 영향평가(PIA)라고 불려왔다. EU의 GDPR에서는 데이터보호 영향평가(DPIA)라고 불린다(제35조). GDPR에서는 사람의 권리나 자유에 대해 높은 리스크를 발생시킬 우려가 있는 경우에는 공공기관과 민간사업자도 함께 사전에 「데이터보호 영향평가(DPIA)」를 실시하는 것이 요청되고 있다[2]. PIA는

---

[2] 어떤 경우가 「높은 위험을 발생시킬 우려가 있는 경우」에 해당하는지 대해서는 가이드라인에 9가지 기준이 제시되어 있다(Article 29 Data Protection Working Party 2017). Guidelines on Data Protection Impact Assessment (DPIA) and determining whether processing is "likely to result in a

13. 디지털화에 따른 ELSI와 리스크 커뮤니케이션

동시에 프라이버시에 대한 배려를 나중에 추가하는 것이 아니라 프로젝트나 시스템의 설계단계부터 도입해 두는 것을 목표로 제창된 「프라이버시 바이 디자인(Privacy by Design [PbD])」의 실천방법론으로 자리매김하고 있다. 또한, 최근 AI를 활용하는 기업들 사이에서 AI 윤리 원칙/지침을 제정하는 움직임이 확산되고 있는데, 이러한 상위 이념을 구체적인 일상적 실천에 적용하기 위한 도구의 하나로 이용되고 있다.

다만, PIA는 다양한 문맥과 방식이 존재하며, 일본 국내용으로는 대상별로 세 가지로 나눌 수 있다, 첫 번째는 정보시스템을 대상으로 하는 국제표준화기구(ISO)와 국제전기표준회의(IEC)에 의한 규격으로 2021년에는 JIS화 되어 있다(ISO/IEC, 2017). 두 번째는 정보 파일(특정 개인정보 파일을 취급하는 사무)을 대상으로 하는 「마이넘버보호평가(특정개인정보보호평가)」이다. 국가행정기관이나 지방공공단체 등이 특정 개인정보파일(마이넘버를 그 내용에 포함한 개인정보파일)을 취급하는 사무를 수행하는 경우에 실시가 의무화되어 있다. 그리고 세 번째는 개인정보를 취급하는 프로젝트를 대상으로 하는 일반적인 PIA(EU의 DPIA 포함)이다. 이용자와의 리스크 커뮤니케이션을 위한 도구가 될 수 있다는 관점에서 여기서는 세 번째의 PIA를 다루고자 한다.

미국에서는 「2002년 전자정부법」에서 연방정부 행정기관에 대해 PIA 실시와 공표가 의무화되었다(제208조). 캐나다 연방정부 차원

---

high risk" for the purposes of Regulation 2016/679 (Adopted on 4 April 2017, As last Revised and Adopted on 4 October 2017)

에서는 재무위원회 사무국(TBS)이 2010년에 「PIA 지침」을 공포하여 행정기관에 PIA 시행을 의무화했다. 호주와 뉴질랜드에서는 법으로 의무화되어 있지는 않지만, 공공기관이 자율적으로 PIA를 실시하고 있다. 영국에서는 2007년에 정보위원회국(ICO)이 PIA 시행을 권고하는 핸드북을 공표했고, 2014년에는 행동규범으로 갱신되었으며, 이후 GDPR 시행에 따라 DPIA로 명칭이 변경되었으나, 현재까지 경찰을 포함한 많은 공공기관에서 PIA를 공표·시행하고 있다.

4. 리스크 관리방법

여기에서는 영국 정보위원회국(ICO)이 시행하고 있는 DPIA 절차를 소개하고자 한다[3]. 먼저 DPIA를 실시할 필요여부를 판단할 수 있는 체크리스트가 준비되어 있다. 이는 일반적으로 임계치 분석/평가(threshold analysis/ assessment) 라고 불린다. 체계적이고 광범위한 프로파일링이나 인생에 있어서 중대한 결정으로 이어지는 의사결정을 데이터 처리만 하는 경우와 같이 높은 리스크를 초래할

---

[3] ICO의 Data Protection Impact Assessments에 대한 설명은 아래를 참조. https://ico.org.uk/for-organisations/guide-to-data-protection/guide-to-the- general-data-protection-regulation-gdpr/accountability- and-govt. and-governance/data-protection-impact-assessments/ 단계별 설명은 영국 ICO의 DPIA 템플릿을 기반으로 기술된 것이다. https://ico.org.uk/for-organisations/guide-to-data-protection/guide-to-the-general-data-protection-regulation-gdpr/data-protection-impact-assessments-dpias/how-do-we-do-a- dpia/

13. 디지털화에 따른 ELSI와 리스크 커뮤니케이션

수 있는 경우 반드시 실시하여야 한다. DPIA를 실시하지 않는 것으로 결정한 경우에는 그 이유를 문서화하도록 되어 있다. DPIA의 일반적인 단계는 다음과 같다. 먼저 1단계부터 4단계까지 기본적인 사항을 정리한다. 5단계가 리스크 평가, 6단계가 리스크 관리이다.

1단계 : DPIA 시행의 필요성을 확인한다.

프로젝트가 무엇을 목표로 하는지, 어떤 데이터 처리를 할 것인지 대략적으로 설명한다. 프로젝트 제안서 등 다른 문서를 참조하거나 링크하는 것이 좋다. 또한 DPIA의 필요성을 확인한 이유를 요약한다.

2단계 : 데이터 처리의 성질, 범위, 문맥, 목적을 기술한다.

기본적인 정보를 과부족 없이 기술하는 것이 요구된다. 이것들은 크게 네 가지로 나눌 수 있다. 각각에 해당하는 질문 목록을 제시한다.

〈처리 성질〉 어떻게 데이터를 수집, 사용, 저장, 삭제하는가? 데이터의 출처는 어디인가? 데이터를 누구와 공유할 것인가? 데이터의 흐름을 설명하는 흐름도 등을 참고하면 편리할 것이다. 높은 리스크가 될 가능성이 있는 처리에는 어떤 것이 있는가?

〈처리 범위〉 데이터의 성질은 어떤 것이며, 민감한 데이터가 포함되어 있는가? 얼마나 많은 양의 데이터를 수집하고 사용하는가? 얼마나 자주? 얼마나 오랫동안 데이터를 보관할 것인가? 영향을 받는 개인은 몇 명인가? 어떤 지리적 범위를 대상으로 하는가?

〈처리 문맥〉 데이터 제공자는 자신의 데이터를 어느 정도 통제할 수 있는가? 그들은 여기에 기술된 데이터 이용방법을 예상하는가?

아동과 기타 약자가 포함되는가? 이런 종류의 데이터 처리에 대해 이전부터 우려되고 있는 사항이 있는가? 어떤 점에서 신규성이 있는가? 이 분야의 기술현황은 어떤가? 현재 사회적으로 우려되는 문제 중 고려해야 할 사항이 있는가? 승인된 행동규범이나 인증제도에 참여하고 있는가?

〈처리 목적〉 무엇을 달성하고자 하는가? 개인에 대한 의도된 효과는 무엇인가? 그 처리의 (당신에게 있어서, 더 넓은 의미의) 혜택은 무엇인가?

3단계 : 이해관계자와의 상담 방법을 검토한다.

관련 이해관계자로서 데이터 제공자와 함께 조직 내외의 전문가가 거론되고 있다. 데이터 제공자의 견해를 언제, 어떻게 구할 것인지, 또는 그렇게 하는 것이 적절하지 않다면 그 이유를 설명한다. 조직 내에서 또 누구를 참여시킬 필요가 있는가? 정보보안 전문가 또는 기타 외부 전문가와 상담할 계획이 있는가?

4단계 : 프로젝트의 필요성과 비례성(proportionality)을 평가한다.

프로젝트가 필요하고 목적에 비례하는 내용인지 확인하기 위한 질문목록이 제시되고 있다. 데이터 처리의 법적근거는 무엇인가? 이 데이터 처리가 실제로 당신의 목적을 달성하는 것인가? 동일한 결과를 얻을 수 있는 다른 방법이 있는가? 당초의 이용목적을 넘어서는 활용으로 진행을 방지할 수 있는 수단이 있는가? 데이터 품질과 데이터 최소화를 어떻게 확보할 것인가? 데이터 제공자에게 어떤 정보를 제공할 것인가? 데이터 제공자의 권리를 지원하기 위해 무엇을 할 수 있는가? 데이터 처리자의 컴플라이언스(준법경영)를 확보하기 위해 무엇을 할 수 있는가?

5단계 : 리스크(복수형)를 특정하고, 데이터 제공자에게 미칠 수 있는 잠재적인 영향을 평가한다.

있을 수 있는 리스크를 열거하고, 각각에 대해 「피해가 발생할 가능성」과 「발생한 경우 피해의 크기」를 몇 단계로 평가하고, 두 가지를 곱한 결과로 「전체 리스크」를 평가한다. 영국 ICO의 경우, 「피해가 발생할 가능성」을 3단계(있을 것 같지 않다/있을 수도 있다/있을 것 같다), 「발생한 경우의 피해 크기」를 단계별(최소/중대/심각)로 평가하고, 양자의 결과에서 표 13-1과 같이 「전체 리스크」도 3단계(낮음/중간/높음)로 나타낸다. 런던교통국(TfL)에 의한 TfL GO 앱 도입할 때에, 2020년 12월에 작성·공표된 DPIA를 예로 들 수 있다(표 13-2).

프랑스 당국(CNIL)에서는 PIA 전용 소프트웨어가 준비되어 있으며, 리스크 맵에서 각각을 4단계(무시할 수 있는/제한적/중대/최대)로 구분하여 표현한다[4].

---

4) CNIL 웹사이트의 DPIA 가이드라인 및 PIA 소프트웨어 참조
https://www.cnil.fr/en/guidelines-dpia

표 13-1. 「전체 리스크」 평가를 위한 기준과 매트릭스

발생 시 피해 규모	심각한 피해	저위험	고위험	고위험
	중대한 영향	저위험	중위험	고위험
	최소한 영향	저위험	저위험	저위험
		있을 것 같지 않다	있을 수 있다	있을 것 같다
		피해 발생 가능성		

출처: 영국 ICO 웹사이트로부터 저자 작성
https://ico.org.uk/for-organisa tions/guide-to-data-protection/guide-to-the-general-data-protection-regulation-gdpr/data-protection-impact-assessments-dpias/how-do-we-do-a-dpia/#

표 13-2. 런던 교통국(TfL)에 의한 앱의 DPIA(스텝 5, 주요 항목을 발췌)

잠재적 위험 발생원	피해가 발생할 가능성 (있을 것 같지 않다./ 있을 수 있다/ 있을 것 같다)	발생 시 피해의 정도 (최소/중대/심각)	전체 리스크 (저/중/고)
다운로드가 적은 경우, 수집된 이용 데이터를 통해 개인이 특정될 가능성이 있다.	있을 것 같지 않다.	중대	저
앱 업데이트로 기능이 추가되고, 프라이버시 보호에 대한 배려가 변화한다.	있을 수 있다.	중대	중
보호자와의 상담없이 13세 미만 아동이 데이터 수집에 동의 해버린다.	있을 수 있다.	최소	저

출처: 런던교통국(TfL) 웹사이트로부터 저자 작성
https://content.tfl.gov.uk/tfl-go-public-launch-dpia-v2-updated.pd

13. 디지털화에 따른 ELSI와 리스크 커뮤니케이션

일본 개인정보보호위원회에서도 PIA를 소개할 때 「리스크 맵의 이미지」로서 「발생 가능성」을 4단계(매우 낮음 / 낮음/ 어느 정도 높음 / 매우 높음)로, 「영향도」를 4단계(무시 가능 / 제한적 / 중대 / 심대)로 표시했다(個人情報保護委員會, 2021b).

6단계 : 리스크 감소수단을 특정한다(identify measures to reduce risk)

5단계로 특정된 각 리스크 항목에 대해 리스크를 줄일 수 있는 대책을 열거한 후, 그 대책이 시행되면 리스크가 어떻게 변화하는지, 그리고 여전히 남아 있는 리스크의 크기는 어느 정도인지를 제시한다. 영국에서는 전체 리스크가 「중」 혹은 「높음」으로 평가된 항목에 대해서는 「리스크를 삭감하거나 제거하기 위한 옵션」을 열거하고, 그 결과로서 「리스크에 미치는 영향」을 3단계(제거/삭감/수용)로, 「잔류 리스크」를 3단계(낮음/중간/높음)로 표시되어 있다. 리스크에 미치는 영향에는 제거와 감소뿐만 아니라 수용도 포함된다. 즉 대책이 없거나 할 수 없으므로 그대로 수용한다는 선택도 상정되어 있다. 마지막으로 제시된 대책을 승인할 것 인가 여부를 선택하는 항목이 마련되어 있다. 여기에서도 런던교통국(TfL)에 의한 TfL GO 앱의 예를 표 13-3에 나타낸다.

7단계 : 서명과 결과를 기록한다. (Sign off and record outcomes)

마지막으로 책임자가 취해야 할 대책과 잔여 리스크를 확인했다는 것을 문서화한다.

5. 리스크 커뮤니케이션의 가능성

앞 절에서 소개한 프라이버시 영향평가(PIA)와 같은 정성적 리스크 평가는 화학물질 리스크 평가처럼 객관적인 수치를 도출하기 위한 도구가 아니라, 원래 제품이나 서비스의 리스크가 수용 가능한 수준으로 억제될 수 있는 것을 이해관계자에게 알리기 위한 도구로서의 측면이 강하다. 따라서 전문용어를 사용하여 상세히 설명하기보다는 알기 쉬운 말로 표현하는 것에 중점을 두어야 하고, 성공한다면 효과적인 리스크 커뮤니케이션 도구가 될 수 있다. 데이터 활용에 있어서 웹사이트에 접속하거나 앱을 다운로드할 때 표시되는「개인정보처리방침」도 본래는 리스크 커뮤니케이션 도구가 되어야 할 것이다. 그러나 읽게 하려는 의도보다는 어쨌든 동의를 받는 것을 우선시하는 경향이 있었던 것은 분명하다. 앞으로는 의미 있는 동의, 즉 발생할 수 있는 리스크와 그 대책에 대해 이해한 후의 동의가 요구될 것이기 때문에 리스크 커뮤니케이션의 도구로서 진화할 것으로 기대된다.

13. 디지털화에 따른 ELSI와 리스크 커뮤니케이션

표 13-3. 런던 교통국(TfL)에 의한 앱의 DPIA (6단계, 주요한 항목을 발췌)

있을 수 있는 리스크 발생원	리스크 감소/제거를 위한 옵션	리스크에 미치는 영향 (제거/삭감/수용)	잔류 리스크 (저/중/고)	대책에 대한 승인 (예/아니오)
다운로드가 적은 경우, 수집된 이용 데이터를 통해 개인이 특정될 가능성이 있음.	제한된 최소한의 직원만 데이터에 접근 가능. 개인정보 보호 준수에 대한 교육을 받은 사내 전문가팀과 논의.	삭감	저	예
앱 업데이트로 기능이 추가되고, 프라이버시 보호에 대한 배려가 변화함.	업데이트 때마다 사내 전문가팀의 참가를 지속. 앱 이용자에게도 그 사실을 통지함.	삭감	중	예
보호자와의 상담 없이 13세 미만 아동이 데이터 수집에 동의해버림.	이용 데이터에 대해서는 이미 보호자의 지원을 요청하는 요구가 포함되어 있음.	수용	저	(해당 없음)

출처: 런던교통공사(TfL) 웹사이트에서 저자 작성
https://content.tfl.gov.uk/tfl-go-public-launch-dpia-v2-updated.pdf

    리스크 대상, 즉 지키고자 하는 가치는「프라이버시」에 국한되지 않음에도 불구하고, PIA라는 명칭은 실제로 프라이버시에만 한정되지 않는 사용방법이기는 하지만 평가대상이 프라이버시에 한정되어 있다는 오해를 불러일으킬 우려가 있다. 지키고 싶다는 가치에는 예를 들어, 성 평등이나 인간의 존엄성, 나아가 자유와 민주주의와 같은 보편적 가치도 포함되어야 한다. 실제로 2011년 유엔 인권이사회에서 승인된 유엔 비즈니스와 인권에 관한 지도원칙(UNGPs)에는 기업에 대해「인권 리스크를 측정하기 위해 기업은 자신의 활동을 통해 또는 거래관계의 결과로서 관여하게 될지도 모르고, 실제 또는 잠재적 인권에 대한 부정적 영향을 특정하고 평가해야 한다」라고 명시되어 있다(国際連合, 2011). 이를 실행하는 방법으로 「비즈니스와 인권(BHR)」의 맥락에서 인권영향평가(Human Rights Impact Assessment : HRIA)에 대한 방법론의 연구나 실천이 축적되고 있다. 덴마크 인권연구소가 작성한 HRIA 툴박스(HRIA Tool box)에서는 설정된 5가지 단계 모두에 있어서 이해관계자와의 커뮤니케이션을 중요시하고 있다5). 인권영향평가(HRIA)는 최근에 ESG(환경·사회·지배구조) 투자의 맥락에서도 주목받고 있다. 이러한 배경을 바탕으로 AI의 윤리원칙을 실천하기 위해 인권영향평가(HRIA)를 도입해야 한다는 논의가 이어지고 있다(Mantelero and Esposito, 2021).

또한, AI의 사회적 영향력을 평가하는 방법으로는 알고리즘에 초점을 맞춘 알고리즘영향평가(Algorithmic Impact Assessment : AIA)도 제안되고 있다(Reisman et al., 2018). 당초에는 공공기관이 AI를 이용한 자동화된 의사결정 시스템을 조달할 때 판단에 도움을 주는 리스크 평가도구로서 제안되었다. 2020년 4월부터 캐나다 정부가 「자동화된 의사결정에 관한 지침」을 지원하기 위한 리스크 평가 도구로서 알고리즘영향평가(AIA)를 도입했다6). AIA는 온라

---

5) The Danish Institute for Human Rights. Human rights impact assessment guidance and toolbox 참조 https://www.humanrights.dk/tools/human-rights-impact-assessment-guidance-toolbox.
6) Government of Canada, Algorithmic Impact Assessment Tool.을 참조 https://www.canada.ca/en/government/system/digital-government/digital-government-innovations/responsible-use-ai/algorithmic-impact-assessment.html

13. 디지털화에 따른 ELSI와 리스크 커뮤니케이션

인에서 리스크에 관한 48개의 질문(예: 해당 시스템은 의사결정자의 보조로만 이용되는가?)과 완화 방안에 관한 33개의 질문(예: 시스템의 결정을 사람이 최종결정할 수 있는가?)에 응답하면 점수가 산출되는 구조로, I(거의 영향 없음)부터 IV(매우 높은 영향)까지 4단계로 구분되어, 각각에 대한 요구사항이 정해져 있다. 자동 의사결정 시스템 도입 전에 AIA를 완료하도록 의무화되어 있다. AIA도 AI에 의한 자동 의사결정에 따른 리스크를 가시화하고 그것들을 의사소통하기 위한 도구라고 말할 수 있을 것이다.

그러나 빅데이터의 활용과 AI의 사회구현에 따른 리스크에 대해서는 급속하게 적용 범위를 넓혀가고 있음에도 불구하고, 리스크 커뮤니케이션에 대한 지식이 아직은 거의 없는 단계이다. 다른 분야의 리스크 커뮤니케이션 경험에서 배울 점도 많겠지만, 데이터 활용에는 데이터 수집부터 AI 솔루션 제공, 혹은 데이터의 2차 이용과 같은 복잡한 과정이 수반되거나, 알고리즘의 편향성이나 블랙박스 문제 등 AI 적용에 특유한 과제도 존재한다는 점에서 고유한 리스크 커뮤니케이션 방법도 검토할 필요가 있을 것이다.

참고문헌

岸本充生(2021)「新興技術を社会実装するということ」国立国会図書館調査及び立法考査局編『ゲノム編集の技術と影響—科学技術に関する調査プロジェクト2020 報告書—』国立国会図書館, pp.101-121. <https://dl.ndl.go.jp/view/download/digidepo_11656216_po_20200508.pdf?contentNo=1>

国際連合(2011) ビジネスと人権に関する指導原則：国際連合「保護, 尊重及び救済」枠組実施のために(A/HRC/17/31) 2011年03月21日 https://www.unic.or.jp/texts_audiovisual/resolutions_reports/hr_council/ga_regular_session/3404/

個人情報保護委員会(2021a)「個人情報の保護に関する法律についてのガイドライン(通則編)」(2021年8月改正)

個人情報保護委員会(2021b)「PIA の取組の促進について-PIA の意義と実施手順に沿った留意点」第177 回 個人情報保護委員会資料(2021年6月30日開催) 2 https://www.ppc.go.jp/aboutus/minutes/2021/210630/

松尾真紀子, 岸本充生(2017)「新興技術ガバナンスのための政策プロセスにおける手法・アプローチの横断的分析」社会技術研究論文集 14 pp.84-94.

宮下 紘(2021)『プライバシーという権利 個人情報はなぜ守られるべきか』岩波新書.

山本龍彦(2017)『おそろしいビッグデータ 超類型化AI 社会のリスク』朝日新書.

Article 29 Data Protection Working Party (2017) Guidelines on Data Protection Impact Assessment (DPIA) and determining whether processing is "likely to result in a high risk" for the purposes of Regulation 2016/679 (Adopted on 4 April 2017, As last Revised and Adopted on 4 October 2017).

ISO/IEC (2017). ISO/IEC 29134：2017 Information technology — Security techniques — Guidelines for privacy impact assessment.(和

13. 디지털화에 따른 ELSI와 리스크 커뮤니케이션

訳 JIS X 9251 : 2021 情報技術—セキュリティ技術—プライバシー影響評価のためのガイドライン)

Mantelero, A. and Esposito, M. S. (2021). An evidence-based methodology for human rights impact assessment (HRIA) in the development of AI dataintensive systems. Computer Law & Security Review 41, 105561.

Reisman, D., Schultz, J., Crawford, K. and Whittaker, M. (2018), Algorithmic Impact Assessments : A Practical Framework for Public Agency Accountability. AI Now Institute.
https://ainowinstitute.org/aiareport2018.pdf

14 | 리스크 커뮤니케이션과 과학적 조언

| 히라카와히데유키(平川秀幸)

《**학습포인트**》 과학적 조언은 과학과 정치 사이에서 정부의 정책 결정뿐만 아니라 사회와의 리스크 커뮤니케이션에 있어 중요한 역할을 하고 있지만, 다양한 도전과제가 있다. 이 장에서는 과학적 조언자(조직 또는 개인)에게 기대되는 역할과 과학적 조언의 과정과 원칙에 대해 개관하고, 마지막으로 보도나 리스크 커뮤니케이션을 통해 과학적 조언에 관여하는 매스미디어나 시민에게 있어서의 과제를 생각한다.

《**키워드**》 과학적 조언의 과정과 원칙, 과학적 조언자의 역할, 성실한 중재자, 과학적 조언의 독립성, 과학과 정치의 상호작용, 미디어와 시민의 역할

1. 과학적 조언과 그 필요성

(1) 과학적 조언에 대한 기대와 어려움

과학적 조언이란 정부가 적절한 정책수립과 의사결정을 할 수 있도록 과학자(기술자, 의사, 인문·사회과학 분야 연구자도 포함) 또는 그 집단이 전문지식에 기반한 조언을 제공하는 것을 말한다. 넓게는 일반 시민을 포함한 개인이나 집단, 조직이 직면한 문제에 대해 적절한

14. 리스크 커뮤니케이션과 과학적 조언

의사결정이나 행동을 할 수 있도록 사회를 향한 조언도 포함된다.

이러한 과학적 조언은 최근 전 세계적으로 관심이 높아지고 있다. 현대사회는 기후변화와 감염증, 대지진, 큰 해일 등 대규모 재난, 원전사고와 같은 거대 기술시스템의 사고 등 다양한 위기와 어려움에 직면하고 있다. 인공지능(AI), 나노테크놀러지, 재생의료, 뇌과학, 게놈과학 등 이른바 이머징 테크놀로지와 그것들이 융합하는 컨버징 테크놀로지는 이러한 위기와 어려움에 대처할 수 있는 수단을 제공하고 바람직한 미래를 창조하는 힘이 될 것으로 기대되지만, 새로운 문제를 만들어내는 원천이 될 수도 있다. 이러한 위기와 어려움, 새로운 문제에 대응하기 위해서는 과학적 조언에 근거한 정책 결정과 소통이 필수적이다.

이처럼 필요성이 높아지고 있는 반면에 과학적 조언에는 본질적인 어려움이 따른다. 제4장에서 소개한 뉴질랜드 정부의 전 과학고문 피터 글락만의 지적처럼, 과학적 조언이 요구되는 정책 과제는 과학적 식견의 불확실성이 높고, 의사결정이 사회의 다양한 이해관계에 영향을 끼치는 포스트-노멀사이언스의 문제 영역에 속하는 경우가 많기 때문이다. 실제로 현재 과학적 조언에 세계적인 관심이 높아진 배경에는 2009년 4월 6일 이탈리아 라퀼라 지역에서 발생하여 300명 이상이 사망한 지진으로, 발생 직전에 행정당국이 안전선언에 어긋나는 부정확한 발표를 하고 이를 조언한 과학자들이 나중에 유죄판결을 받은 사건이나, 2010년 아이슬란드(에이야퍄들라이외퀴들)화산분화나 멕시코만 원유 유출사고, 2011년 동일본 대지진과 후쿠시마 제1원자력발전소의 가혹한 사고 등 수많은 분야에서 전문지식의 협업과 국가 간의 협력이 필요한 위기가 이어지면서 과학적 조언에 대한 어려운 상황이 전 세계적으로 나타난다.

이러한 어려운 상황 속에서 효과적이고 사회적으로 신뢰받는 과학적 조언의 시스템을 어떻게 구축하면 좋을까? 이 질문은 현재 과학적 조언에 대한 관심의 중심에 있으며, 이를 위한 국제적인 대응이 다양하게 이루어지고 있다. 이 장에서 소개하는 OECD 글로벌과학포럼(GSF)의 보고서 『정책형성을 위한 과학적 조언』(OECD, 2015)의 정리와 과학적 조언에 관한 국제적인 정책 대화나 역량 구축, 연구를 촉진하기 위한 플랫폼인 「정부에 대한 과학적 조언에 관한 국제네트워크(INGSA)」의 설립이 그 대표적인 예이다. 이러한 움직임은 2020년 신종 코로나바이러스 감염증(COVID-19)의 팬데믹 발생 이후 더욱 가속화되고 있다.

(2) 과학적 조언과 사회와의 소통

최근 과학적 조언에 대한 국제적인 논의에서는 과학적 식견과 공공적 가치의 상호작용에 주목하고 사회적 합의 형성의 관점을 고려하는 중요성이 지적되어, 과학·정치·사회 커뮤니케이션의 프레임워크 안에서 과학적 조언을 보다 효과적으로 만들기 위한 대응이 이루어지고 있다(加納ほか, 2021). 과학적 조언은 시책을 통해 사회에 다양한 영향을 미친다. 그 시책의 내용이 경제나 사람들의 생활에 부정적인 영향을 미치거나 가치관이나 윤리관에 부합하지 않는 것이라면, 설령 그것이 과학적 관점에서는 타당하다고 하더라도 받아

들이기 어려워진다. 그런 시책을 내놓는 정부뿐만 아니라 정부에 조언하는 전문가들에 대한 불만과 불신이 생기고, 그들이 내놓는 과학적인 정보도 신뢰하지 않게 된다. 물론 여론의 동향에 따라 과학적 사실에 관한 정보를 왜곡하는 것은 허용되지 않지만, 예를 들어 감염증 대책과 같이 조언이 정책의 구체적 내용까지 미치는 경우는 어떤 시책이라면 받아들여질 수 있는지 알아보기 위한 경청과 합의형성 등 신중한 소통을 통해 납득감과 신뢰를 조성하고 유지해 나갈 필요가 있다.

이러한 과학적 조언과 커뮤니케이션 관계에 대한 인식은 신종 코로나바이러스 감염증의 팬데믹을 겪으면서 오늘날 더욱 강화되고 있다. 이와 함께 조언자로서 과학자의 역할과 책임의식도 변화하고 있으며, 정책입안자와 사회에 올바른 과학적 식견을 전달할 뿐만 아니라 사회의 목소리에 귀를 기울이고, 정책설계와 사람들의 행동 변화를 촉구하는 커뮤니케이터로서 역할도 기대되고 있다(加納ほか, 2021).

2. 과학적 조언의 종류와 설치유형

(1) 「과학을 위한 정책」과 「정책을 위한 과학」

과학적 조언에는 크게 「과학을 위한 정책(Policy for Science)」 조언과 「정책을 위한 과학(Science for Policy)」의 조언으로 나뉜다. 전자는 과학기술 정책 혹은 과학기술 혁신정책을 대상으로 한 조언이며, 후자는 이들「과학을 위한 정책」을 포함하여 의료, 환경, 에너지, 방재, 교육, 외교 등 모든 정책 분야를 대상으로 하고 있다. 리스크 커뮤니케이션에 주로 관여되는 것은「정책을 위한 과학」이다.

(2) 과학적 조언자의 설치 형태 4가지 유형

과학과 정치를 매개하는 과학적 조언에는 다양한 형태가 있으며, 그 담당자인 과학적 조언자도 다양하다. 개인이 담당하는 것도 있고, 조직으로 하는 것 등 세계 각국에서 다양한 형태가 있지만, 크게 나누면 다음과 같은 네 가지 유형이 있다(有本ほか, 2016; OECD, 2015).

첫 번째 유형은「과학기술 정책에 관한 국가회의」이다. 국가의 전반적이고 기본적인 과학기술 정책 또는 과학기술 혁신정책에 관한 정부 최고위급 심의기관으로, 기본적으로「과학을 위한 정책」을 조언한다. 구성원은 학계뿐만 아니라 산업계 대표도 포함되며, 관련 각료가 많이 참여한다. 일본에서는 내각부 종합과학기술혁신회의(CSTI), 해외에서는 미국의 국가과학기술회의(NSTC)와 대통령 과학기술자문회의(PCAST), 영국의 과학기술회의(CST) 등이 있다.

두 번째 유형은「심의회」이다. 각국 정부에 있어서 각 정책 분야의 과학적 조언을 얻는 가장 주요한 경로이며, 일본에서는 법령에 따라 각 부처에 설치되고, 각 심의회 산하에는 전문부회, 분과회 등이 설치되어 있다. 그 외에도 장관이나 국장 밑에 임시로 설치되는 민간 자문기관(간담회, 연구회)도 있으며, 전체적으로는 수천 개의 심의체가 있다. 많은 심의회에는 학술계 지식인(자연과학 등 인문사

14. 리스크 커뮤니케이션과 과학적 조언

회과학) 뿐만 아니라 산업계, 시민단체, 언론계의 대표도 위원으로 참여하고 있으며, 심의회 답신과 보고는 전자의 과학적 관점과 후자의 사회적 관점을 통합하여 이루어지는 경우가 많다.

세 번째 유형은 「과학 아카데미」로, 대부분 과학자의 공적을 표창하는 기관으로서의 성격과 함께 과학자 공동체를 대표하는 기능이 있으며, 후자의 입장에서 정부에 과학적 조언을 하고 있다. 조언할 시에는 아카데미 내에 위원회를 설치하여 심의한다. 활동비용은 정부 예산이나 민간단체의 지원으로 충당되는 경우가 많지만, 자문은 재원으로부터 독립적인 입장에서 이루어지는 것이 일반적이다. 가장 체계적인 정책제언 기능을 가진 곳은 미국으로, 미국과학아카데미(NAS), 미국공학아카데미(NAE), 의학원(IOM) 외에 과학적 조언의 실무를 담당하는 미국연구위원회(NRC)를 합쳐서 미국아카데미라고 부른다. 영국에는 왕립협회, 일본에는 일본학술회의가 있다.

네 번째 유형은 정부 지도자에게 조언을 과학자 개인이 하는 「과학고문(顧問)」이다. 영국 정부의 수석과학고문(GCSA), 미국 대통령 과학고문, 호주 수석과학자 등이 있다. 정치계와 과학계를 연결하는 고리로써 매우 중요한 역할을 담당하고 있으며, 특히 재난 발생 등 긴급한 대응이 요구되는 경우 적시에 조언을 제공할 수 있는 것으로 알려져 있다. 예를 들어, 영국의 수석과학고문은 대형 재난 발생이나 질병 유행 등에 있어서 긴급 시 과학자문그룹(SAGE)을 소집하여 관련분야 전문가들의 의견을 수렴하여 신속하게 정부 핵심부에 조언하는 역할을 담당하고 있으며, 긴급 시 리스크 커뮤니케이션에 깊이 관여하고 있다.

(3) 추구하는 과학적 조언자상 - 성실한 중재자

이상과 같이 과학적 조언자의 형태는 다양하지만, 과학적 조언자 개인에게는 어떤 역할이 기대되는 것일까? 미국의 정치학자 로저 피엘키(Roger A. Pielke)에 따르면, 표 14-1와 같은 4가지 유형이 있다(Pielke, 2007).

「순수과학자」는 정책이나 산업에의 응용을 의식하지 않고 과학적 지식의 생산에 전념하는 과학자이며, 「과학지식 제공자」는 어떤 정책적 과제가 있을 때 관련 과학지식을 요청에 따라 제공하는 과학자이다. 이들은 「우수한 과학적 식견이 우수한 정책을 가져온다」는(피엘키가 「선형 모델」이라고 부르는) 과학관을 갖고 있다. 이에 비해 다른 2가지 유형은 과학지식의 정책형성과 관련하여 응용을 명확히 인식하고, 「과학적 조언은 폭넓은 관계자들에 의해 형성된다」고 하는 「이해관계자 모델」을 전제로 하는 과학자이다. 이 중 「주의(主義) 주장자」는 어떤 정책 과제에 대해 특정 입장을 주장하고, 「성실한 중재자」는 복수의 정책 옵션(선택사항)을, 그러한 근거가 되는 과학적 식견과 함께 제시한다. 피엘키 자신은 단정하지 않았지만, 이 네 가지 유형 중 마지막 「성실한 중재자」가 과학적 조언자로서 중요하다고 생각한 것으로 보인다(有本ほか, 2016). 다만, 후술하는 것처럼, 정책 분야에 따라 「성실한 중재자」 모델과 같이 정책 옵션의 작성까지 과학적 조언자의 역할을 하고 있으며, 옵션 작성까지는 하지 않고 그 기초가 되는 과학적 분석이나 평가에 한정하고 있다.

표 14-1. 과학적 조언자 역할의 네 가지 유형

		과학관	
		선형 모델	이해관계자 모델
민주주의 관점	사회 정책의 선택지가 존재	순수 과학자 (Pure Scientist)	주의(主義) 주장자 (Issue Advocate)
	전문가가 정책의 선택지를 제시	과학지식 제공자 (Science Arbiter)	성실한 중재자 (Honest Broker of Policy Options)

3. 과학적 조언에 있어 과학과 정치의 관계 – 과정과 원칙

(1) 과학적 조언에 의한 과학과 정치의 매개 – 독립성과 상호작용

 이 장의 서두에서도 언급했듯이, 과학적 조언이란 정부가 적절한 정책형성과 의사결정을 할 수 있도록 과학자나 그 집단이 전문적인 식견에 기반한 조언을 제공하는 것으로, 그 본질은 과학과 정치라는 이질적인 영역 사이를 매개하는 데 있다. 정치는 일정한 가치의 실현을 목표로 하는 규범적 영역이며, 다양한 사회적 이해관계 조정의 장이다. 이에 대해 과학은 객관적이고 가치중립적인 것이 원칙이며, 이를 위해 정치로부터 높은 「독립성」이 요구된다. 그것이 과학의 건전성과 신뢰성의 기초이며, 과학적 식견이 만들어지는 과정에 정치가 개입하는 것은 허용되지 않는다. 그러나 이것은 중요하지만, 과학적인 조언의 한 측면에 불과하다는 점을 유의해야 한다. 왜냐하면, 과학적 조언이 과학적으로 타당함과 동시에 정책형성과 사회에 유용하다는 의미의 「유효」한 것이 되기 위해서는 정치로부터의 독립성과 함께 정치, 나아가 사회와의 적절한 「상호작용」이 필수적이기 때문이다. 예를 들어, 정책형성에 유용한 조언을 위해서는 애초에 무엇이 정부나 사회에 중요한 과제인지, 어떤 대응책이 바람직한지에 대해 조언자와 정부, 나아가 사회 이해관계자(산업계, 시민사회)와의 공통된 이해관계를 형성할 필요가 있다. 행정기관이 집약하는 데이터와 정보, 행정관의 전문지식, 이해관계자의 과제 인식과 전문지식, 정보 등을 공유하는 것도 중요하다. 나아가 그러한 소통을 통해 과학적 조언자, 정부, 사회 간의 신뢰관계를 구축·유지하는 것도 과학적 조언이 효과적으로 작성되고, 정책에 활용되며, 그 정책이 사회적으로 수용을 위해 필요하다.

(2) 과학과 정치의 역할과 책임의 분담

이처럼 과학적 조언자와 정부 그리고 이해관계자와의 상호작용은 과학적 조언에 필수적이지만, 동시에 과학의 독립성을 위협하는 리스크가 항상 존재하고 있다. 이 리스크를 최소화하고 효과적이고 신뢰받을 수 있는 과학적 조언을 제공하기 위해서는 어떻게 해야 할까? 그것을 위한 궁리의 하나로서, 특히 식품이나 화학물질 등의 규제 행정에서 예전부터 중시되어 온 것이 리스크 평가와 리스크 관리를 개념적으로나 절차적, 기능적으로 분리한다는 원칙이다. 과학적 자문기관이 담당하는 리스크 평가는 과학적·전문적 관점에서 이루어

14. 리스크 커뮤니케이션과 과학적 조언

지며, 반면에 정부가 담당하는 리스크 관리의 정책결정은 이해관계자의 관여도 얻으면서 리스크 평가의 과학적 결과와 함께 정치적·행정적으로 고려해야 할 다른 정황도 함께 고려한 종합적 판단으로 이루어진다. 평가와 관리의 분리는 후자에서 고려되는 정치적·사회적 가치판단이 전자에 영향을 미쳐 과학적 논의가 왜곡되는 것을 방지하고, 리스크 관리에 관한 최종 의사결정을 내리고, 그 내용과 근거를 국민에게 설명할 책임이, 과학자가 아닌 리스크 관리기관(정부)에 있음을 담보하는 조치이다.

이러한 생각은 1983년 미국연구위원회(NRC)가 정리한 보고서 『연방정부의 리스크 평가』(NRC, 1983)에서 시작된 것이며, 이후 1995년 식품분야의 국제적인 리스크 관리기구인 코덱스위원회가 리스크 평가, 리스크 관리, 리스크 커뮤니케이션을 구성요소로 하는 「리스크 분석」의 프레임워크를 제시한 때에도 답습되었다.

다만, 평가와 관리의 분리를 통한 리스크 평가의 독립성 확보라고 해도 그 생각과 실현 방법은 다양하다. 예를 들어 일본의 식품안전행정에서는 평가와 관리를 조직적으로 분리하여 리스크 관리를 담당하는 후생노동성과 농림수산성으로부터 독립적으로 내각부 식품안전위원회가 리스크 평가를 하고 있다. 이와 같은 조직적 분리를 통한 리스크 평가의 독립성 확보는 유럽연합(EU), 독일, 프랑스의 식품안전행정에서도 이루어지고 있다. 이에 반해 미국에서는 조직을 분리하는 것보다, 같은 조직 내의 작업 프로세스에서 절차적, 기능적으로 분리하는 것이 더 효과적이라고 한다. 또한, 정책분야에 따라 평가와 관리가 명확하게 분리되어 있는 분야도 있고 그렇지 않은

분야도 있지만, 과학적 조언의 유효성(과학적으로 타당하고 동시에 정책형성에 도움이 되는 것)을 담보한다는 관점에서 볼 때 후자가 당장 문제가 되는 것은 아니다(有本ほか, 2016).

일본에서는 위에서 언급한 식품안전과 지진예측 등은 명확하게 분리되어 있지만, 의약품 심사는 의약품 의료기기 종합기구(PMDA)가 평가와 관리를 혼연일체로 실시하고 있다. 그렇지만 그러한 체제임으로써 원활한 심사가 가능하게 되었다는 측면도 있다고 한다. 또한, 지구온난화 분야에서는 기후변화에 관한 정부 간 패널(IPCC)은 리스크 평가기관이지만, 과학자뿐만 아니라 각국의 행정관도 참가하고 있다. 이 때문에 리스크 평가는 과학적 관점에만 근거하여 이루어지지는 않지만, 그것이 오히려 IPCC의 과학적 조언이 각국 정부나 국제사회에 수용되기 쉽게 하고 쉽게 받아들일 수 있는 효과도 있는 것으로 알려져 있다.

리스크 평가자의 역할도 리스크의 과학적 평가에만 한정된 분야도 있고, 리스크 관리 조치의 옵션 제안과 그 효과 평가까지 포함하여 앞서 언급한「성실한 중재자」모델에 합치한다. 일본의 식품안전위원회의 역할은 일부 리스크 관리기관이 제시하는 관리조치 옵션의 평가도 이루어지지만, 기본적으로 리스크에 대한 과학적 평가에 한정되어 있다. 이에 대해 IPCC에서는 기후변화와 그 영향에 대한 예측과 평가뿐만 아니라 기후변화의 완화책과 적응책의 옵션도 작성하고 있다. 2020년에 설치된 일본의 신종 코로나바이러스 감염증 전문회의와 신종 코로나바이러스 감염증 대책분과회의도 감염 상황의 분석과 평가뿐만 아니라 감염 대책의 제언도 하고 있다. 다만,

IPCC가 제시하는 대책은 어디까지나 옵션이며, 구체적으로 어떤 대책을 채택할 것인지는 유엔기후변화협약 당사국 총회(COP)나 각국 정부의 의사결정에 맡겨져 있는 반면, 신종 코로나바이러스 감염증 전문가회의나 분과회의의 경우, 반드시 옵션의 제시가 되어있지 않으며 본래 정부가 가져야 할 정책 결정의 책임 소재가 모호해지는 문제가 있다는 것이 전문가회의 구성원에 의해서도 지적되었다(新型コロナウイルス感染症対策専門家会議構成員一同, 2020).

(3) 과학적 조언 과정과 원칙

과학과 정치의 상호작용을 전제로 하면서도 과학의 독립성을 보장하고, 정책적으로 유용하고 사회적으로도 신뢰받는 과학적 조언을 어떻게 실현할 것인가에 대해 각국과 국제사회는 그동안 다양한 논의를 거듭해 왔으며, 그 결과를 원칙, 지침, 행동규범의 형태로 명문화하고 있다. 그것들은 각국의 정치·행정 체제, 과학적·문화적 배경 등의 차이를 반영하고 있지만, 공통점도 많다. 앞서 언급한 OECD-GSF의 보고서 『정책형성을 위한 과학적 조언』에서는 그러한 각국의 차이점과 공통점을 바탕으로 과학적 조언의 과정을 ① 과제 설정, ② 조언자 선정, ③ 조언 작성, ④ 조언의 전달과 활용의 4단계로 나누어 각각에 대해 과학적 조언자와 정부가 유의해야 할 원칙(표 14-2)과 체크리스트(표 14-3)를 제시하고 있다(OECD, 2015 ; 有本ほか, 2016).

4. 앞으로의 과학적 조언의 과제 - 미디어와 시민의 관점에서

　위에서 살펴본 바와 같이, 과학적 조언에 대해 각국과 국제사회는 다양한 논의를 거쳐 원칙과 지침, 행동규범을 정하고 조언제도를 운영하고 있다. 리스크 커뮤니케이션도 그러한 과학적 자문에 기반하여 이루어지고 있다. 그러한 상황에서 구체적으로 어떻게 과학과 정치 간의 적절한 관계를 구축하고 유지하며 과학적 조언의 유효성과 신뢰성을 높일 수 있을지는 먼저 정부와 과학자들의 역할과 책임이지만, 동시에 리스크 커뮤니케이션의 다른 중요한 행위자인 매스미디어와 시민들에게도 역할과 책임이 있다고 생각된다.
　첫째로 중요한 것은, 이 장에서 설명한 과학적 조언의 원칙에 대한 이해를 시민들도 공유하여 정부의 과학적 조언 활동의 건전성을 점검하고 평가할 수 있는 눈높이를 키우는 것이다. 이는 우선적인 매스미디어의 역할과 책임이기도 하지만, 시민들도 예를 들어 표 14-3에서 제시한 체크리스트 등을 바탕으로 정부의 과학적 조언 활동이 과학의 독립성을 유지하면서 조언이 효과적으로 정부에 의해 활용되고 있는지, 과학적 조언자와 정부가 각자의 역할과 책임을 다하고 있는지 점검하고, 문제가 있다면 여론조사와 SNS에서의 발신, 혹은 행정이나 정치인들에 대한 촉구, 퍼블릭코멘트(의견공모제도)나 의견교환회 등 정부가 제공하는 참가와 관여의 기회를 이용하는 등 다양한 수단을 통해 의사를 표명하는 것이 중요할 것이다. 그러

14. 리스크 커뮤니케이션과 과학적 조언

한 민주주의 사회에 있어서 시민들의 비판적 태도가 조언자와 정책 입안자들에게 긴장감을 주고, 조언 과정의 건전성을 유지하는 것으로 이어질 수 있다.

표 14-2. 과학적 조언의 과정과 원칙

단계	원칙적 논점
과제 설정	• 과제가 처음부터 명확한 경우와, 과제가 복합적이고 범위가 명확하지 않은 경우가 있다. 후자의 경우, 조언 대상이 되는 과제의 범위에 대해 사전에 이해관계자 간에 협의하여 공통된 이해로서 확정할 필요가 있다. • 지진이나 태풍 등의 재해, 원자력발전소 사고, 감염증의 세계적 유행 등 긴급 대응이 필요한 과제에 대해서는 평시부터 준비가 중요하며, 지구온난화 문제와 같은 만성적인 과제에 대해서는 가능한 한 이른 단계부터 문제 징후의 전체 구조를 파악하여 대응하는 체제 정비가 중요하다. 어느 경우든, 과학적 조언이 필요한 정책과제로서 향후 어떤 것이 있는지 부단히 검토·분석하는 「예지력」 등의 활동이 중요하다. • 과제 설정은 일차적으로 정부의 책임이지만, 전문가와 이해관계자(산업계, 시민사회, 국제기구 등)와의 연계를 통해 과제를 설정하는 것이 바람직하다.
조언자 선정	• 조언자의 선정에 자의성이나 편향이 있는 것은 과학적 조언의 타당성과 신뢰성을 해칠 수 있으므로, 위원들 간의 견해 분포나 과제 관련 분야의 분포에 비추어 위원 구성의 균형과 이해상충에 유의할 필요가 있다. • 심의회 등 위원 선정 절차와 이해상충의 기준에 관한 규칙이 제정된 나라가 많다.
조언 작성	(1) 독립성 확보 • 조언의 작성은 정부나 이해관계자의 영향에 좌우되어서는 안 되며, 정부 측도 과학적 조언자의 활동에 정치적으로 개입해서는 안 된다. • 다만 이것이 과학적 조언자와 정부의 소통과 상호작용을 배제하는 것은 아니다. (2) 과학적 자문의 질 확보 • 과학적 조언의 질을 최대한 높이기 위해서는 조언자가 자신의 연구성과와 식견을 바탕으로 객관적인 입장에서 조언을 작성할 뿐만 아니라, 관련 분야 전문가들의 평가와 검토를 받는 것이 바람직하다.

단계	원칙적 논점
	• 다만, 적절한 검토 절차는 자문기관의 정책이나 다루는 사안의 성격에 따라 다르다. **(3) 불확실성·다양성의 적절한 처리** • 과학적 조언에는 부정성(불확실성, 복잡성, 프레이밍, 데이터 해석 등 다의성)이 수반 • 부정성은 동일한 전문분야 내의 견해 차이와 서로 다른 분야 간의 접근방식의 차이에 기인한다. 조언의 작성은 그러한 폭넓은 견해를 적절하게 통합할 필요가 있다. • 다만 부정성을 무시한 「통일된 견해」로 무리하게 정리된 조언을 정책담당자에게 전달하는 것은 잘못된 정책 결정을 초래할 수 있다. 정부 측도 통일된 견해를 내놓도록 과학적 조언자에게 압력을 가해서는 안 된다
조언의 전달과 활용	• 과학적 조언은 적절한 형태로 정부에 전달되어야 하지만, 정부 측도 조언을 공정하게 처리해야 한다. 조언 중에서 유리한 것을 선택적으로 이용하거나 자의적인 해석을 덧붙여서는 안 된다. • 정부는 제공된 과학적 조언이 정책 수립에 어떻게 고려되었는지 국민에게 설명할 책임이 있다. 또한, 제공된 조언과 명백히 상반되는 정책 결정을 내린 경우, 그 근거를 설명해야 할 의무가 있다.

표 14-3. OECD에 의한 과학적 조언을 위한 체크리스트

효과적이고 신뢰할 수 있는 과학적인 조언 과정은,
① 명확한 위임사항으로 다양한 관계자의 역할과 책임이 정해짐과 동시에, 다음과 같은 사항이 필요하다.
  (a) 조언의 의사결정 기능과 역할에 대한 명확한 정의와 가능하면 명확한 구분
  (b) 전달에 관련된 역할과 책임의 정의, 필요한 전문적 능력
  (c) 모든 관계자, 관련기관의 법적역할, 책임과 관련된 사전 정의
  (d) 위탁사항에 비추어 필요한 조직상, 운영상, 인적 지원
② 필요한 관계자 — 과학자, 정책입안자, 기타 이해관계자 — 의 참가를 확보하기 위해 다음과 같은 사항이 필요하다.
  (e) 참가 과정의 투명성 확보와 이해상충 신고, 확인, 처리를 위한 엄격한 절차 준수
  (f) 문제에 대응하기 위해 필요한 과학적 식견을 다양한 분야에서 수집하는 것

14. 리스크 커뮤니케이션과 과학적 조언

> (g) 과제 설정이나 조언 작성에 있어 과학자 이외의 전문가나 시민사회의 이해관계자를 관여시킬지, 또 어떻게 관여시킬지 명시적으로 고려할 것
> (h) 필요에 따라서 국내외 관계기관과 적시의 정보교환과 조정을 하기 위해서 유효한 절차를 확립하는 것
> ③ 치우침 없이 타당하고 정당하며, 다음과 같은 성질을 가진 조언을 작성하여야 한다.
> (i) 입수할 수 있는 최선의 과학적 근거에 근거할 것
> (j) 과학적 불확실성을 명시적으로 평가하고 전달할 수 있을 것
> (k) 정치와 기타 이익단체의 간섭을 받지 않아야 할 것
> (l) 투명성이 있고 책임을 다하도록 작성·활용될 것

두 번째 중요한 것은, 과학적 조언에 불가피하게 따르는 불확실성을 어떻게 절충해 갈 것인가이다. 이는 특히 대지진이나 신종 감염증의 대유행과 같은 긴급 시에 중요한 것이다. 그러한 상황에서는 최선의 과학적 식견에 근거하여도 예측할 수 없는 현상이 얼마든지 발생할 수 있고, 어느 시점에서 제시된 조언 내용이 나중에 잘못된 것으로 밝혀져 수정되는 일이 얼마든지 일어날 수 있다. 그에 대해 잘못된 것을 과도하게 문제시하고 비난하는 것이 아니라, 오류가 발생하고 과학적 식견과 정보가 업데이트되는 것을 전제로 하여, 오히려 정부와 과학적 조언자들이 오류를 냉정하게 검증하고 개선으로 이어질 수 있도록 촉구하는 전향적인 태도가 매스미디어와, 그 보도를 받아들이는 시민들에게도 요구된다. 또한, 과학적 식견이나 정보의 오류가 발견되어 업데이트된 경우, 언론은 과거의 보도를 검증하고 자사 웹사이트에 공개된 기사에 정정 보도를 명시하여 업데이트된 정보에 쉽게 접근할 수 있도록 하는 등의 조치가 요구된다. 시민들에게도 그러한 정보의 업데이트 가능성을 항상 유의하면서 보도

를 받아들이거나 스스로 정보를 수집하는 태도가 요구된다.

　마지막으로 또 한 가지 중요한 것은, 불확실한 상황 속에서도 확실하고 신뢰할 수 있는 증거(근거)를 구하고 질문하여 밝히는 태도이다. 최근 신문 보도에서 기사 정보의 근거가 되는 과학적 조언의 공표 자료나 연구 논문·보고서의 명칭이나 인터넷 링크를 명시하는 것이 조금씩이지만 늘어나고 있다. 이러한 언론의 대응은 시민들이 매사에 근거를 묻는 것을 중시하고, 언론에 대해서도 정부나 기업, 학계에 대해서도 근거를 찾는 자세를 기르는 것으로 이어질 수 있다. 과학적 조언의 건전성과 유효성의 근본은 그러한 「증거(evidence)를 찾는 문화」를 사회에 널리 조성하는 데 있다고 말할 수 있을 것이다.

참고문헌

有本建男·佐藤靖·松尾敬子(2016)『科学的助言―21 世紀の科学技術と政策形成』, 東京大学出版会

加納寛之·住田朋久·佐藤靖(2021)「科学的助言とパブリックコミュニケーション：日本の新型コロナ対応が提起する新たな課題」『研究 技術 計画』36 巻 2 号: pp.128-139.

新型コロナウイルス感染症対策専門家会議構成員一同(2020) 「次なる波に備えた専門家助言組織のあり方について」, コロナ専門家有志の会
https://note.stopcovid19.jp/n/nc45d46870c25

NRC, National Research Council (1983) *Risk Assessment in the Federal*

Government : Managing the Process, National Academy Press.

OECD (2015) "Scientific Advice for Policy Making - The role and responsibility of expert bodies and individual scientists", OECD.

Pielke, Roger A. (2007) *The Honest Broker : Making Sense of Science in Policy and Politics*. Cambridge University Press.

15 | 리스크 거버넌스와 리스크 커뮤니케이션
— 더 나은 대화, 공론, 협동을 위하여

히라카와히데유키(平川秀幸)·나라유미코(奈良由美子)

《학습포인트》 리스크 커뮤니케이션은 리스크 평가와 리스크 관리가 일체화되어 사회의 다양한 행위자가 참가·관여하는 리스크 거버넌스 활동의 일부가 됨으로써 그 의의가 발휘된다. 이 장에서는 리스크 거버넌스 내에서 리스크 커뮤니케이션이 수행하는 역할에 대해 이해를 깊게 한다. 그리고 대화, 공론, 협동을 위한 리스크 커뮤니케이션의 과제를 전망한다.

《키워드》 리스크 거버넌스, 참가형 거버넌스, 리스크 관리, 리스크 평가, 대화·공론·협동

1. 리스크 커뮤니케이션과 다른 활동과의 일체성

(1) 리스크 커뮤니케이션과 리스크 관리의 일체성

리스크 커뮤니케이션은 리스크 커뮤니케이션만으로 완성되는 것이 아니다. 리스크 관리와 리스크 평가의 제반 활동과 일체화된 리스크 거버넌스의 프레임워크로 자리매김함으로써 그 의미가 발휘된다.

리스크 커뮤니케이션 현장에서는 리스크의 과학적, 기술적 문제뿐

15. 리스크 거버넌스와 리스크 커뮤니케이션

만 아니라 정부, 지자체, 기업 등의 리스크 관리의 시책 내용(기준치 설정 등)의 시비를 따지는 경우가 많다. 따라서 관계자로서 납득 할 수 있는 리스크 커뮤니케이션이 이루어지기 위해서는 과학적·기술적인 설명 내용의 이해를 쉽게 하거나 전달 방식을 개선하는 것뿐만 아니라, 리스크 커뮤니케이션에서 주고받은 의견이나 정보가 행정당국 등이 행하는 리스크 관리의 의사결정 속에서 충분히 고려되고 필요에 따라 반영될 수 있는 것, 반영되지 않는 경우 그 이유가 충분히 설명되는 것이 필요하다.

이러한 리스크 커뮤니케이션과 리스크 관리의 「일체성」과, 커뮤니케이션을 통해 관계자들 모두가 의견, 태도, 행동을 바꿀 가능성이나 여지가 있다는 「상호작용성」이 담보되지 않는다면, 많은 관계자에게 리스크 커뮤니케이션은 참가할 가치가 없는 것으로 간주 될 우려가 있다. 리스크 관리와의 일체성과 관계자 간의 상호작용성은 리스크 커뮤니케이션에서 중요한 신뢰문제와 직결되어 있다.

(2) 리스크 커뮤니케이션과 리스크 평가의 일체성

일체성과 상호작용성은 전문적·과학적 작업인 「리스크 평가」와의 사이에도 필요하다. 이 경우 중심이 되는 것은 리스크 평가의 과학적 내용의 타당성을 검증할 수 있는 전문성을 갖춘 사람들이며, 그러한 사람들은 대학이나 시험·연구기관, 기업의 연구직·기술직, 관련 OB/OG 등으로 많이 존재한다. 전문직이 아니더라도 대학 등에서 관련 분야의 전문성을 갖춘 사람들도 사회에 많이 있다. 또한, 지역

차원의 환경 문제에서는 현지의 농부나 어부, 자연관찰 애호가 등이 그 지역의 생태계에 관한 상세한 정보나 지식을 가지고 있는 경우도 많다. 리스크 평가를 직접 담당하는 행정 내부나 심의회 등의 전문가 외에도 사회에 퍼져있는 다수의 전문성 있는 사람들의 눈에 띄어 평가의 질적 향상을 기대할 수 있다. 또한, 제14장에서도 서술했듯이, 리스크 평가(과학적 조언)가 대상으로 하는 정책 과제의 설정이나 대응책의 옵션 검토에서는 사회의 이해관계자가 무엇을 더 중요한 과제로 생각하는지, 어떤 것이 바람직한 대응책으로 생각하는지를 정부와 전문가도 파악할 필요가 있다.

이러한 관점을 바탕으로 국제리스크거버넌스위원회(IRGC)에서는 후술하는 것처럼, 리스크 커뮤니케이션을 리스크 평가부터 리스크 관리의 전체과정에 관여하는 일체적인 것으로서 평가하고 있다.

2. 참가형 거버넌스로서의 리스크 거버넌스

(1) 「거버넌스」라는 단어의 의미

여기서는 리스크 거버넌스의 기본적인 사고방식을 제시한다. 먼저 「거버넌스」라는 개념의 의미를 언급해 두고 싶다.

영어의 「governance」는 일본어로는 「통치」, 「관리」, 「지배」로 번역되는 것이 보통이다. 거기에는 「통치하는 자/통치받는 자」라는 하향식 이분법의 이미지가 있다. 실제로 전통적인 거버넌스의 주체는 「정부(정치)」였고, 그 의사결정에 관여할 수 있는 것은 정부에 조언하는 일부 전문가 집단(심의회 위원 등)과 산업계 등 일부 이해관계자에 한정되었다. 일반 시민 등 그 외의 사람들은 오로지 정부나 지자체가 결정한 것을 받아들이고 따를 뿐이었다. 기존의 거버넌스는 그야말로 통치, 관리, 지배라는 단어에 어울리는 것이었다.

이에 대해 최근 정치학 등에서 사용되는 「governance」, 그리고 일본어 가타카나로 표기되는 「거버넌스」가 의미하는 것은 종래와는 크게 다른 거버넌스 스타일이다. 그 배경에는 사회의 다양성과 복잡성, 변동성이 증가함에 따라 기존의 정부 중심의 하향식 거버넌스가 기능부전에 빠졌다는 정황이 있다(宮川·山本, 2002). 이 때문에 새로운 스타일의 거버넌스 주체(행위자)에는 정부나 산업계, 전문가 집단뿐만 아니라 일반 시민이나 NGO/NPO 등 시민 부문도 포함된다. 사회의 의사결정은 그런 다양한 주체들 간의 경합, 협의, 연계, 협동이라는 수평적 상호작용을 통해 이루어지며, 누구나 통치받는 사람인 동시에 통치하는 사람이 되고 있다.

물론 정책을 결정하는 최종적인 주체는 정부나 지자체이지만, 그 결정 과정에는 정보공개 등 투명성과 설명책임을 확보하는 것이나 다양한 행위자의 직접·간접적인 참가·관여가 요구된다. 이것이 현대적 의미의 거버넌스의 모습이며, 여기서는 종래와 구별하기 위해 특히 다양한 행위자가 참가한다는 점을 강조하여 「참가형 거버넌스」라고 부르기로 한다.

(2) 리스크 거버넌스 개념

위 내용은 이 장의 주제인「리스크 거버넌스」라는 개념에도 그대로 적용된다. 리스크 거버넌스는 과학기술과 산업경제의 발전이 가져다주는 편익을 누리면서 그에 따른 리스크 (유해한 영향으로 발생할 가능성)로 부터 사람의 생명과 재산, 사회질서, 자연환경을 보호하기 위해 이루어지는 의사결정과 그 결정내용의 실시, 감독, 또는 리스크를 둘러싸고 발생하는 각종 분쟁을 해결하는 활동을 말한다. 이것도 역시 사회의 거버넌스 일반과 마찬가지로 과거에는 정부 중심의 하향식이며, 투명성과 설명책임이 결여된 것이었다. 그러나 최근 리스크 문제가 점점 더 복잡해지고 리스크에 관한 과학적 식견의 불확실성이 무시할 수 없을 정도로 커짐에 따라 기존의 방식은 기능부전에 빠져 서서히 사정이 달라졌다. 예를 들어 1996년 영국의「BSE 쇼크」와 그에 따른 유전자변형식품을 둘러싼 혼란처럼 명백한 정책의 실패와 정부·전문가·기업, NGO와 일반 시민과의 대립과 갈등이 증가하였다. 또한, 미국에서는 1960년대 이후 환경보호운동과 소비자보호운동을 통해 비교적 일찍부터 시민의 알 권리와 의사결정에 참가할 권리가 폭넓게 인정되어 시민참여 등 민주적 절차의 중요성이 강하게 인식되기 시작했다.

이러한 배경에서 1990년대 말 이후 유럽과 미국을 중심으로 리스크 관련 의사결정의 투명성과 설명책임이 강하게 요구되면서 다양한 주체가 관여하는 참가형 거버넌스로의 전환이 서서히 진행된 것이다.

실제로 현대의 리스크 거버넌스 개념에는 참가형 거버넌스의 특징이 잘 나타나 있다. 예를 들어, IRGC가 제창하고 있는 「리스크 거버넌스 프레임워크」는 커뮤니케이션을 리스크의 사전 평가부터 리스크 관리에 이르는 일련의 과정 모두에 관여하는 핵심적 활동으로 자리매김하고 있다.

(3) IRGC의 리스크 거버넌스 프레임워크

IRGC는 리스크 거버넌스를 「가치관이 다양하고 권위가 분산된 상황에서 리스크의 특정, 평가, 관리, 사정(査定), 커뮤니케이션을 실행하는 것」으로 정의하고 있다(IRGC, 2012). 이 정의에 따라 IRGC가 제창하는 프레임워크에서 리스크 거버넌스 프로세스는 그림 15-1과 같이 다섯 가지 활동으로 구성되어 있다. 이 활동은 리스크 거버넌스 프로세스의 단계이기도 하지만, 항상 이 순서대로 일방향적으로 진행되는 것은 아니다. 양방향으로 오가며 각각의 활동에서 재검토가 있을 수 있다고 생각해야 한다. 다음은 각 활동이 어떤 활동인지를 IRGC가 2012년 출판한 「An Introduction to the IRGC Risk Governance Framework」에 근거하여 리스크 커뮤니케이션과 관련된 측면을 중심으로 제시한다.

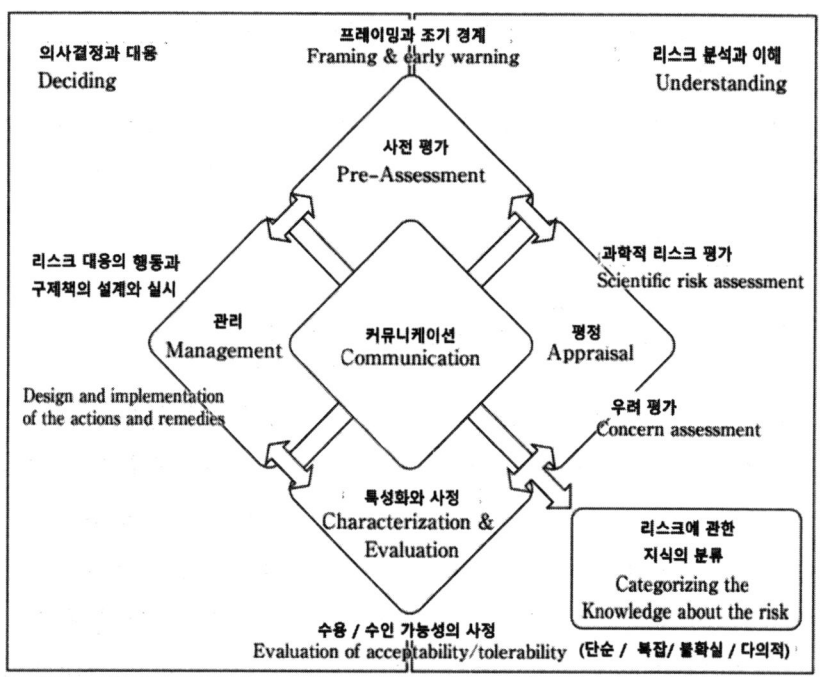

그림 15-1. 국제리스크거버넌스위원회(IRGC)의 리스크 거버넌스 프레임워크

① 리스크 사전평가

첫 번째 활동은 「리스크의 사전평가(pre-assessment)」이다. 여기서는 리스크 문제에 대해 이해관계자들에게 조기경보(early warning)를 촉구하고, 그 문제를 어떻게 정의하고, 어떻게 다룰 것인지 문제의 프레이밍을 다각도로 검토한다. 문제의 프레이밍은 이해관계자마다 다르다. 각 이해관계자가 해당 리스크에 대해 어떤 것을 문제 삼고 있는지(건강피해, 환경영향, 사회경제적 영향, 윤리적

문제 등)를 테이블에 올려놓고, 그것들을 어떻게 리스크 평가와 리스크 관리에서 다룰 것인지를 검토하고 조정하는 것이다. 또한, 그 문제에 대해 누가 이해관계자인지 처음부터 전부 알 수 없기에, 이해관계자의 특정도 이 프레이밍을 검토하는 과정에서 이루어진다(보다 본격적으로는 다음에 서술하는「우려 평가(concerns assessment)」를 통해 이루어진다).

② 리스크 평정(評定)

두 번째 활동은「리스크 평정(appraisal)」이다. 여기서는「리스크 평가(assessing the risk)」와「리스크 문제의 분류(categorizing the risk issues)」라는 2단계로 구성되며, 평가는「과학적 리스크 평가」와 사회과학적인「우려 평가」라는 2종류의 평가로 나뉜다. 과학적 리스크 평가는 발생빈도 등 리스크의 사실적이고 측정 가능한 물리적 특징을 다룬다. 이에 대해 우려 평가는 이해관계자, 개인이나 집단, 다양한 문화가 해저드(위해요인)와 그 원인과 관련지어진 사항이나 인식하고 있는 귀결(편익과 리스크)에 대해 계통적으로 분석한다. 리스크는 인간에게 있어 단순히 물리적인 것으로만 경험되는 것이 아니라, 리스크에 대해 어떤 태도를 취하고 어떻게 행동할 것인가는 가치판단이나 감정, 또는 규제기관이나 사업자의 신뢰성 판단 등이 크게 관여한다. 그러한 사람들의 리스크 인식의 복잡한 양상이 분석·평가되는 것이다. 과학적 리스크 평가는 전통적으로 이루어져 왔지만, 우려 평가는 IRGC 프레임워크의 큰 특징이 되며, 동시에 리스크 커뮤니케이션과 직결되어 있다.

리스크 문제 분류에서는 리스크와 관련된 인과관계에 대한 지식의 「부정성」(단순/복잡/불확실/다의적)으로 분류한다(제4장 참조). 이 분류는 어떤 방식으로 리스크를 관리할 것인지(리스크 관리전략)를 설계하거나, 리스크를 다루는 과정에 어떤 이해관계자가 참여해야만 하는지를 계획하는 데 도움이 될 수 있다.

③ 리스크 특성화와 사정(査定)

세 번째 활동은 「리스크의 특성화와 사정(characterization and evaluation of risks)」이다. 여기서는 앞선 과학적 리스크 평가와 우려 평가에 근거한 증거와 리스크와 편익을 사정할 때 관련된 사회적 가치, 경제적 이해와 관심, 정치적 고려를 폭넓게 반영하는 다른 모든 요소에 대한 이해와 연결된다. 이를 바탕으로 리스크는 「수용 가능(acceptable)」 (삭감대책이 불필요하다고 판단되는 리스크), 「수인 가능(tolerable)」 (편익 때문에 부담하지만, 적절한 삭감대책을 다루는 리스크), 「수인 불가능(intolerable)」 (피해야 할 리스크)으로 크게 나눈다.

④ 리스크 관리

네 번째 활동은 「관리(management)」로, 「리스크 관리」와 「이해관계자 참가계획·운영」의 두 가지 측면이 있다. 리스크 관리에서는 해당 리스크에 대하여 회피, 경감, 보유, 이전 각각의 선택사항을 실행에 옮길 때 필요한 행동과 구제책을 설계하고 실행한다. 또한, 시행한 조치에 대해 그 유효성을 모니터링하고, 필요에 따라 이미 내

15. 리스크 거버넌스와 리스크 커뮤니케이션

린 결정을 재검토하기도 한다.

⑤ **커뮤니케이션**

마지막은 커뮤니케이션 활동 그 자체이다. IRGC에서는 리스크 평가자와 리스크 관리자가 각자의 업무와 책임에 대한 공통된 이해를 조성하기 위한 「내부 커뮤니케이션」과 이해관계자와 시민사회가 리스크와 리스크 관리에 대한 이해를 돕기 위한 「외부 커뮤니케이션」이 있다. 나아가, 각 행위자가 리스크 거버넌스 안에서 어떤 역할이 있는지를 인식할 수 있게 하거나 양방향의 대화 프로세스를 마련하고, 거기서 발언할 수 있도록 하는 것도 중요하다. 또한, 리스크 관리시책이 결정되었을 때에는, 커뮤니케이션은 결정의 근거나 관계자의 책임을 명확히 하고, 사람들이 리스크와 관리방법에 대하여 이해에 기반한 선택을 할 수 있도록 하는 데 도움이 되어야 한다. 이와 같이 커뮤니케이션을 효과적으로 실시하는 것은 리스크 관리에 대한 신뢰를 조성하는 열쇠가 된다고 IRGC는 말하고 있다.

이처럼 리스크 거버넌스는 커뮤니케이션의 역할을 중시하는 참가형 거버넌스로서 이루어진다. 이러한 리스크 거버넌스 사고방식의 배경에는 제1장에서 소개한 「시스템 리스크」에 대한 인식도 있다. 거기에서도 언급했듯이 이 개념은 리스크가 사회화 과정에 내재되어 있고, 다른 리스크와의 관계나 그 배경 요인들 사이에 강한 상호의존성이 있다. 거기에 대처하기 위해서는 사회적 요인·영향까지 포함한 포괄적인 관점에서의 분석과 정부, 산업계, 학계, 시민사회를 아우르는 포용적 거버넌스가 요구되기 때문이다.

3. 대화, 공론, 협동 - 더 나은 리스크 커뮤니케이션을 위하여

(1) 프레이밍의 다의성에 대한 대응

본서의 제1장에서는 리스크 커뮤니케이션의 개념을 구성하는 근본적으로 중요한 일곱 가지 요소를 들었다. 또한, 지금까지 여러 장에 걸쳐 식품, 화학물질, 원자력, 자연재해, 감염증, 기후변화, 디지털화라는 영역에서 구체적인 사례와 함께 리스크 커뮤니케이션의 실제를 서술해 왔다. 각 분야에서의 실천은 모두 리스크 커뮤니케이션의 본질과 관련된 일곱 가지 요소를 포함하면서 전개되었다. 더 나아가 그 모습을 조감했을 때 제5장에서 자세히 서술한「프레이밍의 다의성」에 대한 대응의 중요성을 다시 한번 엿볼 수 있다.

리스크 커뮤니케이션, 나아가 리스크 거버넌스의 출발점으로서 사회가 대응해야 할 과제와 해결해야 할 문제를 설정하는 단계부터 대화, 공론, 협동을 위한 장이 열리게 된다. 거기서 다양한 주체들이 데이터, 의견, 가치관을 가져오는 것이다. 이는 다의적이고 다양한 프레이밍에 기반한 논의가 이뤄지는 것과 같은 뜻이다. 애초에 다양한 주체가 참여하는 것의 의의는 무엇일까? 그 의의로서는 다음의 세 가지가 지적되고 있다(Fiorino, 1990). ① 규범적 의의: 자신과 관련된 것들(리스크는 그 전형)에 대해 당사자인 자신이 그 의사결정에 참여하는 것은 민주주의 사회에서 보장된 권리이며, 이를 지킬 수 있다. ② 도구적 의의: 반대 의견을 가진 사람을 포함한 다양한 입장의 사람들이 의사결정에 참여하는 것은, 자신들이 의논하여 최

15. 리스크 거버넌스와 리스크 커뮤니케이션

대한의 사람들이 납득 할 수 있다고 내린 결정이라는 점에서, 그 의사결정에 대한 신뢰를 높이고 이를 받아들이기 쉽게 한다. ③ 실질적 의의: 다양한 가치관이나 사고방식, 경험과 지식을 가진 사람들이 참가하여 그들의 경험지(知)나 생활지(知), 혹은 지역 지식을 제공함으로써 전문가에 의한 과학지식만으로는 얻을 수 없는 정보나 지식과 견문을 얻을 수 있다.

리스크를 둘러싸고 비슷한 프레이밍을 가진 사람들끼리 논의를 할 경우, 논의는 쉽고 부드럽게 진행될지도 모른다. 그러나 거기서 도출된 결론은 일부 사람들만 납득 할 수 있는 결론이 될 가능성이 크다. 또한, 과학적으로는 합리성이 있더라도 사회적, 규범적으로는 그렇지 않을 가능성도 있다. 많은 프레이밍을 가져오는 것은 시간이나 조정 비용이 들 수 있지만, 하나의 문제를 다각적으로 논의할 수 있게 하고, 나아가 가능한 범위 내에 사람들이 납득 할 수 있는 결론을 도출할 가능성을 높이는 것이다.

(2) 생활인으로서의 시점, 개인의 시점 존중

시민을 이해관계자로서 실시하는 리스크 커뮤니케이션에 있어서 생활인의 관점을 고려하는 것이 중요한 유의점이 된다. 리스크 관련 전문가는 오로지 자신이 관여하는 특정 종류의 리스크에 대해서만 커뮤니케이션을 하는 경향이 있다. 그러나 개인에게 있어 자신의 생활세계에는 다양한 리스크가 복잡하게 얽혀 존재하고 있다. 상황에 따라 차이는 있겠지만, 생활인은 자신의 삶과 관련된 리스크 전체에 대응해야 한다.

 그 상황에서 전문가가 특정 리스크에 대한 정보를 제공하고 참가의 장을 마련했다고 해도 그 정보가 과도하거나 그 자리에 참가가 시간적, 심리적 부담이 클 경우, 생활인에게 있어서는 리스크 커뮤니케이션이 곤란해지고, 결국 리스크 관리도 잘되지 않을 수도 있다.

 나아가, 한 번뿐인 인생을 살아가는 개인으로서의 관점도 중요하다. 예를 들어, 어떤 리스크에 대해서 비록 발생확률이 낮더라도 그것이 일어나면 돌이킬 수 없는 결과를 초래할 경우, 개인은 그 리스크를 받아들이기 어렵다고 판단하고 큰 비용을 들여서라도 리스크를 줄여 주면 좋겠다고 생각할지도 모른다. 혹은 또 어떤 리스크에 대해 어떤 대책이 제안되고, 그 대책을 강구함으로써 원래의 리스크 발생확률이 줄어드는 정도와 대책에 소요비용, 그리고 새롭게 발생할 대상(代償) 리스크의 크기와 발생확률을 비교 검토하여 대책을 취할 만한 충분한 이익이 있다고 평가되었다고 하자. 그 경우 사회로서는 그 대책을 선택하는 것이 타당하다고 생각된다. 그러나 그 대상 리스크가 개인 삶의 연속성과 관련된 피해를 치명적으로 입히는 경우, 설령 그 발생확률이 낮다고 해도 개인은 그 대응을 받아들이기 어려울 것이다.

 이처럼 같은 현상에 대해서도 사회의 관점과 개인의 관점에서 보는 방식, 나아가 판단이 다를 수 있다. 전자는 사회 전체가 집단적, 통계적으로 리스크를 생각하고 관리하는 「통치자의 관점」, 후자는 한 번뿐인 인생을 살면서 실제로 피해를 볼 수 있는 「당사자의 관점」이라고 할 수 있을 것이다. 그리고 이 중 어느 쪽이 옳은지는 일률적으로 말할 수는 없다. 리스크 커뮤니케이션에 있어서 이 점을 충분히 유의해야 한다.

(3) 리스크 커뮤니케이션의 새로운 과제-마치며

리스크 커뮤니케이션은 사회로부터의 요청도 있고, 학술적으로도 실무적으로도 향후 더욱 발전할 것이다. 다만, 발전의 길목에는 몇 가지 과제도 있다.

그 중 하나가 사회적 약자에 대한 배려이다. 어떤 리스크에 대해 모든 사람이 똑같이 영향을 받는 것은 아니다. 사회적으로 약자입장에 있는 사람일수록 큰 영향을 받을 수 있다. 또한, 정보에 대한 접근 조건이 좋지 않은 사람도 있다. 또한, 정책 입안에 있어서 설문조사나 직접적인 의견교환을 통해 사람들의 의사를 파악하려 할 때, 의사결정에 대한 접근의 편향성에 주의해야 한다. 예를 들어, 가족 단위로 의향조사를 할 경우, 가족 중 연장자인 남성의 의견이 우선적으로 표출되고 여성의 의견은 가려지는 젠더 편향이 존재하는 경우가 많다. 사회는 다양한 사람들로 구성되어 있음을 이해하고, 사회적 약자를 포용하는 리스크 대응이 요구된다.

둘째, 리스크 커뮤니케이션이 효과적으로 이루어지기 위해서, 필요한 다양한 인적·조직적 요소로 구성된 사회적 환경(에코시스템)을 조성하고 정비하는 것이 큰 과제가 된다. 이를 위해서는 리스크 커뮤니케이션을 지원, 촉진하는 퍼실리테이터(지도자)의 육성도 과제이다. 또한, 개인의 리터러시 획득과 리스크 판단, 각종 리스크 커뮤니케이션 활동을 지원하는 사회적, 조직적 대응을 촉진하여 사회 전체적, 집합적(collective)인 리스크 리터러시의 향상과 활용을 촉진하는 것이다. 애초에 리스크 문제에 관심이 없는 개인도 있고, 관심이 있더라도 필요한 리스크 리터러시를 습득할 기회나 시간, 정보환경을 갖지 못한 개인도 있다. 리스크 리터러시 향상을 개인 차원의 과제로만 한정해서는 안 된다.

마지막으로, 가치를 창출하는 활동으로써 리스크 커뮤니케이션을 적극적으로 생각하는 것도 중요하다. 즉, 리스크 커뮤니케이션을 리스크 문제 해결을 위한 소극적인 측면만을 가진 활동이 아니라, 인간과 사회에 바람직한 혁신을 추진하는데 유용하게 활용할 수 있는 경영으로서 리스크 커뮤니케이션을 취급하고 싶다. 과거에는 리스크 관리도 리스크라는 부정적인 것을 다루고, 혁신의 발목을 잡을 수도 있는 소극적인 관리과정으로 여겨지던 시절이 있었다. 그러나 오늘날에는 가치창조에 적극적으로 관련된 과정으로 생각할 수 있게 되었다. 리스크 커뮤니케이션에 대해서도 같은 사고방식을 가짐으로써 다양한 주체와의 대화, 공론, 협동은 미래를 함께 창조하는 활동으로 전개될 것이다.

참고문헌

平川秀幸(2007)「リスクガバナンス―コミュニケーションの観点から」, 城山英明 編『科学技術ガバナンス』, 東信堂.

宮川公男・山本清編著(2002)『パブリック・ガバナンス―改革と戦略』, 日本経済評論社.

IRGC (2012) "An introduction to the IRGC Risk Governance Framework," International Risk Governance Council.

Fiorino, Daniel J. (1990) Citizen Participation and Environmental Risk : A Survey of Institutional Mechanisms, *Science, Technology, and Human Values*, 15(2), pp.226-243.